# 估价真金

施 平 编著

文汇出版社

我一直信奉这样的理念：艺术源自生活，估价源自真诚，对于一个真正的艺术家与估价师而言，是既需要天份又更需要良知的，我想这就是艺术与"估价"的相通之处，成为知音。

**陈佩秋**　海派艺术大师

施平先生是一位资深的房地产评估师。在商言商，天经地义，他当然有一颗敏锐的商业头脑。但与众不同的是，在他二十多年的从商生涯中，始终怀揣着对城市文化、城市艺术的满腔热情，依靠他用心积累的文化资源、人脉资源和个人修养，实践着用文化养护城市，让艺术美化城市的梦想。

**胡雅龙**　上海各地在沪企业（商会）联合会党委书记

施平编撰了《估价真金———城市更新，一位房地产估价师二十年的真情告白》一书，嘱我写序。我感到欣慰又恐力所不逮。希望此书的出版能对广大房地产估价机构、房地产估价师有所启发和帮助，对广大有关读者有所借鉴和了解。

**吴赛珍**　上海市房地产估价师协会第二、三届会长
第四届名誉会长

今天我看施平先生在华师大举办的"改革开放四十年"画展办的还是不错的，特别是"纽约大学"这幅画画的不错，浦东是中国改革开放的热土，中国的高等教育上海纽约大学在上海浦东的创建，她能带给我们许多思想上的东西，对我国的高等教育和通过什么样的形式与热情来弘扬海派的文化和艺术是有意义和价值的。

**牛 犇** 上海著名影视艺术家

施平的虹桥机场画展，充分体现了上海精神，就是开放和多元，使我们走出上海走出中国，让更多的旅客能够感受到我们虹桥机场最具人性化服务的这种体验。

**景逸鸣** 上海机场（集团）有限公司原总裁

真心估价，助力城市更新，践行城市理想，实现城市价值。

**陈 轩** 上海大世界总经理

施平在华东师大策划的展览，体现了改革开放四十年对于上海这座城市带来的变化，不仅是物质层面的巨大变化，更有精神、思想层面的巨大变化。

**俞立中** 上海纽约大学名誉校长、上海纽约大学原校长、华东师范大学原校长

欣闻施平同志出版《估价真金》一书，特此祝贺！几年前，施平先生曾在上海图书馆策划"高铁枢纽·大美上饶"——"上海画上饶"联谊展，扩大海派书画的影响，这次又通过几项业务工作和平时的艺术积累挖掘文化题材，让文化渗透和融入在平时的工作和生活中，这既是文化的根本，也是文化发展的方向。

**楼　巍** 上海图书馆（上海科学技术研究所）党委书记

二十年前曾到过三清山，天公不作美，看山没看够。施平组织画家去三清山写生，我看到了三清山和原来风景大不一样，了却了心愿，写照出天地人合一的三清山。

**车鹏飞** 上海师范大学教授、上海中国画院原副院长。山水画师从任书博（吴湖帆弟子）、陆俨少。上海美术家协会常务理事

尊重历史文化，体现建筑价值。
《估价真金》是一本理论与实践高度结合的操作手册，"张园"案例必将成为评估史的一大亮点。

**时筠仑** 上海市房屋修建协会会长，上海静安置业（集团）有限公司董事长，同济大学管理学博士，复旦大学企业研究所兼职研究员，上海交大安泰经管学院EE课程教授，上海大学世界商业街区研究院副院长、客座教授

"艺术是凝固的风景"，同时，"又是无声的语言"，施平先生发起的《上海画上饶》的城际文化交流活动，通过海派名家的艺术展示，对于提升城市的形象，加大城市推广是会起到出奇制胜的效果的。

**任友群** 教育部教师工作司司长，原华东师范大学副校长、党委常务副书记、上饶市委常委、市政府副市长（挂职）

求真、求善、求美，"澳中在线"、海上画家艺术网和《上海艺术家》杂志连接上海高端文化艺术活动，在上海图书馆举办"名家艺海"海派书画.百强大展"等，用艺术的形象，多视觉、全方位、深层次来传承、普及、弘扬极具生命力的海派文化，施平是做了一件值得崇敬和非常有意义的文化之事。

**丁申阳** 国家一级美术师。中国书法家协会理事、上海市文学艺术界联合会副主席、上海市书法家协会主席、上海美术家协会会员、上海电影家协会会员

为传承中国传统文化，施平讴心沥血奔波联络，成功举办多次画展，让书画家十分感动！

**乐震文** 上海市文史研究馆馆员、中国美术家协会会员、上海海事大学徐悲鸿艺术学院院长、民建上海市委文化艺术委员会主任、上海觉群书画院院长、上海中国画院兼职画师，原上海书画院院长

在城市更新的实践中，
彰显估价师的使命与担当。

**杨　斌** 上海市土地估价师协会副会长、上海市土地估价专家委员会主任、上海市房地产估价师协会副秘书长、上海市房地产估价专家委员会副主任、中国土地估价师与土地登记代理人协会资深会员、中国房地产估价师与房地产经纪人学会资深会员、上海百盛房地产估价有限责任公司总经理

施军

大学学历、硕士学位
高级经济师
上海市优秀估价师
上海房地产估价师事务所有限公司副总经理

# 目 录 CONTENTS

# 第三部分 　内涵，完善房地产估价环境

# 第四部分 　估价，让城市更加美好

# 第五部分　艺术鉴赏——海上画坛的笔墨价值

# 第六部分　附录（媒体发表文章）

《绘张园》

《海派经典日历鉴赏》

海派大师陈佩秋与施平合影之一

海派大师陈佩秋与施平合影之二

# 序1

**陈佩秋**，字健碧，斋名秋兰室、截玉轩等。1922 年 12 月出生于云南昆明，祖籍河南南阳。1950 年国立艺专毕业。1955 年上海中国画院成立，即聘为画师。现为中国美术家协会会员、上海大学美术学院客座教授、上海中国画院一级画师。擅长中国画，作品《天目山杜鹃》等入选第三届全国美展，《红满枝头》入选第六届全国美展优秀作品展。2000 年受聘为上海市文史研究馆馆员。2004 年被授予"中华人民共和国文化部先进个人奖"等。2013 年被上海美术家协会聘为荣誉顾问。2014 年被授予上海文学艺术奖"终身成就奖"。

# 艺术是缘

大千世界，凡事都离不开一个"缘"字。生命与艺术，艺术与现实，彼此能相互欣赏或叫出名字的，大都也少不了一个"缘"字。

几年前，施平和记者成莫愁来我家，他们在大厅里等候了一个多小时，其对书画艺术的执着和虔诚之心如"缘"相随，令我感动。后来知道了施平还是一位从事房地产业的成功的房地产估价师，自创了一家文化公司，又是一位书画策展人，成功策展了多次各种类型的书画展览活动，出版过多部有关书画的书籍。

为了传播时代精神，弘扬传统文化，提倡艺术家深入生活，培养年轻一代书画家，我也鼎力相助，多次为展览和书籍题写"名家艺海""上海画上饶""高铁枢纽·大美上饶""一城一市·艺术先行""艺术让城市更美好""绘张园"等字幅，为推进海派书画艺术奉献我的绵薄之力。

我一直信奉这样的理念：艺术源自生活，估价源自真诚，对于一个真正的艺术家与估价师而言，是既需要天分又更需要良知的，我想这就是艺术与"估价"的相通之处，成为知音。

以上，是为序。

陈佩秋

2019年12月24日

价 真 金

一个房地产估价师二十多的真情告白

《城市更新估价真金》

名 家 艺 海

《名家艺海》

海派大师陈佩秋与施平合影之三

海派大师陈佩秋题词

# 估 新 更 市 城

施平、庞沐兰（谢稚柳、陈佩秋先生长媳）

**胡雅龙**，知青插队落户七年，工厂工作六年，当过工人、技术员、团委书记。后长期在浙江省、上海市政府部门从事区域合作发展工作。现任上海市各地在沪企业（商会）联合会党委书记。长三角城市合作专家委员会委员，复旦大学客座教授，上海市摄影家协会会员。自幼酷爱书法、篆刻，浸淫数十年，潜心耕耘，上溯魏晋，下涉明清，隶楷行篆俱具功底，作品多次入展各类书展。

# 估价师高节迈俗 策展人厚德载物

认识施平先生的人，都说他是一位典型的上海儒商。不说话的时候，温文尔雅，静若处子；一说话，一进入工作状态，则动如脱兔，疾如风火。

施平先生是一位资深的房地产评估师。在商言商，天经地义，他当然有一颗敏锐的商业头脑。但与众不同的是，在他二十多年的从商生涯中，始终怀揣着对城市文化、城市艺术的满腔热情，依靠他用心积累的文化资源、人脉资源和个人修养，实践着用文化养护城市，让艺术美化城市的梦想。

在他参与的每一次城市更新、旧区改造、文化创意等项目的过程中，他总是特别注重项目的历史、文化、艺术内涵的挖掘，细致地研究文化因素对该项目价值形成的影响和推动。对他而言，发现文化价值、创造文化价值，永远都和项目估价建设过程融合在一起。去年，有海上第一名园盛誉的张园，掀起了新一轮创新改造进程。140多年，沧海桑田，张园的兴起与衰落、演变，浓缩了近代上海的城市发展足迹。这是一场海上盛举，施平先生自然不会置身事外。他积极参与了"张园看世界"活动的策划和运作，以他的专业素养为张园的明天出谋划策，又以他的影响力，力邀多位上海知名书画家齐集张园，泼墨献彩。看着人群中施平先生忙碌的身影，作为一个衷心希望文化兴市的普通上海人，我感到欣慰和踏实。

施平先生深知，城市文化的传承、培养和创新，不是一朝一夕的事，需要有人做出奉献，需要不断提高民众的文化素养，形成全社会的普遍共识和行动。因此，近年来，在上海大世界的城市舞台上，在丽娃河畔的华师大校院里，在遍布各区的社区文化平台上……施平先生组织和策划了大量的文化展示交流活动，受到了业内人士和社会各界的高度关注。随着长三角一体化步伐加快，城市文化交流合作也进入了施平先生的视野。他提出了"一城一市 艺术先行"的口号，并在"上海画上饶"的行动中予以实施，几十位上海知名书画家和企业家乘着刚刚开行的高铁奔赴"豫章第一门户"江西上饶，和当地的领导及同行们齐聚信江，行兰亭之事，促两地交流，取得丰硕成果。

　　路漫漫其修远兮，吾将上下而求索。以文化来提升城市品味，用文化来涵养城市底蕴，施平先生永远在路上。这样的企业家和文化人，多多益善。是为序。

胡雅龙

2020年6月18日

施平、胡雅龙、周志高、陈轩、胡曾荣

胡雅龙、程多多、刘蟾、吴越、施平

胡雅龙、施平

施平、丁申阳、胡雅龙

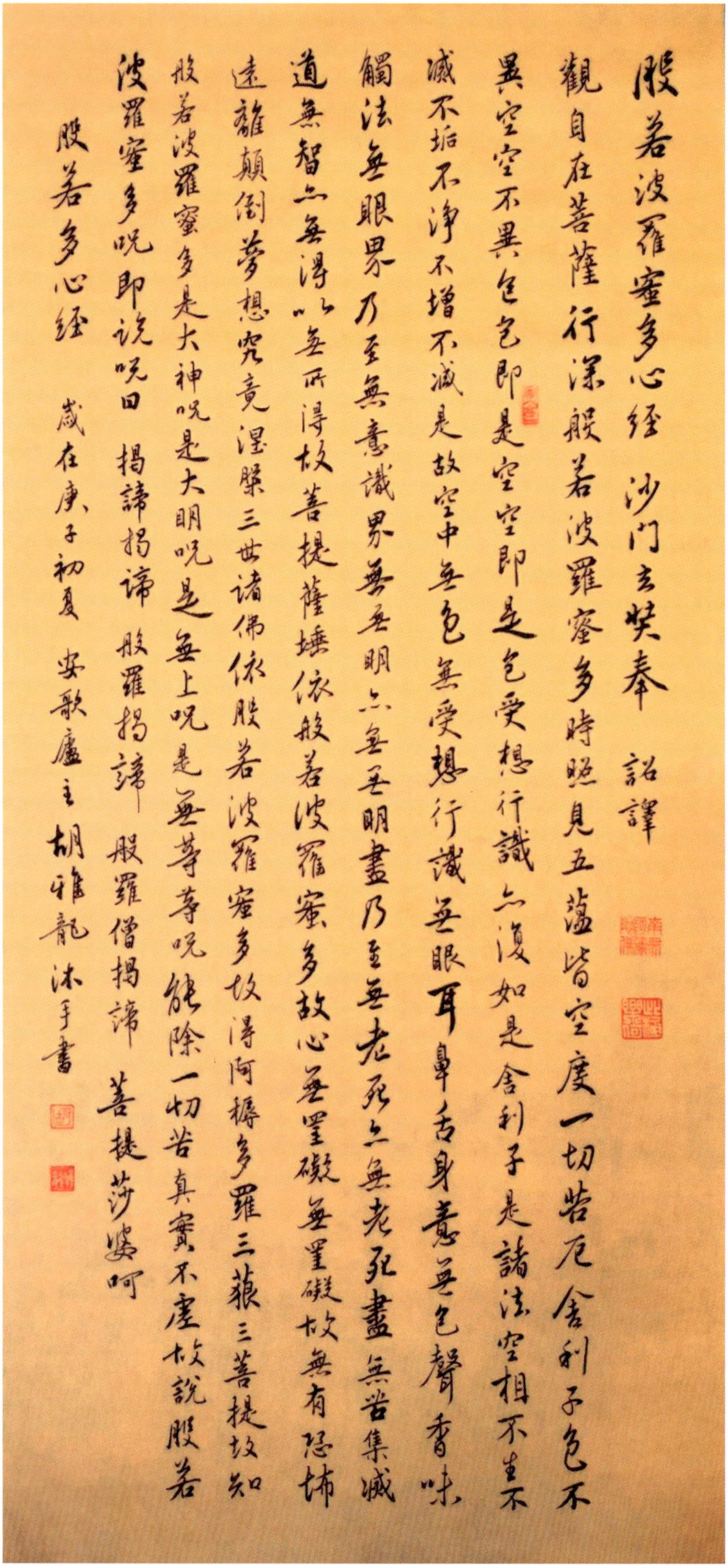

般若波羅蜜多心經　沙門玄奘奉　詔譯

觀自在菩薩行深般若波羅蜜多時照見五蘊皆空度一切苦厄舍利子色不異空空不異色色即是空空即是色受想行識亦復如是舍利子是諸法空相不生不滅不垢不淨不增不減是故空中無色無受想行識無眼耳鼻舌身意無色聲香味觸法無眼界乃至無意識界無無明亦無無明盡乃至無老死亦無老死盡無苦集滅道無智亦無得以無所得故菩提薩埵依般若波羅蜜多故心無罣礙無罣礙故無有恐怖遠離顛倒夢想究竟涅槃三世諸佛依般若波羅蜜多故得阿耨多羅三藐三菩提故知般若波羅蜜多是大神咒是大明咒是無上咒是無等等咒能除一切苦真實不虛故說般若波羅蜜多咒即說咒曰　揭諦揭諦　波羅揭諦　波羅僧揭諦　菩提莎婆訶

般若波羅蜜多心經

歲在庚子初夏　安歌廬主胡雅龍沐手書

《心經》行书

006

天之無恩而大恩生
迅雷烈風莫不蠢然
至樂性愚至靜性廉
天之至私用之至公

歲在庚子初夏 陰符經句 海上雅龍書

歐陽文忠公嘗謂晉無文章唯陶
淵明歸去來一篇而已余六以為唐
無文章惟韓退之送李愿歸盤谷
序一篇而已平生願效此作一篇每執
筆輒罷因自嘆曰不若且放教退之
獨步 蘇東坡跋退之送李愿序
丁酉秋日雅龍書於海上

《苏东坡跋退之送李愿序》行书　　　　　　　　《阴符经节临》楷书

# 序 3

**吴赛珍**，上海市房地产估价师协会第二、三届会长，第四届名誉会长，上海市房地产（土地）估价专家委员会第二、三、四届主任，上海市土地管理局原副局长、上海市房屋和土地管理局原副局长。

# 勤奋 钻研 有恒

房地产估价，在我国已有二十余年的发展历史。改革开放如春风，让房地产估价也步入了一个"大时代、大数据、大趋势"的格局。新形势、新理念和新技术需要不断地学习。习总书记说：为学之要，贵在勤奋，贵在钻研，贵在有恒。

施平作为上海房地产估价师事务所有限公司一名估价师，他一直恪守房地产估价师的基本职责，不断自觉学习，勤于执业，勇于探索，刻苦钻研，在房屋旧改征收评估工作中，根据实际情况合理运用估价方法，挖掘老建筑的历史文化含金量，使其焕发出新的生命。

细数之下，近几年由施平接手或完成的房地产评估项目有数百个。"守正、创新及防范风险"，他在日常的估价工作中真心诚信、敬业爱岗、善于动脑，精于总结，不断地进取创新，心甘情愿地为此竭尽全力，终于成为一个有实战经验、有专业精神、有想法、有智慧、有家国情怀的上海优秀的房地产估价师。他顺利完成了张园基地、中兴城基地、茅台路200弄及静安67、66、72等街坊的旧区改造估价工作，产生了很大的社会影响与经济效益。

在此同时，施平还征得张园地区领导的同意，邀请了沪上海派书画名家去张园开展了"张园看世界""海上名家绘张园"的系列书画活动，为张园添彩，让张园又一次重现了"百年一园"画家村的风光与盛世，而这一切成就得益于他不断在"房地产估价"这一领域里的深耕与思考。

施平以共产党员标准要求自己，不忘初心，践行使命，多次为困难群众捐款捐物奉献爱心，上海房地产估价师协会也多次收到张园指挥部、老百姓等人送来"独立客观、勤勉尽职、诚实守信、工匠精神"等锦旗。

施平还是一个慈善家。2010年他通过红十字会向云南省武定县捐建了博爱小学教学楼，2012年他荣获"第二届上海慈善奖"(爱心捐赠个人)的奖状，在这次疫情防控期间，他又在第一时间里捐款捐物，带头做抗疫志愿者，守护在弄口巷尾，向居民及有关老人提供他力所能及的帮助与关心,《新民晚报》及有关的网络报纸刊物,还多次根据他所做出的事迹予以了报道,传递着全民抗疫的力量与信心。

近年来他根据自己的房地产估价的实战经验写成的数篇论文,发表在行业内外的各种专业期刊上,论文荣获2019年度上海市房地产估价行业协会论文评选活动"优秀奖"和2020年中国房地产估价年会论文评选活动"优秀奖"。他通过写书将成功经验分享、传播给大家,这无疑是一件大好事。

施平编撰了《估价真金———城市更新,一位房地产估价师二十年的真情告白》一书,嘱我写序。我感到欣慰又恐力所不逮。希望此书的出版能对广大房地产估价机构、房地产估价师有所启发和帮助,对广大有关读者有所借鉴和了解。

谨此为序。

吴赛珍

2020年10月28日

吴赛珍、施平

**施平**，大学学历，硕士学位，高级经济师，上海市优秀估价师。上海房地产估价师事务所有限公司副总经理，"澳中在线"董事长，"海上画家艺术网"总编、《名家艺海》画报总编、上海著名艺术策展人，国家注册房地产估价师，国家执业造价工程师。早年曾从事房地产开发及经营工作，专业代理澳大利亚房地产买卖，是中国较早一批房地产专业人员之一，在澳大利亚拥有产业和地产。现专注于艺术传播、艺术收藏、艺术鉴赏、艺术评论、艺术展览。曾成功策办华东师大 60 周年校庆笔会画展、"丽娃之春"名家经典书画艺术展，上海虹桥国际机场"美丽上海·海上风情"书画展、虹桥当代艺术馆"名家艺海"书画展、云洲古玩城"海上画坛·情系徐汇"笔会画展、吴宫大酒店"海上画坛·情系黄浦"笔会画展、"红星美凯龙"笔会画展、上海图书馆"海派书画·百强大展"和"高铁枢纽大美上饶"——"上海画上饶"联谊展、"一城一市 艺术先行"系列活动——"上海画上饶"虹桥国际机场艺术展、"改革开放四十周年·海派名家画上海"艺术展、"张园看世界"系列活动——海派名家绘张园、"百年大世界·百强画传承"艺术展、"谈艺论百年"名家后裔、书画名家、油画名家专题研讨会等 30 多场笔会画展，善于在笔会和画展中推出有潜力的画家进行宣传和推广，相关讯息已陆续刊登于《解放日报》《文汇报》《新民晚报》《新闻晨报》《理财周刊》《中国与海外》《旅游时报》《上海商报》《劳动报》《上海老年报》等媒体，并在上海电视台相关栏目中多次播出。荣获上海市第二届"上海慈善奖"（爱心捐赠个人）。

# 守住估价
## ——我在上房二十年的真情告白

　　辛丑年，一晃又到了夏至。细数时光，我在上房从事估价工作已整整二十年了。二十年来，我以梦为马，守住"估价"，与上房同行。岁月流年，让我与上房"估价"攒下了一种别样的心境和感情，于是就有了这本图文共存的《估价真金》。我想捧出一颗心来感谢上房，我想真心的对我"估价"生涯轻声地说声谢谢！因为是上房"估价"让我感知到了"真正、真笃、真情、真心"对估价工作的珍贵和不可或缺，也正是这八个字让我真正地收获到了人生中的"真金"与真情。

　　"真正"是以真守正。我感受最深的是做一个估价师，首先要做到品正，品正才能德正，"真正"它不是一个简单的词汇，它是一种正能量。任正非说："做工作是一种热爱，是一种献身的驱动，是一种机遇和挑战。"可见他对工作"真正"的热爱和驱动。二十年来我从事这一行当，一直以"真正"为准绳，坚于操守，勤于执业。

　　"真笃"，就是对信仰的忠贞不渝。我们既要仰望星空，更需要脚踏实地笃行。"有时候我觉得自己像一只小小鸟，想要飞，却怎么样也飞不高"。怕耽搁了项目的进程，怕辜负了领导的信任，怕辜负了群众的希望。怎么才能做到独立、客观、公正？要靠心中有坚定的信仰，还要将估价工作融入生命中。我愿意为此努力而乐此不疲。唯有"真笃"，才能不断地在城市更新旧区改造的估价工作之中解决问题；唯有"真笃"，才能真正地做好居民的贴心人。

在城市更新旧区改造中深入征收工作第一线，如何让估价成为一座真正桥梁？怎样在城市更新里不断提升、传承或弘扬、复活好江南文化、海派艺术的品牌与基因？沉潜时光，接续过往，面对几多街巷"新、旧"故事的感慨与过程、多少房产估价"数、字"的出现与碰撞，我们的心中如果没有"真情"二字，恐怕是很难找到有关答案的。

张园是上海的一张名片，我们对它付出"真情"。估价行业一直倡导守正创新，我力行按行业标准去做，并组织画家写生张园，情系张园。我运用科学可行的估价方法，以专业积累和文化传承来提升张园"估价"的内在价值，圆满地完成了估价任务，打胜了这一硬仗，签约率100%，得到老百姓的赞扬，也获得上级部门认可。张园指挥部送来了锦旗，书中均有所记载。

"真心"其实是与真情连在一起的。有真心才能出真情，真情源于真心。真心付出，不求回报。静安区宝山路257、258街坊旧城区改建项目，是个老大难地区，也是个难啃的硬骨头。为此，我白天黑夜都"泡"在那里，不断地走访了在地居民，得到了许多第一手资料，用"真心"终于换来了被征收居民的真情，为困难户捐钱、送口罩、消毒液，为百岁老人送温暖等，凡此种种，书中都有所记载。

在此，我真诚感谢这个时代，中国改革开放，上海城市更新大变化，使房地产业有了大发展，房地产估价师有了大舞台、大作为。感谢公司20年来稳定发展，公司稳居行业前列，感谢公司资深老领导赵国樑及李建中和贾明宝等领导对我工作的全力支持和帮助！感谢朱施峰贤兄引领一起做慈善、一起关注艺术，在估价技术方面进行具体指导！感谢上房公司的广大股东及团队同事方豪，有这些优秀的企业员工，会吸引更多的人一起共创业绩。像我这样平凡的人和他们在一起，会激励自己更积极进取，和他们共事，会让我在估价之路上走得更远，步履更稳健！感谢海派文化的美术大师陈佩秋先生在她99岁仙逝前不久，还为这本《估价真金》题写了书名，她一直扶持海派文化事业，用她那巨擘之手为我们活动题写不少珍贵墨宝，真是十分难得！

同时感谢华东师范大学、大世界、虹桥机场等单位的支持，感谢所有参与的艺术家们，没你们鼎力相助，我将寸步难行。

有人问我，书名《估价真金》中的"金"字到底体现在哪里？难道房地产的估价行业真是一地黄金吗？我想，名人写书告诉大家很多的名言。成功的人写书，告诉大家成功的案例，激励大家努力拼搏。而我，一个平凡的估价师写这本书，能告诉大家什么呢？

其实，《估价真金》此中的"金"字说的应该是做人的意义和价值。房地产估价不是一地黄金。书名《估价真金》，其"真"应是"真正、真笃、真情、真心"。其"金"，成功者是"金"，有金子般的闪亮，平凡普通的人也是"金"，怀揣金子般的心，在平凡岗位上尽责尽力、爱岗敬业。

我想通过撰写《估价真金》这本书，以真情实录形式告诉读者什么是"真金"，分享经验，让更多读者从中获得有益帮助。

谨为序。

施军

2021年6月30日

《上海房地产估价文刊》

# 第一部分

# 估价，因发现而成就价值

　　中国的城市化的建设汹涌澎湃、如火如荼，它给城市化的居民带来丰富且更舒适的生活这个是毋庸置疑的。但是，我们在城市的更新中如何去发现、挖掘、强化、守护和延续好这个城区文化的历史风貌与其特定的艺术？在城市更新的进程中如何来真诚地看待、传承好这一地区的文化美德和艺术的修养？估价之所以在城市的更新中会产生意义，"智者不惑"，就在于估价师发现，因此，这也是毋庸置疑的。

# 城市更新，牵手你我他

## ——我在"上房"估价二十年

施 平

时光是一部镌刻机，刻下了我多次在党旗下的宣誓，也刻下了我从事上海房地产估价工作20年的历程。一路走来，风雨兼程，我见证了城市更新的荣光，国家发展的印记。唱支山歌给党听，我将歌声融入你我他的歌声里……

我于1997年通过国家考试，取得房地产估价师执业资格，是上海较早一批获资格证书的估价师之一。我从事过抵押、租赁、转让、缴税、咨询、拍卖、损害赔偿、土地出让、资产证明、房地产征收等各种类型的房地产评估。在上海房地产估价师事务所有限公司二十多年，见证了上海城市的不断变化，也在"估价"中感受到了党的温暖和城市的温度。

在2018–2019年上海市房地产估价行业评优活动中，我被评为"优秀估价师"。在此，我有千言万语要对党诉说……

## 一、城市名片："百年张园"激活估价

以专业积累和文化传承提升张园"估价"内在价值。

2018年11月我拿到了"张园"地块旧改房屋征收评估委托书，张园百年历史掂在手里分量很重呵！要做到以专业积累和文化传承提升张园"估价"内在价值，显示上海城市文脉的传承性、包容性和前瞻性，"估价"精准不是件容易事。

难吗？难!我给自己鼓劲：要知难而上。

施平与海派百强艺术名家在张园合影

　　张园坐落于上海市静安区南京西路以南、石门一路以西泰兴路南段，是南京西路历史风貌保护区核心区域，也是上海规模最大、保存最完整、建筑形式最丰富的历史建筑群。它有辉煌历史，曾名"张氏味莼园"，上海当时规模最大公共场所，也是近代上海时尚生活发源地。沪上第一盏电灯在这里点亮，第一家室外照相馆在这里开馆，第一场话剧也在这里上演。霍元甲摆过两次擂台，刘海粟、梅兰芳在这里进行文化活动，大总统孙中山在这里演讲"地方自治"。直至1915年后，"张园"才逐步转成民居。

　　张园街区内房屋类型多样，有石库门住宅、独立花园住宅和新式里弄住宅等。在100多年历史建筑背后，记录着丰富的人文历史故事，代表上海海派文化、红色文化、江南文化，是上海近代建筑发展史的一个缩影，是可以代表上海特色的"城市名片"。为这张城市名片估价，重任在肩！

　　我们调阅房屋档案资料，同时实地走访民居，现场踏勘，了解张园的历史沿革和人文背景，征求专家意见，多方听取反馈，深度参与了此征收评估的各项工作。对估价对象或其周边同类房地产及租金等，以横向平衡与竖向对比在经济上的差异，一一筛选出最合理的评估方法。根据不同的房屋类型设置不同的修正体系，新里、独立住宅的比较，房屋历史价值的差异，把建筑档次、外观品相、知名度等因素列入修正体系。不同房屋的价格平衡，同一房屋不同部位之间价格平衡，横向平衡和竖向平衡，细致到外观、高度、采光、房屋设备及档次的差异，都做了一家一户细分，做到以专业积累提升张园的内在价值。

　　为激活估价，留住城市记忆，文化先行。我利用自己长期积累的人脉，对张园做了一系列的宣传策划，如组织艺术家"张园看世界"系列活动，恭请海派艺术大师、98岁高龄陈佩秋先生题写"绘张园"，还邀请吴昌硕大师曾孙吴越、刘海粟之女刘蟾、程十发之子程多多，以及曾在张园拍过电影《人约黄昏后》的大画家陈逸飞之弟陈逸鸣、书画名家周志高、丁申阳、车鹏飞、韩伍、卢象太、张玉迎、丁筱芳、周根宝、王大宙、刘汇茗、平龙、朱杰军等二十位做客"张园",听故事、观看居民老照片、老物件,了解张园一砖一瓦,并当场舔笔挥毫参与《海派名家绘张园》活动,为百年张园锦上添花。我觉得张园是美的,美在张园,美在上海,也美在世界!通过系列活动,使百年张园这张文化名片再次焕发风采。

在张园评估过程中,我们得到党组织、各级领导及协会专家的高度重视和鼎力支持。在日夜奋战3个月中,我考虑到张园征收牵涉面广、居民期望值高、房屋类型多,同类房屋也差异大,本着公平、公开、公正的估价原则,一方面严格遵守《上海市国有土地上房屋征收评估管理规定》,另一方面也考虑项目的实际情况以及居民的诉求,在合法的前提下,合情合理评估,为征收居民服务,使征收工作顺利进行,最终签约率高达99.11%。政府也很满意,张园指挥部送到我公司一面锦旗:"赠上海房地产估价师事务所有限公司及施平等本项目估价人员:独立客观,勤勉尽责,诚实守信,工匠精神。"另一面送到上海市房地产估价师协会:"感谢贵会对张园的地块征收工作的大力支持。"上海市房屋修建协会会长时筱仑博士,对这次估价评价:"张园的评估案例,必将成为评估史的一大亮点。"但我心里明白,估价必须情系你、我、他。政府、征收公司赞扬,是一方面,另一方面百姓满意,更是我的责任所在,努力的方向。

## 二、"抗疫"学雷锋:特殊志愿者

"你真是'抗疫'活雷锋!"居委干部赞扬。

"不,我是'抗疫'学雷锋!"我说。

2020年初,一场突如其来的新冠肺炎疫情袭来,武汉封城,乡村封路,白衣天使逆行而上,人人宅家自我隔离。一个紧急电话打来:"能不能帮帮我们?这里缺少检测人员呀!"长宁区征收总经理杨宏发来求救信号。这是我们曾做过估价项目的茅台路200弄基地,红线内的动迁户已搬,但弄里还居住着红线外的居民。

然而,当时我们正在宝山路街道257、258街坊基地进行房屋估价,手头工作还没有结束。但疫情就是命令!

我一边请宝山路基地居民代表帮忙了解、汇总二十多户经济上比较拮据的困难户,准

施平、刘宪民

施平做志愿者

备为他们捐钱捐物；一边去第一线做抗疫防控志愿者。当时疫情事态严重，每个人随时有被感染可能。朋友、家人都叫我省省事，危险不要去。但我能缩退吗？做志愿者是有生命危险，但为让更多人没有生命危险，我也得去！

我一连好多天戴着口罩坚守在小区要道口，帮助进出基地的人员检测体温、传快递、送口罩、消毒液等防疫物品，用自己的实际行动和力所能及的付出，为居民服务。当地居委会刘宪民书记称赞："你真是'抗疫'活雷锋！"我笑笑答："不，我是'抗疫'学雷锋！"当地居民称赞：你们估价师充满爱心，为你们善心点赞！我听了感到很欣慰。

除此之外，我还电话联系张园居委会，询问他们那里情况，主动要求去那个基地及附近的居民小区当志愿者，帮助那些守在一线居委会干部和居民。

当我戴着口罩奔赴张园及周边小区时，路两侧商铺全部关门，昔日繁华与热闹已不见踪迹。黑色大铁门"张园"匾额下挂着横幅："生命重于泰山，疫情就是命令，防控就是责任。"我穿上志愿服，握着测温仪，为居民们测量体温、登记信息、核实身份，并为孤老送防疫防控手册与物品。

宝山路中兴城基地是静安区旧城改造最后一块"毛地"，我也为这些被征收的困难户做些实事。当时口罩稀缺，我四处筹集口罩等防疫用品，然后用快递邮寄给困难家庭。在非常时期，口罩就是生命守护神。送口罩、温度计和消毒液，减少病毒感染，为困难户送上安全保障。我在特殊时期还交了5000元特殊党费。

## 三、百岁老人与爱心接力

善良，不仅是给予，还是一种爱心的温暖传递……

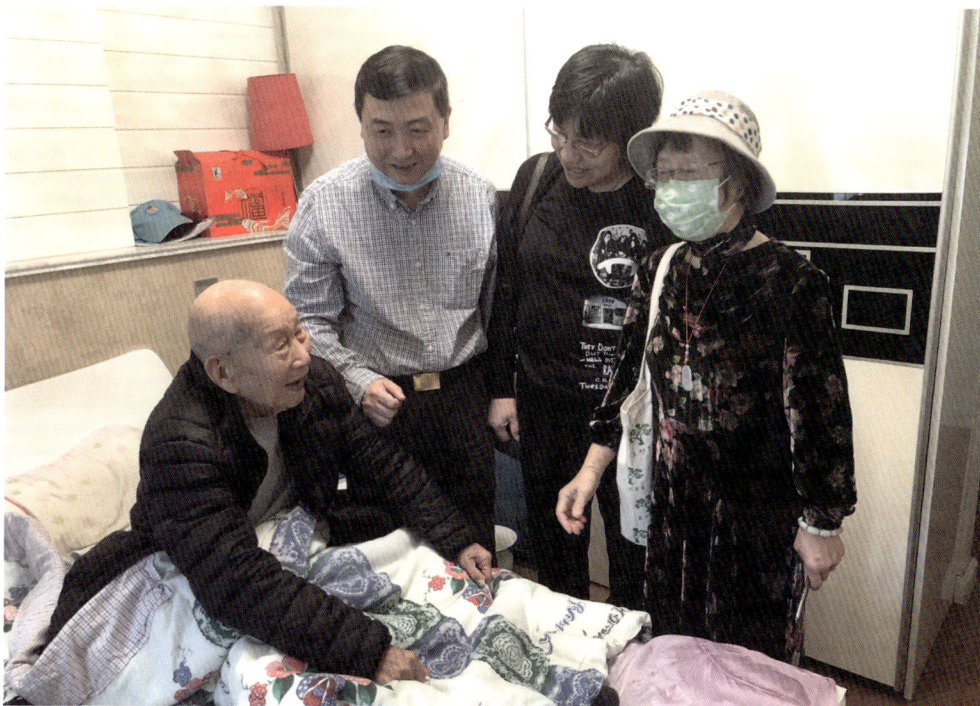

施平等探望百岁老人王老伯

静安区最后一幅"毛地"宝山路257、258的街坊居民，渴望早日搬迁。市政府领导听取民声，深入展开调查后，将两街坊的旧改征收提前到2019年。四家评估公司应征，最后居民投票选定"上房公司"来评估。

这里居住人口多，大多数人"蜗居"棚户区，他们早盼晚盼渴望早搬迁。我们坚持用脚丈量，走遍旧小区每家每户。在现场多次评估查勘中，我看到了这里几十年来建筑老化、环境杂乱差、生活条件极差的现状。我想应该用"儿女之心"帮助居民，将合法利益最大化。

我走访居民代表，走访基地指挥部、走访居委会，走访动迁公司、走访政府各个部门……服务要规范周到，工作要认真细致。遵循独立、客观、公正的估价原则，这是估价师的本色。

我们整个团队吃饭在现场，处理问题在现场，解疑释难在现场，就是累极了打个盹也在现场，全程为民服务。经100多天的齐心协力，迎来了签约的漂亮数字——整个基地签约率达99.4%。我们的付出得到了回报。

刚进驻这里，我就萌生要为居民捐款献爱心的念头。我的想法得到了"上房公司"党支部书记李建中的支持，说"这是好事！"同时征得了宝山路街道办事处领导胡建文的首肯。岁尾之际，通过居民代表何欲、顾根林热情牵线搭桥，排摸了二十户困难家庭后，我向他们捐款献上微薄的心意，希望对他们生活有所帮助。

在深入第一线了解到，一位特殊困难户、孤老王老伯，100岁了，躺在床上不能动。邻居施老伯照顾他，施老伯去世后，其儿子聋哑人继续照顾王老伯。我"三进宅门"，第一次勘查估价，第二次捐款赠防疫品，第三次是看望已在新家过日子的王老伯，见他已能下床走动，我心里真有说不出的高兴！《新民晚报》社区版和《新民晚报》先后采访报道。特别是《新民晚报》主任记者江跃中随我一起上门跟踪采访，深受感动，撰写了《带着百岁孤老 重组温馨家庭》的文章，刊登在《新民晚报》上，赞扬施老伯儿子一家人对王老伯的照顾，以及我对王老伯的关心，报道在社会上引发良好反响。

## 四、锦旗：创新给力 砥砺前行

在城市更新的实践中彰显估价师的使命和担当。估价要用心，用情。以心待民，将心比心。

上海市房地产专家委员会副主任杨斌、施平

居民送锦旗赠中共上海市房地产估价行业委员会

2019年初，我接受了征收评估茅台路200弄基地任务。小区居民对评估有抵触情绪，每天来评估机构反映情况的居民络绎不绝，并向区房管局提交了信访诉求。领导叫我去处理该棘手问题。

只要是老百姓的呼声，都应该认真倾听，找出矛盾症结所在。

原来，茅台路200弄被公示为不成套新公房，但各户套内均有独用灶间，与一般灶间和卫生间均合用的不成套房屋显然有所不同。

了解该情况后，我还是不放心，和杨宏总经理再一次上门从头仔细核查，并连夜查阅了大量相关房籍资料，终于发现房籍资料记载为不成套新公房，但套内确有独用厨房事实。居民觉得独用灶间建筑面积没有算吃了大亏。面对动辄数百万的房价，心有怨气，四处投诉。

一面是传统面积转换系数的刚性指标，一面是街坊居民言之确实有理的诉求。我觉得凡事都应该转换角色，假如我是动迁户呢？得给他们一个正面回答。我连续几夜不停地在网上通过大数据的排查，与相邻、相似房屋类型的比对、检测，明白了这是旧区改造中的一种"灶间独用因素"的特殊现象，但如何体现其估价的附加值、客观合理地打破常规确定其估价系数这确实又是个难题！

我通过考察了解到周边存在不同类型房屋出租较为普遍现象，对周边租赁情况、历史数据进行了再一次梳理、调查和汇总，用新制定的以灶卫全合用房屋租金与灶间独用、卫生合用房屋租金的差异程度为基础，来核定修正系数。解决方案一出台，立即得到动拆迁百姓一致好评，平息了这场尖锐的抵触风波，化解了此次评估项目中矛盾。

上海市房地产专家委员会副主任杨斌说得好："在城市更新的实践中，要彰显估价师的使命和担当。"估价要用心，用情。以心待民，将心比心。

该方案合理制订及时解决了估价疑难、矛盾，得到了有关房改领导和各方面专家肯定，换来了拆迁居民久违的舒心。此次古北路改建工程房屋征收基地签约率竟达100%！通过这次估价，先前许多怒气冲冲、言辞激烈的街坊居民还与我加微信，成为好朋友。居民送来了锦旗，锦旗上写着"热情服务、专业高效"。创新给力，砥砺前行。

20年内，我参与了估价大大小小项目数百个，深深感到：面对困难不能逃避，唯有进

施平、方豪、潘党生在浦东康桥项目和李大军律师、徐新建律师在现场沟通

施平、方豪在浦东康桥基地办公室听取被征收方委托的项目律师团队（李大军、徐新建等）提出的价格申诉

取，不忘初心，方是化解矛盾的最大原动力。

近几年，我先后完成了《浅谈历史文化风貌区房屋旧改征收评估》《房屋旧改征收评估方法在历史文化风貌区"张园"项目中的实践》《城市房屋征收评估中咨询答疑的难点及应对措施》《城市更新中历史文化风貌区的维护与再利用》和《城市更新视角下上海市中心城区历史文化风貌区评估——浅谈传统评估思路的优化与创新》等数篇论文，分别发表在《上海房地产估价》《上海轻工业》等杂志，并获得2019年度上海市房地产估价行业协会和2020中国房地产估价年会论文评选活动"优秀奖"。

城市更新，牵手你我他。我真心真诚地感谢这个时代，感谢"上房"20多年来对我所从事估价工作的全力支持与帮助。是上海的城市发展成就了我们这一代"估价师"的价值，是党和政府的教育培养，拓展了我们这一代"估价师"的新天地，让我们有所成长，有所作为，有所创新，砥砺前行！

文章入选上海市房地产建设系统《唱支山歌给党听》
——庆祝中国共产党成立100周年征文集

施平在这次的抗疫行动中，他不但捐款捐物，而且还带头做抗疫志愿者，守候在弄口巷尾，被人称之为"抗疫雷锋"。

**刘宪民** 上海市长宁天山路街道仙霞居委会党总支书记

跟刘备学做人，宅心仁厚。跟曹操学做事，能屈能伸。估价师将两者之美捏合在一起，才能唱出时代最新最美的完美之歌！

**赵国樑** 上海房地产估价师事务所有限公司合伙人、资深老总
第一届上海市房地产(土地)专家库专家

城市不止于更新，估价不止于数值。

**袁东华** 城市测量师行董事长、上海城市房地产估价有限公司原董事长

欲成六度，首从布施。依第八识，乃得心平。
业行十善，有诸相好。估价施平，真金好人。

**朱施峰** 上海房地产估价师事务所有限公司董事、合伙人、副总经理

# 城市更新中历史文化风貌区的保护与再利用

## 施 平

摘要：城市更新中涉及到历史文化风貌区的保护是绕不过去的一个问题，本文分析了历史文化风貌区的保护价值，并以"张园"为实例探讨了历史风貌区的保护方向，力求找到城市更新与历史文化风貌区保护的平衡点，解决"拆"和"留"的现实矛盾，实现二者的和谐统一。

关键字：城市更新；历史文化风貌区；张园

## 一、城市更新与历史风貌区

20世纪50年代，美国《住宅法案》中首次使用了"城市更新"（Urban Renewal）一词，当时的目的是改建大城市中的贫民窟和颓废区的住宅。"城市更新"概念引入国内以后，随着多年的发展，其内涵和外延均不断的发展和深化，"有机更新""城市再生""城市复生"等相近词汇及理念也不断被国内学者研究和提出。虽然说法各不相同，但其基本含义和目的是相近的。总体而言，"城市更新"即是通过再开发、整治改善、保护等方式使城市土地得以经济合理地再利用，最终目的是形成一个舒适整洁的工作和生活环境。

根据《上海市历史文化风貌区和优秀历史建筑保护条例》（2011年修正），历史文化风貌区是指"历史建筑集中成片，建筑样式、空间格局和街区景观较完整地体现上海某一历史时期地域文化特点的地区"。历史文化风貌区是由建成30年以上的优秀历史建筑组成的成片街区。目前，上海市中心城区已划定了12片27平方公里历史文化风貌区。这12个中心城区的历史风貌区，融合了上海城市发展过程中各个时期的鲜明风格，体现了近现代上海社会、经济、文化、生活各方面的成就和发展轨迹。

城市更新和历史文化风貌区的保护是既对立又统一的关系。在城市更新过程中，"拆"和"留"之间存在着固有的矛盾，因此二者是对立的；但是通过对历史文化风貌区合理地修缮、维护，使得城市记忆留存，历史文化得到保护和延续，同时优秀历史建筑在城市更新后得到合理利用，实现其经济效益、社会效益，则能够实现二者的和谐统一。

## 二、历史文化风貌区的保护价值

上海自19世纪40年代开埠以来，历经一百余年的璀璨历史，留下了汇聚东西方特色的各式各样的历史建筑群，体现了上海独有的江南文化的古典与雅致和国际大都市的现代与时尚相结合的"海派文化"。上海的历史建筑的保护，经历了20世纪80年代至90年代的注重单体建筑的保护，到90年代以后逐渐重视成片历史文化风貌区的保护。伴随着历史建筑保护理念的不断发展，现在人们普遍认识到历史文化风貌区具有历史文化、艺术审美、经济商业、社会情感等多方面的保护价值。

### 1. 历史文化价值

历史文化风貌区是一个城市历史文化的遗存，也是一个城市历史文化的象征，反映了一个地方历史上文化、经济、政治等方面的特征。一片历史文化风貌区的背后，往往承载了一段值得回忆的故事。例如上海北外滩的提篮桥风貌区，在20世纪四五十年代，曾作为接纳犹太难民的主要地区，十余年里共安置了近3万名逃离纳粹屠杀迫害的犹太难民。在提篮桥地区，以提篮桥监狱、上海犹太难民纪念馆、远洋运输公司、摩西教堂等特色历史建筑为代表，形成了租界文化、犹太文化、宗教文化等多元文化交融的历史文化街区，代表了上海高尚的人道主义关怀和海纳百川的胸怀，具有独特的价值和吸引力。这些文化特点也是上海"海派文化"的重要组成部分。

### 2. 艺术审美价值

历史建筑自身具有美学价值，成片的风格一致的历史街区往往代表了一定时期当地的建筑水平和特色，代表了当时社会文化背景下人们对美学的认知，具有历史的时代特征，也是不可模仿和复制的。黄浦区的城隍庙留存了大量红墙泥瓦的明清建筑，外滩万国建筑群则以风格多样的西式建筑为特色，这些建筑群均代表了上海不同时期的建筑特点，留存了不同时代的记忆，虽属于不同的时期，但都展现了高超的艺术水平和高尚的精神追求。

### 3. 经济商业价值

历史文化风貌区一般都位于市中心，地理位置优越，经过合理地改造后，无论作为旅游景点还是商业街区，都能产生巨大的经济商业价值。比较有代表性的是上海"新天地"的改造。新天地位于黄浦区太仓路，地理位置优越，改造前是一个以石库门建筑为代表的老旧居住社区，经过美国著名建筑师本杰明·伍德的设计，现已改造成了一个集购物、餐饮、文化娱乐等一体的多功能休闲中心，吸引了大量的游客，产生了巨大的经济效益。

### 4. 社会情感价值

具有地方特色的历史建筑，往往是一个城市的"名片"，也是一个地方区别于其他地方的特别之处，如北京的四合院、上海的石库门建筑等。这些富有地方特色的历史建筑承载了老一辈人城市生活的记忆，是一个城市的"灵魂"，也是宝贵的无形财富。现代的社会高速发展，各个城市钢筋混凝土的高楼大厦千篇一律，只有老旧的历史建筑能够标度一个城市的文化韵味，成为人们的精神寄托，产生情感上的共鸣。

## 三、城市更新中历史文化风貌区的改造——以"张园"为例

"张园"地块位于上海市静安区南京西路以南，是南京西路历史文化风貌保护区的核心地段。自2018年初起，上海市静安区启动了对"张园"的保护性征收改造工作，笔者作为参与"张园"地块旧改房屋征收评估工作主要负责人之一，结合工作实践中的所思所想，对"张园"的保护性开发提出如下一些浅显的见解。

### 1. "张园"的前世今生

探讨"张园"的保护价值，需要了解"张园"曾经辉煌的历史。"张园"又名"张氏味莼园"，最早是无锡富商张氏的私家园林，1885年对外开放后，逐渐成为上海当时规模最大公共场所。"张园"是上海滩最早的游乐场，也是近代上海时尚生活的发源地、潮人聚集地。19世纪末至20世纪初的十余年时间，是"张园"鼎盛时期，沪上第一盏电灯在这里点亮，第一个室外照相馆在这里开馆，第一场话剧也是在这里上演，1909年和1910年霍元甲曾在这里两次摆擂台，1916年孙中山曾在这里演讲"地方自治"。

直至1915年以后，上海更专业的游乐场所新世界和大世界建成，张园被逐步代替，转变成为民居点。

### 2. "张园"的建筑特点

"张园"街区以沪上少有的成片的石库门住宅著称，包括新式里弄、旧式里弄，另外还有数栋花园住宅等。石库门住宅是上海最具代表性的民居建筑，是一种融合了西方文化和中国传统民居特点的新型建筑，砖木结构，人字形坡顶，清水外墙，石头门框，乌漆实心厚木的门扇，采用精美的石雕装饰门楣、窗楣、阳台，这些是石库门建筑的特点。花园住宅一般都具有欧洲古典主义风格，又结合了江南建筑雅致的特点，体现了上海海派建筑的演化。

### 3. "张园"背后所代表的文化特色

"张园"曾被称为"沪上第一名园"，100多年辉煌的历史背后记录了丰富的历史故事，它代表了上海江南传统吴越文化和开埠以后引入欧美近代工业文明所融合产生的海派文化，是上海近代发展史的一个缩影，也是当代人了解上海本土文化之美的一扇窗口。"张园"的发展史集中体现了上海海派文化"海纳百川，兼容并蓄"的特点，主要表现在如下几个方面。

（1）开拓创新，与时俱进。"张园"鼎盛时期，是上海最早接纳西方近代技术和思潮的地方。科技方面，如电灯、电影、照相、热气球等，中国最早的话剧表演、体育竞赛、展销大会等均在此举行。孙中山、蔡元培等名流在此发表过重要的演讲。在"张园"诞生的"文明结婚"，被誉为"创新结婚"的先声。各种新奇、时尚的东西，变革的思潮，无不体现了海派文化创新、变革的特点。

（2）多元包容。"张园"作为近代社交达人生活的场所，伴随着商贸交易、文化交流的频繁，各种思想观念、生活方式也随之进入，内地移民把本土各个地方的文化带进了上海，外国人则带来了近代西方工业文明，使之成为各种文化的交融地。有代表性的如"张园"的石库门建筑群和花园住宅，不仅吸收了江南民居的式样，也结合了西方的雕刻和装饰，是中西建筑艺术相融合的产物。对异质文化的宽容姿态，善于接受新鲜的文化元素，体现了海派文化的多元包容。

（3）商业特征。"张园"的兴盛，起源于商业活动的繁荣。当时"张园"的流行元素，如戏剧、电影、展览等活动，都是一种商业行为。鲁迅在《京派与海派》一文中，写道："北京是明清的帝都，上海乃各国的租界，帝都多官，租界多商……。"[1]言简意赅地讲明了海派文化的商业特征。

（4）公共文化特征。"张园"提供了一个平等的、人人可参与的公共活动空间。在"张园"，洋与土，雅与俗，阳春白雪与下里巴人，各种文化特质相互交融。它展现的文化特点既有都市的时尚，也有市井的通俗。历史学家熊月之教授曾写道："张园是最能体现上海时尚、最能反映上海人气质、最能听到上海人声音的地方。"[2]

## 四、保护与传承——"张园"改造方向的思考

静安区政府对"张园"改造大的指导方向是"征而不拆""人走房留"的保护性征收政策，力求为全市创造范本。笔者认为，对"张园"历史文化风貌区的更新改造，既要保护，更要注重传承与发展，应着重从文化、功能、产业、环境等诸方面着手。

1. 文化延续——传承和发展海派文化。"张园"的历史文化，是多元融合的海派文化，最能够代表上海本土文化的精华。城市更新中，历史建筑的保护是表，文化的传承和发展是里，也是最终目的。历史文化的传承和发展，不是房地产开发，也不是简单的建设博物馆，而是通过发掘激活文化中有价值的部分，使之富有生命力。"张园"的未来，应是一个充满创造力和想象力的文化空间，同时汇聚21世纪新时期的文化及理念，使海派文化得到延续和发展。

2. 功能调整——打造文、旅、娱、商一体的休闲场所。经过多年的演变，"张园"发展到近现代时，已成为一个以居住功能为主的生活街区。由于生活配套设施老旧，位于寸土寸金核心商业地段的"张园"，已不适合继续作为居住社区存在。然则"张园"的改造，并不是再造一个"新天地"或"田子坊"，当然"新天地"和"田子坊"的改造无疑

是成功的，它们成功经验可以用来借鉴参考，但是"张园"要有自己个性化的东西，打造自身的品牌。文——旅——娱——商的先后顺序不能颠倒，即以特色文化为核心，带动旅、娱、商的发展。

3. 产业优化——引导产业发展方向。历史文化风貌区的改造过程中，政府主导控制产业结构十分必要且有成功的先例。例如"田子坊"改造中定位为"上海的苏荷（SOHO）"，在引入产业过程中对产业的类别和比例都有严格的限制，不设名牌产品专卖店，重点引入创意店铺、工艺品商店，已成为现代创意的聚集地。"张园"的更新改造也应该限制经营内容，控制产业比例，紧密结合自身区位优势、空间资源、文化特色等，发展具有海派文化特色的街区。

4. 环境改善——营造宜人整洁环境。"张园"现有基础设施大多都比较老旧，各种飞线、违章搭建现象相当严重，因此有必要在保持"原真性"的基础上，对现有的老旧基础设施进行完善升级，以营造一个现代化的生活环境。如煤、电、气的改造工程，街面整修翻新等，同时适当增加公共厕所和停车场，增加户外活动场所、休闲座椅等。

## 五、结语

城市更新是现代化进程中必不可少的一部分，当城市更新遇到历史文化风貌区保护的现实矛盾时，我们要心存对历史文化的尊重和敬畏，合理地加以保护利用。保护是前提，在保护中使得优秀的历史文化得到传承和发展才是最终目的，实现保护历史文化风貌区的同时，使得城市文脉得到延续。

——摘自《上海轻工业》杂志
2020双月刊第3期总第218期

参考文献：

[1]鲁迅.《"京派与海派"》,《鲁迅全集》第5卷[M].人民文学出版社,2005:432.

[2]熊月之.张园：晚清上海一个公共空间研究.中国近代城市企业·社会·空间[M].上海社会科学院出版社,1998:336.

# 浅谈历史文化风貌区房屋旧改征收评估
## ——以张园为例

施 平

[摘要]历史文化风貌区的评估历来是房地产估价领域的难点，张园是上海南京西路历史文化风貌区内具有代表特色的居住文化建筑群代表，本文以张园的旧改房屋征收评估为例，详细介绍了评估的方法、思路、技术难点以及特殊案例等，希望能够抛砖引玉，引起业界同仁的共同探讨。

[关键词]历史文化风貌区；旧改征收；房屋评估

## 一、引言

历史文化风貌区，是指历史建筑集中成片，建筑样式、空间格局和街区景观较完整地体现某一历史时期地域文化特点的地区。目前，上海市已划定了中心城区12片27平方公里历史文化风貌区。这12个中心城区的历史风貌区，融合了上海城市发展过程中各个时代的鲜明风格，体现了近代上海社会、经济、文化、生活各方面的成就和发展轨迹。

历史文化风貌区，具有独特的历史、文化、科学、艺术、人文价值，反映了地域特色和时代特色，上海市中心城区历史风貌建筑风格多样，各具特点。如外滩、人民广场历史风貌区以风格多样的欧洲新古典主义风格的公共建筑为主；老城厢、愚园路、新华路和山阴路风貌区则更多体现了丰富多样、包容万象的居住文化；南京西路同时具备风格多样的公共建筑和富有特色的居住建筑，公共建筑以医疗、宗教、文娱类为代表，住宅包括独立式花园住宅、公寓、新式里弄、旧式里弄等多种类型，且有不少名人居所，体现了较高的艺术水准。

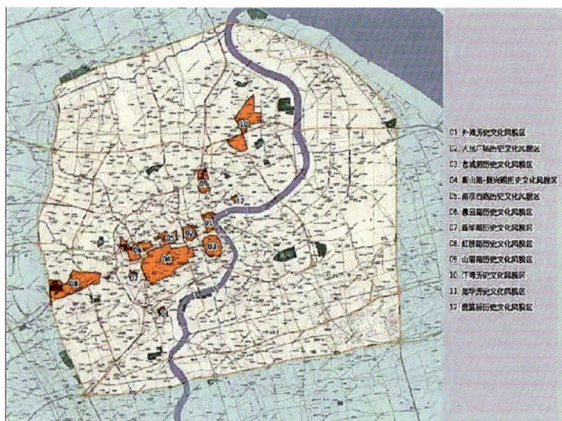

图1 上海中心城区12片历史风貌区分布

张园坐落于上海市静安区南京西路以南，石门一路以西的泰兴路南段。张园是南京西路历史风貌保护区的核心区域，也是上海规模最大、保存最完整、建筑形式最丰富的历史建筑群。"张园"的前身曾名列清末民初上海滩私家花园中的三大名园之冠，被称之为"沪上第一名园"。张园是上海滩最早的游乐场，也是近代上海时尚生活的发源地、潮人聚集地。

伴随着社会的不断发展，作为上海"城市印记"的历史文化风貌区大多数不再适合

| 风貌区名称 | 风貌区概况 |
|---|---|
| 外滩历史文化风貌区 | 位于黄浦、虹口区，以外滩历史建筑群、建筑轮廓线以及街道空间为风貌特色。 |
| 人民广场历史文化风貌区 | 位于黄浦区，以近代商业文化娱乐建筑、南京路-人民广场城市空间和里弄建筑为风貌特色。 |
| 老城厢历史文化风貌区 | 位于黄浦区，以传统寺庙、居住、商业、街巷格局为风貌特色。 |
| 衡山路-复兴路历史文化风貌区 | 位于徐汇、卢湾、静安、长宁区，以花园住宅、里弄、公寓为主要风貌特色。 |
| 虹桥路历史文化风貌区 | 位于长宁区，以乡村别墅为风貌特色。 |
| 山阴路历史文化风貌区 | 位于虹口区，以革命史迹、花园、里弄住宅为风貌特色。 |
| 江湾历史文化风貌区 | 位于杨浦区，以原市政中心历史建筑群和环形放射状的路网格局为风貌特色。 |
| 龙华历史文化风貌区 | 位于徐汇区，以烈士陵园和寺庙为风貌特色。 |
| 提篮桥历史文化风貌区 | 位于虹口区，以特殊建筑和里弄住宅、宗教场所为风貌特色。 |
| 南京西路历史文化风貌区 | 位于静安区，以各类住宅和公共建筑为风貌特色。 |
| 愚园路历史文化风貌区 | 位于长宁、静安区，以花园、里弄住宅和教育建筑为特色。 |
| 新华路历史文化风貌区 | 位于长宁区，以花园住宅为风貌特色。 |

表一 上海中心城区12片历史文化风貌区概况

居民的日常居住。主要表现在：建筑功能落后、建筑结构老化存在安全隐患、配套设施欠缺、能耗居高不下等，同时居民区存在各种影响风貌区特色和整体协调的新建和搭建建筑，以及对历史建筑的过度使用造成的损坏也与政府对优秀历史建筑保护更新的目的相悖。因此，上海市静安区政府探索出"保护性征收"的新政策，作为历史风貌保护和城市有机更新结合的探索实践，张园通过"征而不拆，人走房留"的保护性征收方式，以最大限度保留张园的历史文化原生态风貌[1]。

笔者作为主要负责张园房屋旧改征收评估的房地产估价师和项目总经理，深度参与了此次征收评估的各项工作，在项目实施的过程中得到了各级领导和协会专家的高度重视和鼎力支持，受益匪浅。笔者认为此次房屋征收工作是一次学习的过程、研究的过程，故撰文探讨。

## 二、张园房屋旧改征收工作开展的背景

### （一）张园历史文化风貌建筑居住现状

张园作为人文底蕴深厚、历史建筑丰富的历史街坊，街区整体功能以居住功能为主，长期以来都是有人居住的，这也是张园历史建筑保护一个现实的绕不过去的课题。经笔者调查发现，由于时代的发展和现实的各种原因，张园作为居民区提供"居住"功能已然较为落后，原因如下：

（1）建筑功能欠缺。局限于当时的社会发展水平和设计理念的限制造成建筑功能的欠缺，如：房屋套型落后、建筑间距过小、室内通风、采光不足；

（2）建筑结构存在安全隐患。风貌区建筑多为砖木结构，多年的使用后存在结构老

图2 丰富多样的石库门建筑是张园的主要特色之一

化、砖墙风化、墙体裂缝等状况，亟须修复；

（3）能耗较高。由于自然通风采光不足，且墙体、门窗和屋面的热传导系数高，导致空调和照明负荷增加，能耗居高不下；

（4）生活配套落后。大部分房屋缺少管道煤气，水、电管线老化，卫生设施较差，停车条件差，街道内缺少必要的无障碍设施和养老设施。

由于上述的诸多原因，张园居民对于改善居住环境的呼声日益提高。

**（二）上海市中心城区旧改"留改拆"成为新常态**

上海旧区和旧住房改造历经三个阶段。前两个阶段以"大动迁"和"大拆迁"为主，新一轮旧改从"拆改留并举、以拆为主"转到"留改拆并举、以保留保护为主"。2017年11月9日，上海市人民政府印发了《关于坚持留改拆并举深化城市有机更新进一步改善市民群众居住条件的若干意见》（沪府发[2017]86号），文件规定："推进优秀历史建筑、文物建筑、历史文化风貌区内以及规划明确需保留保护的各类里弄房屋修缮改造。""留改拆并举"即是"保护保留为原则，拆除为例外"的原则，强化整体保护的理念，采取城市有机更新的方式，既改善里弄里群众的居住环境，又更好地保护保留老建筑。

从以往的"拆改留"到如今的"留改拆"，是上海城市建设及更新思路的升级。如今，上海正着眼于城市的长远发展，着手留住城市文脉，将城市风貌、优秀历史建筑等的保护提到更重要的位置。

**（三）张园地块的旧改征收力求"以静安实践为全市创造范本"**

城市的有机更新，一方面关乎历史传承，另一方面关乎住房民生。2018年1月29日，《上海市静安区人民政府关于确认静安区张园地块旧城区改造项目房屋征收范围的批复》（静府复[2018]1号）正式获批，标志着张园地块房屋征收旧改工作正式启动。批复确定的征收范围是：东至石门一路、南至威海路、西至茂名北路、北至吴江路，就是现在的张园中部地块，占地面积约5.63万平方米。在政策上导向上，张园作为全市"征而不拆"试点，力求以静安实践为全市创造范本。静安区对张园相关区域进行整体征收，以最大限度保留张园的历史文化原生态风貌。在对历史建筑进行保留保护和修缮改造的过程中，坚持修旧如旧，最大限度保留历史文化资源。

在张园未来的规划蓝图中，既有历史风貌保护区，又有休闲街，融商务商业、时尚娱乐、文化风情以及居住等多重功能于一体，中西合璧、古今交融、多元互动。同时，对于优秀历史建筑，静安区年底前将完成"一幢一册"编制工作，完善快速发现、及时预警工作机制。而为了给历史建筑的保留保护提供专业支撑，静安区成立了大师工作室，由中科院院士领衔，业内专家共同参与[2]。

## 三、张园地块旧改房屋征收评估

作为一个受到社会各界的广泛关注的征收评估项目，张园的房屋征收不但牵涉面广、居民期望值高，而且房屋类型多、同类型房屋间形态差异大。在张园的征收评估工作中，一方面要严格遵守《上海市国有土地上房屋征收评估管理规定》的相关规定，另一方面也要考虑项目的实际情况以及居民的诉求，在合法的前提下，合情合理地评估。

**（一）房屋类型和分类**

张园街区整体功能以居住功能为主。在街区南、东、北沿街均有商铺分布。街区西南角设有学校、诊所。街区东南角以及北侧与南京西路相邻的地方，有少量的弄堂工厂。

征收区域范围内房屋类型多样，有石库门住宅、独立式花园住宅和新式里弄住宅等。其中，石库门住宅体量较大，作为最具有上海特色的居民住宅，一圈石头的门框，乌漆实心厚木的门扇，配有一副铜环，并有漂亮的门楣，这些都是石库门建筑特有的符号。

张园内的石库门建筑品种多、档次高，既有早期石库门的三开间一堂两厢和五开间双进深两厢房，也有代表新式石库门的单开间一楼一底和双开间一堂一厢[3]。

图3 张园地块旧城区改造项目房屋征收范围示意图

张园街区内房屋建筑类型丰富多样，对房屋类型正确的分类是合理评估的重要前提，为此，我们咨询了上海市建筑科学研究院的相关专家，结合现场查勘的情况，将征收范围内的建筑类型分为新工房、新里、独立住宅、旧里、简屋、个体营业用房等六类，其中新里根据建筑形态细分为新里A（普通新式里弄）的和新里B（新式石库门），旧里根据建筑形态细分为旧里A（普通石库门）和旧里B（优秀历史保护建筑）。具体见下表一。

（二）前期调研和准备工作

张园的改造更新是重大项目，牵涉面广，关注度高。坐拥黄金地段，知名社区，加之周边两块办公用地刚刚高价成交，居民对评估价格具有很高的期望值。在评估前期我们做了大量的基础性工作，主要包括如下几个方面：

（1）调阅房屋的档案资料，实地走访年长居民，了解张园的历史沿革、人文背景。

（2）完整绘制了每种房屋类型的平面图，记录房屋特征，实际租金等。并对可比实例做现场踏勘、比较，做到心中有底。

（3）为配合房屋征收部门项目前期评审，我们做了各类型标准房屋的预评估，并就房屋的评估方法、案例选取以及预评估结果征询专家意见。

（三）评估思路和技术路线

1、估价方法选择

在张园地块旧改征收地块内，同类型的房屋较多，因此采用标准价调整法。即在房屋类型分类的基础上，选择具有代表性的房屋作为标准房屋，采用合适的估价方法测算标准房屋房地产价格，再以此标准价格调整修正得出同类型其他房屋的价格。

对于标准房屋的评估，根据《房地产估价规范》的相关要求，科学地选用评估方法。估价对象的同类房地产有较多交易的，选用比较法，如新工房、新里、独立住宅、个体营业用房；估价对象或其同类房地产通常有租金等经济收入的，选用收益法，如个体营业用房；估

| 建筑类型 | 详细分类 | 说明 | 备注 |
|---|---|---|---|
| 新工房 | 新工房 | 普通新工房，总层数6层。砖混结构，一砖内外墙，水泥砂浆外墙面 | |
| 新里 | 新里A（普通新式里弄） | 新里A和新里B的主要区别：①平面布局不同。新里A每层三间房屋；新里B每层达七间，较为逼仄。②设施设备不同。新里A为大卫生，浴缸、台盆、抽水马桶三件套，前间室内有壁炉；新里B卫生间较小，也无台盆、壁炉等设备 | 新里A为原设计为新里的房屋；新里B为上海市建筑科学研究院认定的新里 |
| | 新里B（新式石库门） | | |
| 独立住宅 | 独立住宅A | 评估基地内共两套独立住宅，建筑和装修的档次较高，均为历史保护建筑。独立住宅A在居住舒适度、房屋内部完整度和花园使用状况等方面均优于独立住宅B | |
| | 独立住宅B | | |
| 旧里 | 旧里A（普通石库门） | 旧里A和旧里B的主要区别：①开间不同。旧里A为两至三开间石库门，旧里B为单开间石库门。②外观不同。旧里A外观各异，不甚齐整；旧里B为沿茂名北路九排房屋，沿街的东立面采用西洋式的三角形山墙及古典浮雕装饰，各巷口有巴洛克式门楼相连接。③内部设施完整度不同。旧里A无卫生，灶间合用；旧里B内部统一改造灶间，各户添加室内小卫生，内部设施完整度较好 | |
| | 旧里B（优秀历史保护建筑） | | |
| 个体营业用房 | 个体营业用房 | 主要为旧里房屋的底楼沿街商铺，砖木结构，以茂名北路临街为主 | |
| 简屋 | 简屋 | 砖木结构，混合砂浆外墙面 | |

表一 张园地块旧改房屋征收评估房屋分类

图4 新里A（左）和新里B（右）

价对象可假定为独立的开发建设项目进行重新开发建设的，宜选用成本法，如旧里住宅。

需特别说明的是，旧里石库门房屋由于同一供需圈类似使用权旧里房屋成交较少，且房屋形态和档次差异较大故不适合采用比较法；且近年来住宅价格涨幅较大，但租金涨幅相对较小，采用收益法难以反映该类型房屋的实际价值。故旧里住宅的评估采用成本法。

最终确定各类型房屋选用的评估方法如表二。

2、技术难点及其处理

（1）比较法。比较法的理论依据是房地产价格形成的替代原理，即在同一个房地产市场上相似的房地产有相近的价格。比较法的本质是以房地产市场成交价格为导向，其测算结果更易于被人们理解、认可和接受。

比较法的计算公式为：比较价格＝可比实例单价×交易情况修正×市场状况调整×房地产状况调整×权益状况调整

笔者认为，鉴于张园动迁基地的特殊性，运用比较法的关键在于一是合理地选择市场成交案例；二是科学地编制价格修正体系。

在案例的选择方面，以新工房市场法评估的案例选择为例。由于张园地块中，旧里和新工房的面积占比逾半，且在评估旧里价格的成本法中，其楼面地价是用新工房房地产价值经剩余法剥离后取得的，因此新工房市场法的可比案例选择就显得尤为重要。根据《房地产估价规范》及《上海市国有土地上房屋征收评估技术规范》的相关要求，我们按照房

图5 旧里A（左）和旧里B（右）

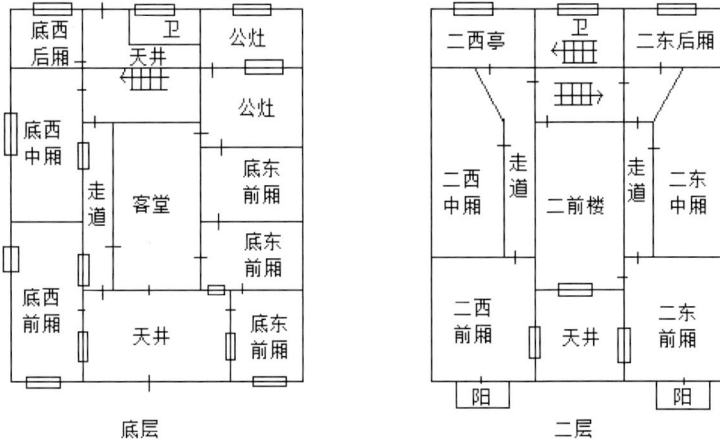

图6 现场查勘并绘制翔实的房屋平面图

屋类型相同，区位和实物、权益状况相近的原则，对张园周边半径1公里范围内的多层新工房小区进行了排摸，确定了茂名公寓、升平小区等六个待选小区，最后对六个小区一年内的成交案例逐一走访。经反复比较后筛选，最终选用了与张园一街之隔，实物状况和租金水平相近的茂名公寓和升平小区中的四个成交案例作为可比实例。

在新里、独立住宅的比较法中，为了体现不同房屋历史价值的差异，我们在实物状况修正里把建筑档次、外观品相、知名度等因素列入修正体系，各因素整体修正幅度设置（-3%）~3%。

（2）成本法。旧里石库门住宅采用房地合估路径的成本法评估。成本法的难点在于合理确定土地成本及各项费用的费率。

考虑到新工房的市场价格较为透明，价格区间也与旧里较为接近的特点，为了能更真实、全面地反映估价对象的市场价值，经比较法评估出基地内新工房的市场价格，再用剩余法剥离出新工房的楼面地价，经修正后作为旧里标准房的土地使用权重新取得价格。

因此，成本法的计算公式为：积算价格=楼面地价+建筑物现值+销售税金+投资利润+土地投资利息+建筑物投资利息+购地税费+土地管理费

其中楼面地价通过新工房的楼价经剩余法剥离，再修正得到，即：

新工房楼面地价=新工房楼价-房屋现值-销售税费-购地税费-土地管理费-土地投资利息-利润

（3）价格及平衡

①不同旧改地块之间价格比较

| 房屋类型 | 选用的评估方法 |
|---|---|
| 新工房、新里、独立住宅 | 比较法 |
| 个体营业用房 | 收益法、比较法 |
| 旧里 | 成本法 |

表二 评估方法选用

032

　　张园拥有优秀历史建筑，深厚历史底蕴，黄金地理位置，与同类型已动迁的静安区115街坊旧改地块、昌平路地块相比，无论是建筑档次、居住条件，还是远景规划，都要高出很多，因此居民补偿诉求也很高。如何平衡基地和相邻地块之间的价格考验着估价师的智慧和水平。

　　基地均价是动迁评估的一个重要数据，基地均价的高低，不仅和建筑本身的区位和个别条件有关，也和基地内不同房屋类型的面积比例有关。一般而言，新里、新工房、独立住宅的评估价格比旧里高，因此一个基地内旧里的比例越高，基地均价相对越低。张园旧改地块和静安区115街坊旧改地块、昌平路地块的旧里比例分别为48.96%、100%、71.24%，由此可见，张园地块内除旧里外其他类型房屋比例最高，因此会抬高基地均价。三个地块的基地均价如下表三。

| 影响因素 | | 优 | 较优 | 一般 | 较劣 | 劣 |
|---|---|---|---|---|---|---|
| 实物状况 | 建筑面积 | ≤40 | (41,60] | (61,90] | (91,120] | >121 |
| | 建筑档次 | 档次高 | 档次较高 | 一般 | 较低 | 低 |
| | 成新度 | 七五成以及上 | 七成 | 六五成 | 六成 | 六成以下 |
| | 外观品相 | 品相优 | 品相较优 | 品相一般 | 品相较差 | 品相差 |
| | 设施情况 | 完备 | 较完备 | 一般 | 欠完备 | 不完备 |
| | 知名度 | 知名度高 | 知名度较高 | 一般 | 知名度较低 | 无知名度 |

表三 新里、独立住宅市场法实物状况修正表

　　张园地块的评估价格与其他两个地块的价格差异较为明显，为检验评估价格的合理性和基地间的价格平衡，我们将三个项目中旧里、新里的标准价与周边新工房的价格进行比较：

　　三个地块旧里标准价和新里标准价占周边新工房均价的比例差异不大，分别为旧里占76%、74%、72%，新里占89%、88%，均比较接近。考虑到张园的独特性，我们认为评估结果体现了张园优异的地理位置和较高的建筑价值，价格是合理的。

　　②不同房屋之间价格平衡

　　以旧里为例，茂名北路200弄-220弄震兴里、230弄-284弄荣康里均为连接式石库门建筑。沿街的东立面采用西洋式的三角形山墙及古典浮雕装饰，各巷口有巴洛克式门楼相连接。房屋现状保存良好，于1999年9月被上海市人民政府公布为优秀历史保护建筑。且内部已经统一改造了灶间和室内小卫生。经综合考虑，我们在评估时将其分类为旧里B，在普通石库门的基础上，做外观调整1.5%。

　　③房屋部位之间价格平衡

　　以威海路590弄41号为例。房屋总层数4层，分前后两进房屋，中间由内天井连接，两进房屋在设施设备、高度、采光、档次等方面存在差异。房屋平面布局如下：

　　前后楼共居住有居民44户，每户居民居住的部位差异较大、内部情况复杂，导致在价格测算平衡上难度很大。

　　考虑到实际情况，经过充分讨论与研究，建立修正如下：

　　a)后楼部位较差，在前楼的基础上作部位修正-3%；

　　b)后楼一二层朝天井的房屋采光差，较为昏暗，作朝向修正-4.2%，略低于朝北的-4%；

　　c)后楼三层、四层朝内天井的房屋，随着楼层的增加，采光情况有所改善，给予三层

0.5%、四层2%的采光补偿；

　　d)前楼中低层房屋层高4.5米，比其他楼层房屋明显较高，作层高修正+1.5%。

　　最终做到在体现差异的同时又能够兼顾平衡，取得了较好的实际效果。

　　3、特殊评估案例

　　张园评估基地中，房屋类型多样，产权状况也各有不同，在评估过程中遇到很多特殊的评估案例，要求我们灵活运用各种评估方法，科学地设计估价技术路线，合理地进行评估。下面以威海路590弄89号的评估为例进行说明。

| 项目名称 | 周边新工房均价（元/m²） | 旧里 | | 新里 | |
|---|---|---|---|---|---|
| | | 旧里标准价（元/m²） | 占新工房价格比 | 新里标准价（元/m²） | 占新工房价格比 |
| 张园旧改项目 | 100000 | 76000 | 76% | 88700 | 89% |
| 静安区115街坊旧改项目 | 80000 | 58880 | 74% | — | |
| 昌平路桥新建工程项目 | 81000 | 58700 | 72% | 71200 | 88% |

表五 张园及相邻地块与新工房价格对比

　　威海路590弄89号，为一幢巴洛克风格的花园住宅，公房租赁合同记载用途为生产（工业）。现状已被改造成"张园99"餐饮酒吧街对外出租经营，日租金高达10~18元/㎡。由于优越的地理位置和建筑特色，现已成为沪上餐饮酒吧界的地标性场所，具有较高的知名度。

　　该房屋的利用现状也符合上海市经委发布的《关于加快都市型工业园区（楼宇）建设若干意见》《都市型工业园区（楼宇）建设标准及管理办法（试行）》的相关要求和政策导向。

　　在评估中，考虑到估价对象法定用途为工业，房屋类型为花园住宅，但实际作为商业设施使用和收益，且符合政策导向，故先采用比较法和收益法【净收益按一定比例递增模式】评定出估价对象假设合法作为商业用途房地产市场价值，再考虑商业用地与工业用地土地使用权价格的差异，扣除二者的土地出让金差价，以得到估价对象设定为工厂用途下的房地产价格。

## 四、总结和展望

　　张园地块旧改房屋征收评估历时4个月，属于历史文化风貌保护区，基地内房屋类型多样，上海市市区征收评估中常见的各房屋类型基本都有，我司估价人员群策群力，最终实现了居民签约率98%以上的好成绩，我司张园估价团队受到了静安区张园地块旧区改造专项分指挥部的表彰及静安区李震副区长等领导的一致好评。总结此次评估成功的经验如下：

　　1、首先要深入了解当地的历史，对风貌区内建筑的历史、文化、科学、艺术和人文价值有清楚的了解。在此基础上才能在评估中对房屋的历史价值给出合理的修正。

　　2、要保证细致和认真的前期调查和查勘工作。对于每种类型的房屋，绘制翔实的房屋平面图，每种类型房屋各个部位的高度、采光、朝向等各有不同，要做好现场记录。房屋部位价格调整系数的合理性是建立在查勘正确的基础上的。

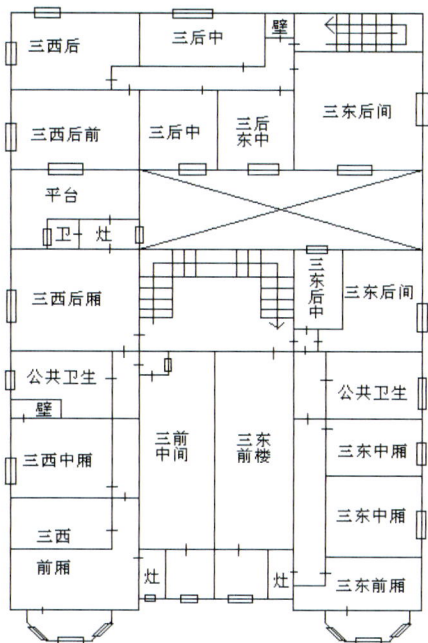

威海路590弄41号三层

图7 威海路590弄41号平面示意图

3、张园地块内房屋类型多样，做好房屋类型分类是合理评估的重要前提。

4、灵活运用评估方法。如在里弄住宅的评估方法的选用上，新里住宅市场上有较多的合适成交案例，故选用了比较法，而旧里住宅由于同一供需圈类似使用权旧里房屋成交较少，且房屋形态和档次差异较大故未采用比较法。

张园旧改房屋评估涉及很多优秀历史建筑，虽然我们竭尽所能考虑其历史价值，设置修正体系，给予相关因素一定的修正，但仍感做得不够，因此，笔者建议：开展历史建筑评价体系和评估方法的研究；建立全市历史建筑的数据库，搭建历史建筑的空间平台和多媒体平台，利用大数据的方法对历史建筑分析，评估其价值。

——摘自《守正创新——房地产估价、土地估价
高质量发展》
获得2019年度上海市房地产估价行业协会论文
评选活动"优秀奖"

参考文献：
[1]谈燕.走旧里、看张园、抓旧改，李强：事关百姓福祉要设身处地将心比心[DB/OL].
https：//www.shobserver.com/news/detail?id=139724，2019-03-19/2019-08-02.
[2]李芹.保护历史建筑可向类"张园"项目倾斜[N].新闻晨报，2018-11-28.
[3]时筠仑，李振东.张园地区历史建筑研究[J].中国房地产业，2017(28)

图7 威海路590弄89号

# 城市更新视角下上海市中心城区历史文化风貌区评估
## ——浅谈传统评估思路的优化与创新

施 平

摘要：针对城市更新工作中遇到的历史文化风貌区的评估问题，通过与普通房地产的对比，就评估思路、评估方法的优化与创新提出见解。对历史文化风貌建筑的整体评估思路上，采用标准价调整法；对标准房屋的具体评估上，采用比较法、成本法和收益法。传统三种评估方法的应用细节方面：比较法侧重评价因子的创新；成本法注意房屋折旧的估算和历史文化价值增值额的确定；收益法则需合理确定预期收益和报酬率（资本化率）。

关键字：城市更新；历史文化风貌区；估价理论创新

## 一、研究背景

目前，中国正处于前所未有的快速城市化进程中，在这个过程中难以避免地与旧城区的房屋建筑产生"留、改、拆"的各种矛盾。对于上海这种具有丰富历史文化底蕴的城市而言，在旧城区改造中更加注重优秀历史建筑的保留与保护。2015年颁布的《上海市城市更新实施办法》，代表着上海市开始从立法层面探讨生态的、可持续的城市更新途径。上海市城市更新的重点区域在中心城区，而能够代表上海市这座历史文化名城特色的历史文化风貌区也大部分位于中心城区，因此，近年来，中心城区的房屋征收范围也越来越多的涉及历史文化风貌区的整体或一部分。同时，作为房屋征收工作中非常重要环节之一的房屋评估工作，也产生了对中心城区历史文化风貌区的评估需求，例如2018年底笔者负责的"张园"旧改基地评估，就位于著名的南京西路历史文化风貌区南侧。

根据2002年上海市人大通过的《上海市历史文化风貌区和优秀历史建筑保护条例》，历史文化风貌区被定义为"历史建筑集中成片，建筑样式、空间格局和街区景观较完整地体现上海某一历史时期地域文化特点的地区"。目前，上海市中心城区已经划定了12片共计27平方公里的历史文化风貌区，这12个中心城区的历史文化风貌区，展现了上海城市发展过程中各个时期的鲜明风格，代表了近现代上海社会、经济、文化、生活等各方面的成就和发展轨迹。

相对于传统的房地产，中心城区历史文化风貌区内的房屋建筑具有一些独特的风格和特点，因此在评估思路和评估方法上，需要对传统的评估思路和方法进行优化与创新，才能够适应历史文化风貌区特殊类型房地产评估的要求。

## 二、上海市中心城区历史文化风貌区房屋建筑特点

上海自19世纪40年代被迫开埠以来，经济、社会迎来了巨大的发展，上海的文化特点是中西结合的"海派文化"，上海中心城区的历史文化风貌区，以当时的公共租界为中心，沿黄浦江西岸向南北扩展。这些历史建筑，集中体现了上海近代租界盛行的时代背景下，融合了西方文化和中国传统民居的特点的海派建筑风貌。

从建筑类型来看，中心城区的12个历史文化风貌区几乎涵盖了上海所有的历史建筑类型，且各有侧重点。人民广场、外滩、南京西路是当时的公共活动区域，以商业旅馆、文化娱乐等公共建筑为主；老城厢、衡山路－复兴路、愚园路、虹桥、山阴路和新华路则以各式各样的旧里、新里、名人老宅、花园别墅、现代公寓等品质较高的居住房屋为主要特色；提篮桥主要是监狱和宗教建筑；江湾则以民国时期的政府大厦、市立博物馆、图书馆等公共建筑为特点。

从产权角度来看，历史文化风貌区内的大部分公共建筑、名人老宅产权都在政府手里，在城市更新中政府可以按照规划统一实施改造，不存在较多阻力，也不涉及房地产估价的问题；而具有居住性质的花园住宅、现代公寓、新里、旧里及其沿街的商业性质的底层店铺，以及一些工厂、学校、办公楼等，很多属于产权人持有《上海市公有房屋租用凭证》的"公房"，或是持有《上海市房地产权证》的"私房"，这些"公房"和"私房"在房屋征收中需要政府给予产权人合理的补偿，也是房地产估价工作的重点。

## 三、评估思路

上海市中心城区的历史文化风貌区的建筑具有同类型集中成片分布的特点，因此在整体评估思路上应采用标准价调整法。标准价调整法适用于大量相似房地产的批量估价[1]，应用标准价调整法时，首先根据历史风貌区内房地产特征进行分组，如划分为旧里、新里、新工房、独立住宅、个体（商铺）等不同类型，再在每个分组内设定标准房地产，通过合理的评估方法测算标准房地产的价值或价格，然后用楼层、朝向等调整系数，修正得到各分组内每个房地产的价格。

对于标准房地产价格的评估，据笔者多年的实际评估经验可知，比较法、成本法和收益法是其中较为适用的评估方法，但是鉴于历史风貌区内房屋建筑的特殊情况，在应用以上的几种评估方法时，和传统的房地产评估相比，有一些值得特别注意和改进的地方。

## 四、标准房屋评估

目前学术界和房地产估价行业对于历史建筑的评估，仍处于不断的摸索和研究之中，未形成完整的价值评估体系。与普通的房地产相同，历史风貌区内的建筑可分为居住类和非居住类（商业、办公、工业等）以及特殊用途（宗教、学校等），传统的较适用的评估方法（比较法、成本法、收益法），在用于这些房地产价值的评估时，都有其适用的范围和缺点，因此需要在应用时进行合理地优化和创新。

1、比较法在历史文化风貌区评估中的应用

比较法是将估价对象与相似房地产进行比较，通过对可比因素进行调整得到估价对象价值的评估方法。比较法的理论依据是房地产价格形成的替代原理，即同一个房地产市场上相似房地产有相近的价格[2]。比较法应用于历史文化风貌区的评估，其重点在于两点：一是找到足够多适用的可比实例；二是合理地确定可比因素及其调整系数。

风貌区内的新工房、新里、花园住宅等居住类型的房地产，有较多的可参考的成交实例，因此在应用比较法上理论是可行的。在选择比较实例时，首先应做好详尽的勘察，掌握建筑特色、风格，了解历史脉络、人文背景、逸闻趣事等，在此基础上寻找建筑档次、历史厚重感、社会影响力等相当的房屋成交案例作为可比实例，以充分体现建筑本身之外的，历史文化所赋予的附加价值。

影响房地产价值的因素分为区位因素、实物因素、权益因素等，每一类因素又包括诸多评价因子，如区位因素可包含交通条件、商业繁华度、环境条件、基本设施状况等，这些评价因子对房地产价值的影响程度不同，我们可将其划分为"强、中、弱"三个等级，通过向行业内专家、学者、房地产估价师的问卷调查的方式，确定历史风貌建筑的评价因子体系。同时为了说明情况，把普通房地产加入对比。以居住类房地产为例，调查结果如表1所示。

由表格的调查结果对比可知，普通的居住类房地产注重使用价值，因此区位状况中的商业繁华度、交通条件、基本设施、环境状况，实物状况中的位置条件、维护状况，权益状况中的租约限制等均为较强的相关性，而对于历史风貌建筑而言，更注重的是保存价值，因此基本设施状况、人文条件、整体风貌、建筑结构、外观品相、知名度、维护状况等因素因子有更强的相关性。

综上所述，在设置历史建筑的修正体系时，应将强相关性的比较因子纳入评价体系，并给予较高的修正幅度，弱相关性的比较因子少纳入或不纳入评价体系。

2、成本法在历史文化风貌区评估中的应用

房地产估价的成本法是通过求取估价对象在价值时点的重置价格或重建价格，然后扣除折旧，从而估算估价对象价格或价值的方法。成本法较适用于风貌区内成交较少、也无收益的特殊用途的房地产评估，如学校、宗教房地产、废弃厂房等[3]。对于历史风貌建筑而言，传统的成本法积算价格模型，主要考虑土地成本、建设成本、管理费用、销售费用、投资利息、开发利润等，较难体现出历史文化的增值，因此参考国内一些专家学者的研究，可将历史风貌建筑的成本法价值模型视为：

历史风貌价值=土地价值+房屋价值+历史文化价值增值[4]

上述评估价值模型实质是成本法采用房地分估路径，另考虑历史文化的价值增值部分。在应用此模型时，需注意如下几点。

首先是房屋折旧的确定。对于历史风貌建筑而言，至少都有接近100年的历史，按照普通房地产的耐用年限计算，这些老房子早就应该寿终正寝。而实质上，很多历史风貌建筑正因为其悠久的历史，才更有保存的价值。因此，笔者认为，历史风貌建筑的折旧不应通过"新旧"，而应通过"完损"来确定。即传统的以建筑寿命为基础的直线法和成新折扣法较不适用于历史风貌建筑折旧额的确定，可采用打分表的形式评价建筑的完损程度确定房屋的折旧。

| 评价因子 | | | 房地产价值相关性（强/中/弱） | |
|---|---|---|---|---|
| | 历史风貌建筑 | 普通房地产 | | |
| 区位状况 | 商业繁华度 | 距市级商业中心的距离 | 中 | 中 |
| | | 距社区商业中心的距离 | 弱 | 强 |
| | 交通条件 | 周边道路类型 | 弱 | 中 |
| | | 距轨道交通站点距离 | 中 | 强 |
| | | 距公交站点的距离 | 中 | 强 |
| | 基本设施状况 | 配套设施 | 强 | 强 |
| | | 公共设施 | 强 | 强 |
| | 环境状况 | 自然环境 | 中 | 强 |
| | | 人文环境 | 强 | 中 |
| | 城市规划 | 城市规划 | 弱 | 强 |
| | 整体风貌 | 周边建筑协调性 | 强 | 弱 |
| 实物状况 | 位置条件 | 楼层 | 中 | 强 |
| | | 朝向 | 中 | 强 |
| | 建筑面积 | 建筑面积 | 弱 | 强 |
| | 建筑结构 | 建筑结构 | 强 | 中 |
| | 保存状况 | 成新度 | 弱 | 强 |
| | | 外观品相 | 强 | 弱 |
| | 知名度 | 知名度 | 强 | 中 |
| | 历史年代 | 历史年代 | 强 | 弱 |
| | 维护状况 | 维护状况 | 强 | 强 |
| 权益状况 | 土地剩余使用年限 | 土地剩余使用年限 | 弱 | 中 |
| | 租约限制 | 租约限制 | 弱 | 强 |

表1 评价因素对历史风貌建筑房地产价值影响程度（居住类）

其次是历史文化的增值，应以房屋重置价为基数确定，不应包括土地部分。笔者的理由是：一方面，历史建筑的"历史增值"是由矗立在其之上的房屋所代表的建筑风格风貌、历史人物事件等体现出来，和土地关系不大。另一方面，土地的价值主要由供需关系所决定，在供需原则的影响下，市中心的土地价值已经很高，不应该再考虑历史文化价值的加成。至于历史文化增值额度的计算，可通过专家调查法、条件价值法等确定，本文不再展开论述。

3、收益法在历史文化风貌区评估中的应用

收益法是通过对未来收益合理预测确定房地产价值或价格的方法，收益法适用于具有稳定未来预期收益的商业房地产，求取的是房地产的收益价格。在应用收益法评估历史风貌建筑时，据笔者调查发现，对于一些改造成特色旅游、文化会所、文化会所的历史建筑，具有更高的收益能力和收益预期；但对于应用于传统商业模式如商铺、餐饮的一些历史建筑，和同区段的普通房地产相比，大多数并没有表现出更高的收益，因此对后者这些房屋的评估，传统评估路径得到的收益价格能否代表历史风貌建筑的合理价值是一个值得商榷的问题。

众所周知，收益法的测算模型对两个参数极为敏感：一是预期收益的大小，二是报酬率（资本化率）的取值。在运用收益法时，对于商铺、餐饮用途的历史风貌建筑预期收益的取值，可否在客观收益的基础上，考虑历史文化因素的潜在收益加成，给予其一定幅度的修正呢？同时，采用安全利率加风险调整值的累加法确定报酬率时，可否认为历史风貌建筑收益稳定，而采用较小的风险调整值呢？总而言之，在运用收益法评估历史风貌建筑时，合理地确定预期收益和报酬率是关键，这两个参数的取值不应照搬普通商业房地产，应当有所差别。

# 五、结语

随着上海市城市更新的不断发展，不可避免地涉及历史风貌区的评估，目前对历史风貌建筑的评估理论方面仍处于探索阶段，现在的估价理论很难适应历史风貌建筑的评估工作需要。笔者在工作实践中，对历史风貌建筑的评估有一些思考，对比较法、成本法、收益法的操作细节做了一些探讨，但仍存在很多值得深入研究的地方。为了使房地产估价理论能够进一步完善，更好地服务于城市更新工作需要，笔者提出如下一些建议：

（1）建议开展历史建筑修正体系的研究，笔者虽对比较法的历史建筑修正体系做了初步探讨，但尚不够完善，期待相关部门能够形成成熟的修正体系。

（2）建议开展历史文化附加价值评估研究。目前，很多学者采用条件价值法、评价指标比较法、结构方程模型等方法评估历史文化的价值，但所得到的结果受主观因素影响较大，参考价值不大。

（3）建议开展收益法评估历史建筑的具体应用研究。收益法在传统的房地产估价中得到较好的应用，对经营性的历史建筑的评估是否适用，关键参数如何确定，仍需进一步的研究。

（文章获得2020中国房地产估价年会论文评选活动"优秀奖"）

参考文献：
[1]GB/T 50291-2015，房地产估价规范[S].
[2]柴强.房地产估价理论与方法[M].首都经济贸易大学出版社，2019年第九版.
[3]施建刚.房地产估价方法的拓展[M].同济大学出版社，2003.
[4]吴守志，金建清.非文物古.建筑价值评估初探[C]，国际房地产估价学术研讨会论文集，2005.

# 城市房屋征收评估中
# 咨询答疑的难点及应对措施

施 平

摘要：针对城市房屋征收中咨询答疑工作的特点、冲突的根源、解决办法等做了详细的探讨。笔者认为，咨询答疑矛盾冲突多的根源主要在于信息不对称、经济利益关系重大、被征收人知识水平较低、接待的估价师欠缺沟通技巧等原因，而合理的解决解释答疑中的困境，一是估价机构要独立、客观、公正、合法，发挥好桥梁作用；二是做好接待安排和接待培训；三是问题及时汇报解决，并采用多途径答疑；四是合理保密，出现冲突时避免问题扩大化。

关键词：城市房屋征收；咨询答疑；应对措施

## 一、引言

城市房屋征收是一项关系到国计民生的重要工作，近年来，随着我国政治、经济体制改革的不断深入，房屋征收工作也越来越规范。房屋征收评估中的现场解释工作是一项房地产估价机构需要承担的必要程序。根据《上海市国有土地上房屋征收评估管理规定》【沪房规范〔2018〕5号】（下文简称"5号文"）第二十八条的规定：分户的初步评估结果应公示不少于7日，公示期间，估价机构应当安排注册房地产估价师对分户的初步评估结果现场解释。由此可见，5号文规定了评估机构负有现场解释答疑不少于7日的义务，但对于解释答疑的范围、流程、方式等并未作具体规定。各评估机构一般按照征收部门的要求，或者操作惯例安排现场解释答疑工作，但据笔者多年的实际工作经验来看，目前的解释答疑中存在较多的问题，矛盾冲突较多，如何进一步完善解释答疑中的各项工作安排，值得进一步探讨研究。

## 二、目前现场解释答疑工作的一些特点

公示中分户的初步评估结果，一般不会有太大的变动，基本代表了最终的价格，在公示期间，现场解释答疑是被征收人直面评估方难得的集中时期，在被征收人看来，也是对己方房屋评估价格进行争取的重要机会，因此被征收人的咨询热情在这个阶段集中爆发，所咨询的问题不仅种类繁多，而且常常附带个人情绪，根据笔者多年的接待经验来看，现场解释答疑工作，具备如下一些特点：

（一）咨询的问题种类繁多，不仅限于价格问题

根据"5号文"的相关要求，现场解释工作主要是针对分户的初步评估结果，但是在实

| 问题分类 | 问题举例 |
|---|---|
| 房屋征收政策方面 | (1) 租赁公房的面积换算系数是多少？<br>(2) 非居用途如何认定？<br>(3) 如何申请复估？<br>(4) 如何申请鉴定？<br>(5) 阁楼面积如何认定？<br>(6) "三块砖" 是如何计算的？<br>(7) 灶间、卫生间、阳台相关问题. |
| 产权相关 | (1) 如何分户？<br>(2) 原产权人死亡如何继承？ |
| 评估价格方面 | (1) 评估均价是多少？<br>(2) 评估均价是如何确定的？<br>(3) 与 XX 相比较，价格偏低（差异）的原因？<br>(4) 不同部位房屋价格差异的原因？ |
| 评估技术路线相关 | (1) 采用的评估方法是什么？<br>(2) 评估比较实例选择？<br>(3) 周边的土地出让价格水平？<br>(4) 修正系数和体系？ |

表1 现场解释答疑常见问题汇总

际工作中会有很多被征收人咨询征收政策、产权、甚至评估技术路线等较专业的问题。具体见下表1：

**（二）部分咨询者情绪激动，现场易出现突发情况**

从被征收人角度来看，分户评估结果是关系到自己切身利益的大事，在和评估机构接待人员沟通的时候，很容易控制不住个人情绪，双方争执起来出现过激的举动，如果接待人员不能够妥善的处置，就会引发冲突，给整个基地房屋征收工作的顺利开展带来不良的影响。

**（三）咨询者文化水平、社会背景复杂多样，考验接待人员的临场应变能力**

在一个大型的征收基地中，各种身份、年龄、职业、文化水平的人都有，每个人的诉求也各不相同，有的对评估结果存在质疑，需要"晓之以理"；有的是通过面对面的机会，进一步了解征收精神和政策，打消心中疑虑，需要"动之以情"。复杂多样的现场情况要求接待人员不仅要具备丰富的专业知识，也要有较高的情商和良好的沟通技巧。

**（四）现场解释答疑不宜"尽情发挥"**

由于房屋征收工作的特殊性，特别是关系到社会稳定和后续签约工作的一些敏感性问题，即便接待人员知道一些所谓的"内幕消息"，也要求接待人员不能知无不言、言无不尽，解释和答复应仅限于专业知识和工作范围内，不要逾越职责对评估之外的事情发表意见，以免所述内容和征收政策及目标相悖，造成不必要的麻烦。

## 三、现场解释矛盾冲突较多的根源

**（一）信息和资源的不对等是矛盾冲突的根本原因**

在房屋征收工作中，征收人（政府和征收单位）处于信息和资源的优势方，也是制定游戏规则的人，被征收人处于信息和资源的弱势方，这种不对等的身份和地位导致了被征收人天然的不信任感。而评估机构作为受委托的第三方，被征收人潜意识中对评估人员在确定价格水平时，会不会受到政府部门的影响，能否出具公平合理的评估结论，能否客观、公正地体现其利益心存疑虑。

**（二）部分被征收人知识水平较低，不懂得通过合理的法律途径保护自身利益**

根据"5号文"的第四部分"评估报告和异议处理"的规定，被征收人对评估结果有异议的，可以提出书面复核评估申请；对复核结果有异议的，可以向估价专家委员会申请鉴定；对鉴定结果仍不满意的，则将由法院进行裁决。可见，若被征收人对评估结果不满

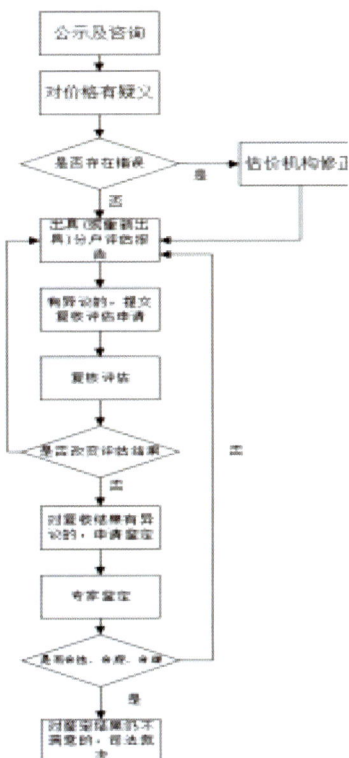

图1 "5号文"规定被征收人对评估结果有异议时处理流程

意，可以通过"复估-鉴定-裁决"的基本流程维护自身的合法权益（图1），但是由于部分被征收人的知识水平较低，不了解相关的法律法规，却容易听信不实谣言，仍处于"谁嗓门大谁有理"的认知阶段，导致现场解释工作出现困难。

**（三）有些现场接待人员专业水平较低，缺乏沟通技巧，服务态度不好**

沟通是一种说话的艺术，面对形形色色的咨询人员，接待人员不仅要业务熟练，专业知识丰富，而且要表达能力强，能将复杂的评估过程、专业术语以通俗易懂的语言传递给对方，使对方能够理解。在现场接待的高峰时期，往往一天要面对数十户问题不同的咨询者，如果接待人员不能一直保持平和的心态，没有良好的沟通技巧，双方很容易出现矛盾冲突。

**（四）少数被征收人期望值过高导致心态失衡**

近年来，随着上海市房地产交易市场价格水涨船高，通过房屋征收发家致富已经不是什么新闻。在巨大的现实利益面前，少数被征收人无法保持平和的心态，若是在咨询的过程中无法满足己方要求，出现过激的言行在所难免。

## 四、做好现场解释答疑工作的解决办法

**（一）独立、客观、公正、合法，重点发挥桥梁的作用**

城市房屋征收，具体签订协议的是房屋征收部门（单位）和被征收人，房地产估价机构受二者的共同委托，是第三方的服务机构，在其中不仅需要提供专业技术方面的本职工作，也要发挥调解人的作用，作为双方沟通的桥梁。房地产估价机构由居民协商或投票选出，最终接受征收部门（单位）的委托，因此从本质上说，房地产估价机构是同时为征收单位和被征收人共同服务，既要代表征收方完成评估工作，也要代表被征收方，维护其合法权益，因此在估价工作中要做到独立、客观、公正、合法。被征收人估价知识匮乏，接待人员有义务向其普及基本的估价常识，使居民了解评估工作中案例是如何选用，系数是如何采用，熟悉评估工作的基本流程，理解评估工作。在现场解释时，一方面替征收方做好政策宣传工作，另一方面多站在被征收方的角度，设身处地地为被征收人考虑，做好中间调解人的角色，促进房屋征收工作的顺利开展。

**（二）重要内容主动披露**

对于一些基本的事项和被征收人普遍关心的问题，在现场解释时可以通过展示板或宣传手册主动披露，这些内容包括但不限于以下方面：

（1）房地产估价机构的资质等级、办公地址、联系电话等基本信息；

（2）房屋评估的范围和分类；

（3）估价的基本程序、依据和原则；

（4）估价的技术路线、主要系数修正表；

（5）申请复核评估的时间和程序；

（6）申请鉴定的时间和程序等。

通过将这些主要内容主动披露，不仅可以减少接待人员的工作压力，还可以在被征收人中树立公正、透明的良好形象。

### （三）必要的事前培训工作

一般而言，事前培训可以从技术和礼仪两个方面着手。

技术方面来说，由于现场解释工作期限较长，很多房地产估价机构都是安排多个房地产估价师实行轮班制，现场接待的估价师未必是该项目的主要负责人，这就很难保证每一个接待人员都能合情合理地回答问题，甚至出现同一个问题的答复前后口径不一的情况。在接待工作正式开始之前，通过对全体接待人员统一培训，让每个人熟悉该项目的基本情况、评估思路和技术路线，学习征收补偿方案，同时对于重点、难点、常见问题统一答复口径，避免自相矛盾的情况出现。

在接待礼仪方面，包括统一的着装，佩戴工作证件，以体现专业、负责的形象。在回答问题时，强调微笑服务的重要性，教导接待人员多用敬语，谨言慎行，克制情绪，同时保持良好的坐姿、站姿。做好这些基本的礼仪往往能起到意想不到的效果。

当然，现场接待时不排除个别被征收人经过一些所谓的"专业人士"的点拨，故意咨询一些诱导性的问题，甚至通过偷偷录音录像等方式以实现一些不可告人的目的。这些注意事项在事前培训时就给接待人员敲响警钟，让他们解释和答复的内容应仅限于专业知识和工作范围内，不要逾越职责对评估之外的事情发表意见。对于常见的诱导性问题，归纳总结合理的回答方法，避免落入问询者的话题陷阱。

### （四）提前做好工作安排

合理地工作安排包括人员安排、轮岗制度、职责分工等。每天的接待确定主要负责人，根据每个人的能力和水平确定主回复人、记录人、辅助人员等。特殊情况需要当场复核评估的，安排专门的负责人员。另外还需要和街道办、房管局、建委、征收单位等部门协商，做好应急预案，如现场发生紧急冲突，相关部门能够保证第一时间出面控制局面，保障接待人员的人身安全。

### （五）重视房屋价格差异解释、强调价格平衡

在现场解释中，被征收人最关心的是价格问题。从整体价格水平来说，问题主要集中在与相邻征收地块、周边房地产市场成交的价格差异；从征收基地内部而言，问题多为不同类型房屋价格以及同类型房屋不同部位价格差异的比较。在价格评估时，一个征收基地内根据房屋类型、部位等不同设置价格梯度，对价格进行平衡是必要的，估价师在接待时，可通过房屋类型、区位等差异、修正体系的设置等的

澳中在线文化传媒有限公司航拍部 摄

不同，向咨询人合理解释价格差异的原因。

### （六）问题及时汇总、尽快解决

安排现场解释的目的是为了解决问题，如果问题没能当场解决，经常会出现居民跑几趟的情况。因此，每天接待工作完成后，及时将问题汇总，分析居民反映的主要问题在哪里，重难点问题汇报讨论，安排人员处理，如现场没有能够给出明确答复的，尽快给咨询者电话答复。

### （七）特殊情况特别处理，避免影响扩大化

现场解释时经常会遇到一些特殊情况，如咨询者不满意接待人员的解释或者当场没能给出确切的承诺，此人又比较顶真，常常难以控制情绪，在现场往往会产生起哄、带头的不良影响，此时最好能够避免争执，对他们提出的问题不要简单的肯定或否定，承诺认真调查的基础上，再另行安排时间单独接待和解释，以免其他居民围观或被其言行误导。

## 五、结语

现场解释工作是《上海市国有土地上房屋征收评估管理规定》规定的房地产估价机构必须开展的工作程序，也是估价机构与被征收人互相沟通的窗口，认真做好现场解释工作，可以充分发挥估价机构在房屋征收工作中的桥梁作用，赢得居民的尊重和信赖，提升房地产估价机构的口碑和知名度。

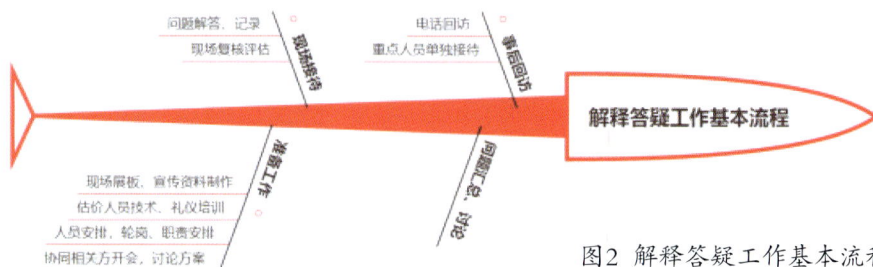

图2　解释答疑工作基本流程

估价师在接待的过程中，既要做一个"智者"，也要做一个"愚者""慎者"。所谓"智者"，即是估价师在现场解释时，履行一个估价师的职责，对于咨询者关心的评估相关的问题，尽量通过通俗易懂的语言向对方解释清楚，对于咨询者的合理诉求，尽量予以满足；所谓"愚者"，即鉴于房屋征收工作性质，对于一些不在估价机构职责范围内的、较为敏感的问题，深谙言多必失的道理，避免解答；所谓"慎者"，即一些估价师虽然知道，但和本征收地块评估关系不大，如周边地块土地拍卖价格、容积率等相关问题，应谨慎回答。

总而言之，现场解释答疑是一项看似简单，实则烦琐、细节繁多的工作，是房屋评估工作的延伸。在价格评估阶段，通过对房屋适当的分类，设置科学的修正体系，保证评估结果具有合理的差异梯度，才能够向被征收人解释清楚价格平衡差异的原因。同时，掌握一定的沟通技巧，在保持原则的前提上，重视情感上的沟通。只要估价机构思想上足够重视，工作上做好周密的安排，定能得到征收单位和居民的一致认可，交出一份满意的答卷。

——摘自《上海房地产估价》杂志
2020年第2期总第144期

# 张园地区历史建筑研究

时筠仑　李振东

## 一、研究项目的概况

张园地区是指现在的吴江路、石门一路、威海路及茂名北路街坊区域以及街区内的历史建筑，是2005《南京西路历史文化风貌区保护规划》确定的、南京西路历史文化风貌保护区的组成部分。

本项研究旨在以近代上海都市化进程为背景，以城市空间历史、近代建筑史及其人文历史研究的综合视角，对张园地区历史街坊内的历史建筑展开调查，以形成街区历史空间和建筑特征的深入解读及其遗产价值的全面认识，结合《南京西路历史文化风貌区保护规划》，为张园地区的历史文化遗产资源梳理、历史文化风貌特征及其保护与再利用的发展前景提供坚实基础和准确引导。

## 二、课题研究的目的及意义

张园地区是上海静安区一个人文底蕴深厚、空间格局完整、历史建筑丰富、风格特征多样的历史街坊，是上海中心城区极为珍贵的历史遗存，也是中国近代城市文化遗产的独特构成。2005年，张园地区已经成为"南京西路历史文化风貌区"的重要组成部分，因此，如何完整梳理这个街坊的历史演变，深入解读现存的历史空间与历史建筑，准确认识这一城市文化遗产的特征与价值，是深化保护工作的首要任务，也是实践保护更新的必然前提。

区委书记孙建平同志在赴静安置业集团工作调研中曾强调：要对现有张园历史建筑做好全面调查研究和保护，希望静安置业集团为静安留住一块宝地。上海静安置业(集团)有限公司已经承担这项城市遗产保护与更新的重要使命。开展《张园地区历史建筑研究》工作，既是现实工作的需要，也是为张园保护性征收工作和保护性开发利用提供依据，她对更加科学而完整地保护张园地区的城市与建筑遗产具有深远的历史意义。

置业集团已经开始实施地铁12号线南京西路站上盖商业地块开发项目，其实就是张园保护性开发的第一步。即将形成的茂名路精品步行街（另一个课题论文），就是在张园历史风貌区的范畴之内。因此，它的现实意义非常之重要。

## 三、张园的兴衰

（一）历史上的张园

1. 【庄园时期】——称谓前张园时期

张园地处今南京西路之南、石门一路之西，旧址在今泰兴路南端。这里原先为一片农田，上海开埠后，许多外商来沪经商，1872年至1878年，一位名叫格农的英商和记洋行经理先后向曹、徐等姓农户租得土地20余亩，辟为花园住宅。

2. 【私家园林和公共场所时期】——称谓张园的全盛时期

上述这块园地几经转手后，于1882年由寓沪富商张叔和购得。张氏取晋代张翰不恋官位，退隐山林的著名典故，将园林命名为"味莼园"，简称张园。张叔和颇善经营，也酷爱园林，接手格农别墅后，他又在园西先后向夏、李、吴、顾等姓农户购得农田近40亩，将其和原建筑融为一体，使整个园区面积达到60余亩，一跃而列当时私家园林之首。

张叔和按照西洋园林的风格，开沟挖渠，植树种花，设茶室戏台，陈各种游艺，并在园内构筑"海天胜处"等楼房。1892年，张叔和又出巨资建造了一幢高大洋房，以英文ArcadiaHall名其楼，意为世外桃源，与"味莼园"意思相通，中文名则取其谐音称"安垲第"（1893–1919）。整幢高楼洋派大气，单大厅就可容纳上千人集会宴客，为当时吸人眼球的宏伟建筑，张园也因此成为上海最大也最有特色的私家园林和公共场所。

上海新式的公共娱乐业导源于开埠后侨居上海的外国人，后来徐园、愚园等新颖私家园林的兴起，可谓是对西洋文明的一种借鉴和模仿，是民俗风气随着时代发展的一种转型。自张园兴起，这种转型日显成熟，并相应具有中国的特色。当时，张园是最吸引公众的娱乐活动场所，园内花草怡人，景色优美，并设有专业的戏台，轮番表演各种戏曲和歌舞节目；宽敞的园林中露天陈设有各种新潮的游艺设施，供游客游玩赏奇；园中还设有电影院、照相馆。商场、茶肆和中西餐馆及各种零食小吃摊，让人边吃边玩，乐而不疲。

张园不收门票，只要你有兴趣入园，就可以从中午一直玩到深夜。这种集各式娱乐功能于一园的大众化娱乐方式，是19世纪末随着上海城市商业经济繁荣发展，市民消费热情日益高涨而出现的，是一种历史的必然，张园则有幸成为主力军承担起了这个功能。这个领军位置，一直要到1915年和1917年更专业的大型游乐场新世界和大世界建成才换位更替。

对于过去的张园，熊月之先生有过许多文章论述。静安区文化局和各大高校也进行了许多研究和书籍。今天我们与同济大学卢永毅教授团队合作，经过深度挖掘，详细查阅和研究，将"安垲第""海天胜出"的建筑位置做了精确考证。这是张园建筑历史研究的重大突破，是对民间流传的错误位置，以科学、原真、精确地考证，予以纠正。（见图片）

（1）我们参照《1913年字林西报馆出版的上海地图》张园划示范围与《上海西区土地估价一览表（上海工部局编制）ShanghaiLandAssessmentSchedule1933(ShanghaiMunicipalCouncil)》以及城建档案馆1921年地形图叠合推测。

（2）安垲第是靠近现在的茂名路。是现在的德庆里和荣康里位置。

（3）置业集团就在2207地块上，是原来的花园与湖面。合计2.398亩。

3. 【石库门社区时期】——称谓后张园时期或者石库门时期

张园大约在1918年后渐趋消衰，据1932年出版的《上海风土杂记》记载："张、愚二园，今已湮没不存。"根据1933年上海公共租界工部局地政处的在案记录，原张园土地经多次析产后，被分成了28块。其中最大一块的面积为4.906亩（地籍号2212），最小一块的面积为0.535亩（地籍号2192）；每亩单价最高为3万3千两银子，大部分均为2万7千两银子。清朝中晚期一两银子价值人民币150～220元左右。那就是平均每亩540万人民币。（27000两×200元/两=5400000元）。

## 四、街区空间历史

从1947年《上海市行号路图录》、1948年上海航空影像、1963年地籍地图、1979年上海航空影像、1990年地籍地图、直到2013年上海航空影像分别可以看出，至1940年代，张园区域由农场、娱乐场转型为石库门社区的建设基本完成。转型过程中对街坊内部的土地进行了细化切分，即被划分为上述提及的28个地块。

新中国成立以后，张园区域依然保持稳定状态，仅有少量小型加建。至1990年代，街区内开展了2组院落的整治重建。至2010年吴江路沿线、街区东南角以及西南角学校，进行了整体拆除重建。至目前，街区东侧、南侧有两片拆除待建空地。历史建筑遗存集中在街区中西部4.2公顷范围内。

张园区域内以泰兴路为主的街坊公共道路，路幅达9.5米，其他支弄内通道宽度从2.5米到6米不等。从弄堂规划等级角度来讲，路幅越宽的里弄相对级别也就越高。上海城区形成，就是以道路组织的网格状而组成。有马路、弄堂（主弄、支弄）、巷子、门牌号等。威海路590弄从前张园时期就是马路。（请看图）后张园分割为28个地块形成的里弄，从解放后到现在基本没有变化。只是建筑单体出现了搭建等。

张园地区的石库门建筑的多样性和复杂性，形成了独特的上海生活风情，奠定了近代上海特有的节令文化、服饰、饮食、生活和习惯，成为区别于其他地区的独特的里弄生活方式。

## 五、街区历史建筑

（一）街区建筑功能类型

至1940年代，张园区域整体功能由农场、娱乐场转型为石库门社区。街区整体功能以居住功能为主。街区南、东、北沿街均有商铺分布。街区内西南角以及少量住宅建筑内，设置学校、诊所。街区东南角以及北侧近南京西路部分，有少量弄堂工厂。

（二）街区住宅类型

1940年代，张园区域住宅类型有独立式花园住宅、石库门住宅和新式里弄住宅。其中，石库门住宅体量较大，作为最具有上海特色的居民住宅，一圈石头的门框，乌漆实心厚木的门扇，配有一副铜环，并有漂亮的门楣，这些都是石库门建筑特有的符号。

张园内的石库门建筑品种多、档次高，既有早期石库门的三开间一堂两厢和五开间双进深两厢房，另外也有代表新式石库门的单开间一楼一底和双开间一堂一厢；双开间石库门只保留一侧的前后厢房，单开间则完全取消了厢房。他们在内部结构上的最大变动是后

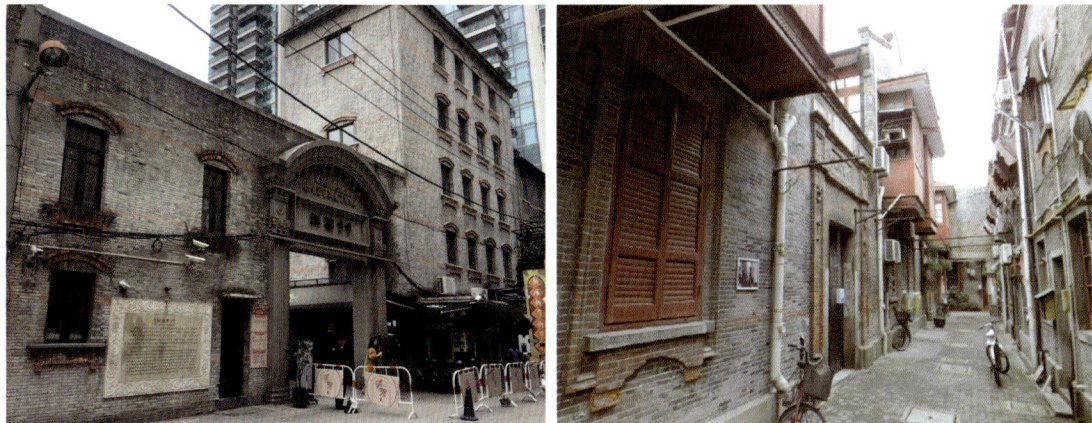

面的附屋改坡为平，上面搭建一间小卧室，即亭子间。

## 六、历史建筑个案

### （一）石门一路315弄6号，现公惠医院

建筑类型：花园住宅；建筑师：邬达克，1931年设计；建筑面积：约2475平方米；占地面积：约3.64亩；建筑层数：主体三层，局部四层；结构形式：砖木、钢筋混凝土混合结构。登记业主：Brandt, W.&Rodgers, Ltd（布蓝德·怀和鲁德歌斯有限公司）

该房屋由匈牙利裔设计师邬达克于1931年设计，原为私人拥有。1949年后作公惠医院。1953年称上海市公共交通公司交通医院，并做花园周边改造设计。建筑造型高低错落，外墙红白相间，多拱形、尖券形门窗、螺旋形大理石柱子、筒瓦屋面等装饰构件丰富。室内装修精美，采用拱形或尖拱形走廊。另外，两部主楼梯都颇具特色，最有特点的是现3号楼门厅内宽大的三跑弧形大楼梯，其梯井宽大，在每层平台处有一半圆形凹龛，并于东侧设备落地长窗施彩绘玻璃。总体上，整座建筑既庄重严整又能生动活泼，既富生活情趣又具艺术气息。尖券反映出风格特征，螺旋形柱身、涡券形门套等又反映出巴洛克风格特征，总体上属于折中主义风格。

### （二）威海路590弄77号

建筑类型：花园住宅；建筑师：格拉汉姆-布朗和温格拉夫建筑事务所（GRAHAM-BROEN&WINGGROVEARCHITECTSA.R.I.B.A)建筑面积：约2500平方米；占地面积：约2.4亩；建筑层数：主体2层，局部3层；结构形式：砖木、钢筋混凝土混合结构。登记业主：Macleod, R.N.&Gregson, R.E.S（麦克累德·阿艾和戈雷哥尚·阿义艾斯）原为王钦春住宅于1921-10-12公共租界工部局批准营造，营造商：康益洋行（A.Corrit），用地：张园2207地块（CADLOT2207)LATECHAGSUHOGARDENS

主楼（朝南）：东西二栋，中间为天井，南北廊连接。二层（4.6+3.9米）三层角（2.4米），副楼（朝北）：二层（局部三层）（2.55+2.55米），有屋面平台。主、副楼之间有小天井。立面为中西结合，平瓦斜坡顶。底层平面布局为大小厅组合，尤其南侧三个开间打开就是大宴会厅（东西对称），北面是厨房、卫生间、佣人房等辅助房间。南侧还有西式外廊，花式缸砖铺地。南边花园整齐规正，树木繁茂，有广玉兰等。花式高围墙和西式

铁门围合，设有门警房。二层为卧室，小客厅和其他房间。有密室，用家具隐藏。与副楼之间的联通由楼梯连接。主楼三层角为杂物储藏空间。副楼三层平台为上人平屋面。20世纪70年代加建为三层。

建筑具有：《西式特征》：外廊栏杆是铸铁花式。窗眉、窗门套为花式卷边、欧式山花。檐口、线脚为欧式风格。门式屋架是新型结构。已有卫生洁具和厨房设备。花式缸砖等铺装材料。西式家居及西式雕花平顶，西式壁炉。屋面是平瓦坡顶，尤其中间的铁皮穹窿屋顶。《中式特征》：平面进式布局（有内天井）。门、窗花格样式。

我们在百度上查阅到康益洋行：公司前身是1919年10月15日丹麦商人康立（A.CORRIT）创立的康益洋行，总事务所设在上海江西中路278号。该行系上海近代主营打桩业，专门承建各种三合土桩、洋松木桩、底脚、港务、桥梁、基础、钢骨水泥、钢铁等大型土木工程，并备有大宗美松桩及钢板桩出卖、出租的外商私企。

其承建的工程项目主要有：钱塘江大桥、宁波老桥、津浦铁路黄河大桥等10多座桥梁工程；承建了大来轮船公司码头、厦门海国大古洋行吊桥码头等十多个码头工程；完成了几十项桩基工程，其中有大丰纺织纱厂及上海最高的186米烟囱桩基工程、远东最新式的美安公司、汇山堆栈桩基工程、远东最高建筑上海四行储蓄会大厦的桩基工程，及当时远东最高大楼上海国际饭店的木桩桩基工程，几乎包揽了当时上海10层以上所有大厦的桩基工程。承建了南京国立中央大学大礼堂（全部铁架工程，为当时国内最大圆顶）；及福州路大新舞台（现天蟾舞台）圆顶钢屋顶安装。成为当时国内最大的一家建筑基础专业公司。

1953年5月13日，康益洋行被收购归为国有，编入第一机械工业部基本建设工程局华东土建机具供应站；1954年改名为建筑工程部机械施工基础工程处；1959年更名为建筑工程部基础工程公司；1960年，公司下属渤海工程处（葫芦岛）和南海工程处（广州）分别成立第二和第三基础工程公司，遂改名建筑工程部第一基础工程公司。国有市属企业：1970年下放上海，划入上海市建筑工程局，改名为上海市基础工程公司，2009年7月7日改制为上海市基础工程有限公司。

（三）威海路590弄56支弄11、15、17号，72支弄8-12号。

此地块称"颂九坊"，有两种类型的里弄住宅，分两期，间隔十年设计建造。其中威海路590弄56支弄11-15号和72支弄8-14号，档案编号为A3656，1923年-1924年设计，是张园区域最完整的五开间新式里弄住宅，施工精细，外观优美。威海路590弄56支弄17号为中式住宅，档案编号为B5212。于1934年设计，将原用地西南角只有一层的车库和厕所拆掉改建为住宅。占地：2.212亩。建筑面积：1928平方米。登记业主：CreditFoncierd'Extreme-Orient（仪品放款银行）

威海路590弄56支弄11-15的建筑风格：中西合璧风格，局部具有巴洛克风格特征。特色细部：门楣、檐口、窗套、栏杆、分层线脚以及墙面划分等都十分精细，美观，呈献明显的欧式特征，特别是窗套的三角形山花和露台的涡卷形挑梁具有巴洛克风格特征；门头刻有"颂九坊"字样，字体遒劲有力、优美大方。入口两侧山墙上挑出的露台、顶部檐口及下部窗套，风格一致，造型别致、构图优美。

威海路590弄56支弄11-15号为具有代表性的新式石库门建筑。三层，砖混结构（已经体现钢筋混凝土结构技术）。房屋呈现五开间两厢房。二层厢房顶演变为南向晒台（露台）。房屋内有灶披间，壁炉。落地木门为中式木格镂花玻璃。二层南面外挑西式阳台，米字型花式栏杆。石库门木门为洋松实拼门，2寸厚木料相拼，摇梗方式关启。早期石库门边框的上槛和石披均用石条，后期因受西洋建筑文化影响，不用石框和石条，而仿做西洋古典建筑的装饰，在门兜上采用罗马的半圆拱形华饰和巴洛克式多角体和曲线形等。门头、门柱采用汰石子做线脚。

五开间双厢房是迄今为止留存下来不多的石库门类型：进门一横长天井，两侧左右厢房，正对面长窗落地三个客堂间。客堂两侧为次间，后面有通往二层楼的木扶梯，再往后是后天井，其进深仅及前天井的一半，有水井一口。后天井后面为二层的附屋，底层是灶披间、杂屋和储藏室，二层是亭子间。整座住宅前后各有出入口，前立面由天井围墙、厢房山墙组成，正中即为"石库门"。

我们在百度查阅；义品放款银行（CreditFoncierd'Extreme-Orient）是法、比两国商人所组织，总行设在布鲁塞尔。清光绪三十三年（1907）在天津设分行，民国元年（1912）在上海设分行，其业务以经营房地产押款为主。

可以看出，该宅院为大户人家所使用。按照中国传统理念，一般理解为是"三妻四妾"分成五房。课题组长明耀董事长研究观点：1）那时已经受新文化、新教育影响，有地位、有身份的官员或商人，在上海置业房屋，只会安排众子女分为五房。2）即使有纳妾，也是在别处秘密安置。

# 七、价值陈述

张园历史街区处在南京西路历史文化风貌保护区内，历经一百余年的发展与演变，历史积淀深厚，风貌特征显著，是上海中心城区珍贵的城市遗产，也是南京西路地区城市更新与发展的宝贵资源。

基于对张园地区的历史研究和现状调研，以城市历史、建筑历史以及相关人文学视野，我们形成了对这一历史街区较完整的价值认识，为实现张园城市遗产的保护及其在城市更新中的价值再现，提供可靠的依据。

张园地区的历史追溯到近代上海开埠后的租界城市化发展，现存的历史街区形成于20世纪20年代–30年代，是一个以多种户型集聚的、规格较高的晚期石库门里弄住宅区，兼容其他多样居住形式。作为城市遗产的张园街区，在历史价值、人文价值、社会价值、艺术价值和经济价值五个方面都体现出它的独特性。

［第一方面］：张园街区的历史演变既有近代上海公共租界西区城市化进程的典型性，又呈现其时代更迭的复杂性，具有十分独特的历史价值。

该地区历经从传统农田发展到租界边缘地带、再到租界内的城市高密度居住和商业区的历史，直接反映了近代上海公共租界西区城市化发展的典型进程；不仅如此，这个地块从寓沪西人观赏田园风光的（静安寺路）郊游地，转变为英国人格农为侨民给而建的农庄，再由寓沪富商张叔和改建为私家园林味莼园，继而逐渐成为中西合璧的海派园林和城市公共空间，最后到二次房地产开发形成以石库门里弄住宅主导的多类型混合居住区，这一复杂的历史更迭，是这个地区乃至整个近代上海独一无二的。

［第二方面］：张园街区积淀了反映近代上海乃至近代中国历史变迁的丰厚而特殊的人文历史，具有十分突出的人文价值。

具体由三个历史阶段呈现：

（1）早期作为郊游地和英人所建农庄，曾经记录了租界侨民独特的生产与生活状况；

（2）第二个张园时期，作为中西合璧的海派私家园林，转而演变为开放的城市空间，开启了现代城市新奇游乐、比武赛艺、都市时尚以及集会演说等公共生活，形成公共空间领域，尤其是作为清末民初的集会场所，记录了章炳麟、吴敬恒、蔡元培、马君武、沈步洲等近代著名人物疾呼变革、传播革命思想的历史，以及霍元甲惊走英国大力士、击败日本柔道会首领的重要历史事件；

（3）第三个阶段，该街区作为一个20世纪20年代–30年代二次开发形成的高密度住宅区，生动地呈现了以各种规模的石库门里弄住宅、里弄公馆、少量独立式花园住宅以及沿街商业空间、教育和娱乐服务设施（以往的学校、同孚大戏院）组成的近代上海租界区的华人生活方式。尤其是以小地块开发模式，采用多样的户型平面和多种风格特色的晚期石库门里弄建筑形成组团，含有大量多开间户型，保持高密度开发中传统民居生活品质的延续，是同类石库门里弄街区中十分罕见的。

［第三方面］：张园街区多样石库门里弄住宅类型的共处，以及丰富居住空间形态的共融，是近代上海都市生活的生动写照和集体记忆，具有显著的社会价值。

现存的张园街坊仍然保留了各种规模的里弄住宅（单开间、一堂一厢、一堂两厢以及五开间），还有里弄公馆和少量独立式花园住宅穿插其间，居住类型的丰富性，是一般里弄街坊少有的。这一日常生活空间延续了近一个世纪，既反映着居住生活的多样共存，弄堂生活的内向自足，也呈现出街坊与城市空间的适度连接，形成了"私密—半私密—半公共—公共"的社会空间层系，尤以其中的半公共空间的组织最为独特（小宗地块开发形成巷弄的纵横交织特别丰富，张园主弄的特殊尺度和内街属性，都是一般石库门里弄街坊少有的）。多年来，关于张园的出版物不断涌现，街坊吸引着络绎不绝的游人，民间影像记录极为丰富。它已成为这个城市集体记忆中无法抹去的场所。

［第四方面］：张园街区集中呈现以近代上海晚期石库门里弄为主的、中西合璧风格的多样与统一，并反映风格的时代演变，形成一道独特的城市风景线，具有显著的艺术价值。

张园历史街区现存的历史建筑风格特色可以归为四类：

第一类：中西合璧的建筑风格，即整体空间和立面格局上延续江南传统民居的风格样式，而建筑材料更新为以红色为主的清水砖墙，细部融入传统西式装饰，具有晚期石库门里弄的典型特征；

第二类：为求新求变，引入1920年代末30年代初西方较为流行的装饰艺术风格（ArtDeco），细部使用更为简洁的装饰线条与几何图案；

第三类：是沿用部分传统民居空间布局，但立面形式及其室内外细部均为传统西式风格主导，以里弄公馆为典型；

第四类：以整体西式风格主导，形式、色彩以及各种细部都带有西方古典建筑或西方地域建筑特征，如带有传统西班牙风格特征的斜桥大厦。

［第五方面］：张园街区独特而丰厚的人文历史积淀，多类型石库门里弄的汇聚，多形式独立式住宅的穿插，以及巷弄空间的丰富格局，是一个活的里弄博物馆，其品质和规模在中心城区独一无二，在保护与再开发的进程中，具有显然的经济价值。

上海这座具有海派气息的大城市，包容了各国的不同文化，不同风情，形成了别具一派的城市文化。石库门是最为普通平凡而又是最真实的老上海人的基本生活场所。张园百年的石库门记录了生活在此人们的生活风情和居住文化，记录了上海的沧桑变迁。对张园建筑文化课题研究的展开，也是展开了浓郁的怀旧气息和老上海独特的海派情怀；对张园建筑文化的解读，也是解读了张园乃至整个上海的前世今生与社会变化。未来科学而完整地对张园进行保护性征收和保护性开发工作极具挑战，但同时我们更充满了期待。

张园街区现址

时筠仓、于勇、周惠珍、周伟良

**时筠仑**，复旦大学企业研究所兼职研究员，上海交大安泰经管学院EE课程教授，上海大学世界商业街区研究院副院长、客座教授，上海静安置业（集团）有限公司董事长，上海市人大代表，上海市房屋修建协会会长，上海交通大学工学学士，同济大学工商管理专业工商管理硕士，同济大学管理科学与工程专业管理学博士。

时筠仑曾荣获2009年静安区威海路文化传媒街发展研究获"上海市技术成果奖"；2015年静安区第四批领军人才；2017年获上海市五一劳动奖；静安区六比六赛劳动竞赛杰出贡献奖。2019年获得静安区首席技师称号。

时筠仑曾先后在行业内专业刊物上发表论文：《在新的起点上推进旧区改造》（发表于《上海房地产市场报告》2000年12期）；《物业管理与市场》（发表于《上海房地》2001年2期）；《转制物业公司的基本特征与制约因素》（发表于《上海房地产市场报告》2001年3期）；《关于转制物业公司进一步市场化的思路和建议》（发表于《上海房地产市场报告2001年5期》）；《房价波动与影响因素分析》（发表于《价格理论与实践》2005年12期）；《土地市场与增量房市场的互动关系研究》（发表于《同济大学学报自然科学版》2005年增刊第33卷）；《城市中心商业街区环境空间的构筑》《张园地区历史建筑研究》《静安区丰盛里E幢（洋房）保留建筑拆解与复建的工艺探索与应用》（发表于《中国房地产业》2017年10月份；11月份；12月份专刊）；《张园历史街区核心价值的发掘、保护与应用》（发表于《上海房产》2019年11月份专刊）等百万余字著作论文。

时筠仑坚持以理论指导实践，牵头实施了《城市核心区历史风貌保护开发研究与示范》等多个在市科委、市房管局立项的课题研究项目，其中，《历史建筑物业管理标准化体系》研究成果在市质监局贯标成功，成为全市唯一由区级企业制定的行业标准体系。《历史风貌区保护性征收基地保护管理指南》研究成果，得到了郑时龄院士等业内专家的高度肯定，弥补了专业领域空白。新冠疫情期间，时筠仑同志作为，带领研究院参与起草了《步行街战疫报告：关于新冠肺炎疫情对步行街的影响及对策》调研报告，得到了国家商务部中国步行商业街工作委员会的发文表扬。在长期的一线实践过程中，时筠仑同志积累了大量的经验，结集出版了《静安石库门》《张园历史街区的昨与今》等专业书籍，获得了业内的高度好评。

时筠仑从事企业管理20余年，先后在国企担任企业总经理、董事长等职务。多年来一直为企业做管理咨询、管理体系建设以及培训工作，在企业管理与人力资源管理的理论与实践上均有独到、深厚的见解，实战经验丰富，针对性强。擅长人力资源管理咨询；职业规划咨询市场营销；人力资源管理；城市更新；管理项目策划；企业运作管理和咨询；中高层管理干部培训等领导与管理类课程。

王华、于勇、李强、时筠仑

施平与时筠仑合影

上海市静安区张园地区模拟图

# 第二部分

## 释疑：城市更新旧区改造案例

　　怎样让城市的梦想照见现实，怎样让人所集聚的城市变得越来越美好，对于城市旧区的更新与改造，就必定会成为城市房地产发展的一个重大的课题，但是，"潜伏"在"城市更新、旧区改造"中的种种矛盾和许多我们从未碰到的问题也是客观存在的，由我们上房估价团队提供的"静安区宝山路257、258街坊旧城区改建的房屋补偿方案"及"街坊旧改政策问题说明"等，或许能会为您心中的困惑予以解答。

# 阳光征收，温情推动估价

　　房屋征收是一把双刃剑，一方面它能够调整和完善城市功能，为中心城区建设与发展提供充足的空间；另一方面也是对房屋所有者现有生活方式的强制性改变。自2011年《上海市国有土地上房屋征收与补偿实施细则》颁布以来，政府各部门都将"公开、公平、公正补偿"作为实施房屋征收的法定前提。

　　上海市是最早实施"阳光征收"的城市之一。最初的"阳光征收"的重点在"依法依规、倾听民意"。随着动迁成为百姓的需求，其内涵不断丰富起来，上海市相继提出了"政策全阳光、过程全透明、结果全公开"的制度，核心是为了解决信息不对称的问题，防止出现"先走先吃亏、后走占便宜"的现象，避免少部分人漫天要价，"坐等"强迁。上海市在征收实践中创新了三大机制：一是旧城区改建的意愿征询，实现事前两轮征询制度，即因旧城区改造征收房屋的，需要经过"征询改造意愿"和"征询征收补偿方案"两个阶段的征询，两个阶段分别需要达到90%、80%的生效比例；二是在征收补偿上，实行"数砖头+户型保底+补贴"的办法，被征收居住房屋由房地产市场评估价格，增加不超过30%的价格补贴，旧式里弄房屋、简屋及其他非成套独立居住房屋的套型面积补贴，居住困难户增加保障补贴等；三是在征收安置上，增加就近安置方式等。各区因地制宜、挖掘潜力，在本区域范围内尽可能建造一些紧凑型、小户型的就近安置房，供动迁居民选择。这些机制的实施有效的加快了旧区改造的进度，维护了人民群众的合法权益，维护了社会的稳定。

　　房屋征收涉及被征收居民重大切身利益，阳光征收政策，是为了更好的让公众积极参与，不再是先"举举手"、后"点点头"、最后"满腹牢骚"、被动参与。而是通过多种方式和渠道获取征收方面关键信息，争取自身利益。然而，虽然政府做了大量的工作，力争实现"全公开、全透明、全阳光、全过程、全监督"的参与机制，但相对于政府，被征收居民仍处于弱势地位，信息和权力的不对称让很多居民不知道如何表达自己的合理诉求。本章节，我通过整理房屋征收政策，梳理征收工作的流程，归纳总结居民关心的核心

施平、方豪在徐汇区龙吴路基地现场勘查

施平、方豪在徐汇区龙吴路基地现场勘查

问题等，就是为了帮助居民解决参与障碍，实现了解征收、理解征收、在行动上支持房屋征收工作，推进签约、搬迁进程。

　　静安区宝山路街道257、258街坊旧城改建项目是市区极为典型的一个房屋征收案例。该项目是静安区重大实事工程，项目涉及面广、民生影响大、征收难度大，受到了市区两级政府的高度重视。被征收房屋总建筑面积约69596.14平方米，共涉及1840证、2260户居民。经过我们估价师们不懈的努力并不断地将政策等通过深入浅出的解释，在二次征询正式签约首日，共有1826证居民签约，签约率达到99.24%，远远超过了90%的签约生效比率。本章节以该项目为例，罗列了《房屋征收补偿方案》《旧改问与答》《征收补偿常规流程》等内容，聚焦居民所关心的征收程序、帮困政策、申诉制度、价格异议解决等诸多问题，让被征收居民理解征收工作"有法可依、有法必依"，知道每个步骤该做什么、怎么去做、做到什么程度。增强居民对征收工作的信任，强化参与氛围。最后，通过居民代表何欲的小故事，让大家明白，征收不仅仅是"阳光"的，也是"温情"的，估价师们用他们的善心、爱心、细心，温暖着被征收群众，不仅取得了征收工作的顺利推进，更获得了与被征收群众之间的真挚友谊。

# 静安区宝山路街道257、258街坊旧城区改建房屋征收补偿方案

## 一、房屋征收与补偿的法律依据

1. 国有土地上房屋征收与补偿条例（2011年国务院令第590号）

2. 上海市国有土地上房屋征收与补偿实施细则（2011年上海市人民政府令第71号）（以下简称《实施细则》）

3. 关于贯彻执行《上海市国有土地上房屋征收与补偿实施细则》若干具体问题的意见（沪房管规范征〔2012〕9号）、上海市住房和城乡建设管理委员会关于公布部分规范性文件清理结果的通知（沪建法规〔2016〕664号）

4. 上海市人民政府办公厅转发市住房保障房屋管理局、市规划国土资源局关于推进本市房屋土地征收中企事业单位房屋补偿工作若干意见的通知（沪府办发〔2014〕13号）

5. 住房和城乡建设部关于印发《国有土地上房屋征收评估办法》的通知（建房〔2011〕77号）

6. 上海市人民政府关于批转市住房保障房屋管理局制定的《上海市国有土地上房屋征收补偿决定的若干规定》的通知（沪府发〔2012〕73号）、上海市人民政府关于延长《上海市国有土地上房屋征收补偿决定的若干规定》有效期的通知（沪府发〔2017〕30号）

7. 上海市人民政府印发《关于坚持留改拆并举深化城市有机更新进一步改善市民群众居住条件的若干意见》的通知（沪府发〔2017〕86号）

8. 上海市房屋管理局关于进一步做好本市国有土地上房屋征收他处住房核查工作的通知（沪房征收〔2017〕72号）

9. 上海市国有土地上房屋征收评估管理规定（沪房规范〔2018〕5号）

10. 上海市国有土地上房屋征收评估技术规范（沪房规范〔2018〕6号）

11. 其他相关法规和规范性文件

## 二、房屋征收的目的

根据《上海市国有土地上房屋征收与补偿实施细则》第八条及《关于确认静安区宝山路街道257、258街坊旧区改造项目房屋征收范围的批复》（静府复〔2017〕26号），拟征收该国有土地上的房屋。

## 三、房屋征收的范围

（一）房屋征收范围：东至止园路、南至中华新路、西至西藏北路、北至芷江中路。

（二）具体门牌号：

天通庵路5号-43（单号，含19弄全部、21弄全部）、6号、10号、14号、26弄（全部）、36弄（全部）、40弄（全部）、45弄（全部）、50号-74号（双号，含48弄全部、64弄全部、70弄全部）；西藏北路750弄（全部）、762号-770号（双号）、772弄（全部）、796号、810弄（全部）、854弄3号-12号；芷江中路660弄29号、30号、33号；678弄1号-12号；止园路158号-204号（双号，含184弄全部）；210号；240弄（全部）、250号-260号（双号）、294弄1号-8号、306弄1-10号、310号-314号（双号）；会文路300号、302弄（全部）；中华新路339号-407号（单号，含371弄全部、387弄全部）、419弄（全部）、429号-441号（单号）。（详见征收范围附图）

## 四、征收补偿协议主体的确定

房屋征收补偿协议应当由房屋征收部门与被征收人、公有房屋承租人签订。

被征收人、公有房屋承租人以征收决定做出之日合法有效的房地产权证、租用公房凭证、公有非居住房屋租赁合同计户，按户进行补偿。（注：一个不动产单元发放多本不动产权证书的，按一证计户。）

被征收人以不动产权证书（房地产权证）所载明的所有人为准，公有房屋承租人以租用公房凭证、公有非居住房屋租赁合同所载明的承租人为准。

房屋征收范围内的公有居住房屋承租人户口迁离本市或死亡的，按照《关于公有居住房屋承租人户口迁离本市或死亡的确定房屋征收补偿协议签订主体的通知》（沪房管规范征〔2013〕9号）文件执行。

房屋征收范围内的私有房屋不动产权证书（房地产权证）所载明的所有人死亡的，应当根据《中华人民共和国继承法》的规定办理相关继承手续后，由继承人签约，多个继承人的可以公证委托书或指定的第三方公信人士（详见基地公示名单）当场见证委托过程的形式委托代表签约。

## 五、居住房屋征收补偿所得的归属和安置义务

征收居住房屋的，被征收人取得货币补偿款、产权调换房屋后，应当负责安置房屋使用人；公有房屋承租人所得货币补偿款、产权调换房屋归公有房屋承租人及其共同居住人共有。

公有直管空置房屋由授权经营管理单位负责清退占用房屋人员搬出原址并交出空房。

## 六、被征收房屋类型和建筑面积的认定办法

### （一）被征收房屋类型的认定

房屋类型根据《关于修订<上海市房屋建筑类型分类表>的通知》（沪房〔90〕规字发第518号）、《关于调整本市房屋建筑类型分类的通知》（沪房地资市〔2003〕141号），以房产产籍资料记载的房屋类型为准。

**（二）被征收居住房屋建筑面积的认定**

1. 被征收公有居住房屋建筑面积的认定：

承租的公有居住房屋，以租用公房凭证所记载的建筑面积为准；租用公房凭证记载的是居住面积的，按下表所列的换算系数计算建筑面积：

| 房屋类型 | 公寓 | 独立住宅（花园住宅） | 新里住宅 | 新公房(有电梯、成套) | 新公房（无电梯、成套） | 新公房（无电梯、不成套） | "两万户"新公房 | 旧里住宅 | 简屋 |
|---|---|---|---|---|---|---|---|---|---|
| 换算系数 | 2.06 | 1.83 | 1.82 | 2.00 | 1.98 | 1.94 | 1.65 | 1.54 | 1.25 |

在2001年11月1日以前租用公房凭证中已有记载的、用于居住并已计算收取租金的阁楼，高度在1.2米至1.7米（含1.2米和1.7米）的部分，按照实际居住面积的一半，以上表所列换算系数计算建筑面积；1.7米以上的部分，按照实际居住面积，以上表所列换算系数计算建筑面积。其他情形的阁楼，不计算建筑面积。但高度在1.2米以下且属于唯一承租部位的阁楼，按照实际居住面积的一半，以上表所列换算系数计算建筑面积。

租用公房凭证记载的独用的厨房（灶间）、备餐室、厕浴室、壁橱、箱子间、走道、晒台、阳台、天井、楼梯间等部位的面积不作为换算建筑面积的基数，但单独调配作为居住部位使用的除外。

2. 被征收私有居住房屋建筑面积的认定：

（1）已经登记的私有居住房屋，其建筑面积一般以不动产权证书（房地产权证）和房地产登记簿的记载为准；不动产权证书（房地产权证）和房地产登记簿的记载不一致的，除有证据证明房地产登记簿确有错误外，以房地产登记簿为准。私有居住房屋中的阁楼（包括不动产权证书（房地产权证）"附记"部分的阁楼），不予认定建筑面积；已经登记的私有居住房屋，在不动产权证书（房地产权证）记载以外的搭建面积，不予认定建筑面积。

（2）未经登记的私有居住房屋，以相关批准文件记载的建筑面积为准，实际建筑面积小于相关批准文件记载的建筑面积的，以实际建筑面积为准。

（3）未经登记的私有居住房屋，有房屋建造批准文件但未记载建筑面积的，以房屋行政管理部门认定的房屋调查机构实地丈量建筑面积为准，超出房屋建造批准范围的搭建部位不予认定建筑面积。

（4）未经登记的私有居住房屋，无批准文件的不予认定建筑面积，但有相关材料证明在1981年以前建造、并用于居住的房屋，以房屋行政管理部门认定的房屋调查机构实地丈量的建筑面积为准；1981年以后改扩建增加的部位不予认定建筑面积。相关材料指房管历史资料、地籍图、街道（乡镇）出具的证明等。无法确定具体建造年份的，根据实地丈量的建筑面积为准，每层认定的建筑面积最多不超过土地使用权证记载的占地面积，实际层数超过3层的，认定到3层，3层以上部位，不予认定建筑面积。

特殊情形：对共同用地范围内的同幢房屋存在多个独立产权的，其中未经登记的私有居住房屋，以实际丈量的建筑面积为准，但认定建筑面积最多不超过该产权相对应的土证记载面积与该整幢房屋实际层数的乘积，实际层数超过3层的，按3层计算，3层以上部位，不予认定建筑面积。

3. 按以上规定中不予认定建筑面积的部分，可以给予建筑物残值补贴（具体详见本方案的建筑面积的残值补贴标准），但经认定为违法建筑的不予补偿。

### （三）被征收非居住房屋建筑面积的认定

1. 非居住房屋的界定标准：

（1）原始设计为非居住房屋，延续至房屋征收决定做出时仍作为非居住房屋使用的，可以认定为非居住房屋；

（2）公有房屋承租人与公有房屋出租人签订了公有非居住房屋租赁合同，建立了公有非居住房屋租赁关系的，可以认定为非居住房屋；

（3）不动产权证书（房地产权证）和房地产登记簿记载的权利人为单位，可以认定为非居住房屋，但其房屋性质明确记载为居住或者实际用作职工或者职工家庭居住使用的除外；

（4）原始设计为居住房屋，经市或区（县）房屋行政管理部门批准居住房屋改变为非居住用途的，除有特别规定以外，可以认定为非居住房屋。但在2001年11月1日以前，已经以居住房屋作为经营场所并领取营业执照的，可以认定为非居住房屋；

在2001年11月1日以后，以居住房屋作为经营场所并领取营业执照，未经市或区（县）房屋行政管理部门批准居住房屋改变为非居住用途的，不认定为非居住房屋。

（5）市、区（县）劳动部门核发的《非正规就业许可证》，以及市、区（县）民政部门或街道核发的《社区服务证》的持证人所使用的居住房屋，不认定为非居住房屋。

2. 被征收非居住房屋建筑面积的认定：

（1）有不动产权证书（房地产权证）的，以不动产权证书（房地产权证）记载的非居住用途的建筑面积为准。

（2）公有房屋签订公有非居住房屋租赁合同的，以合同记载的建筑面积为准。

（3）经政府相关职能部门审批同意"居改非"的房屋，以审批文件记载的非居住面积为准。

（4）经工商部门核发营业执照的非居住房屋，工商部门的相关申请和批准文件中有营业面积记载的，以相关文件记载的营业面积为准，所记载的营业面积大于房屋建筑面积的，按房屋建筑面积计算。

静安区建交委、房管局、宝山路街道
及征收公司领导讨论征收方案

施平为宝山路街道领导咨询答疑

（5）经工商部门核发经营饭店、旅馆营业执照的被征收房屋，可按实际经营部位认定非居部位和建筑面积；其他情况的营业执照，原则上按照被征收房屋底层部位认定非居部位和建筑面积。若相关材料只有非居部位没有确定的非居建筑面积的，可由房屋调查机构实地丈量。

（6）经工商部门核发营业执照的原私有居住房屋且只有唯一部位的，工商部门的相关申请和批准文件中又无营业面积记载的，按取得营业执照时的户籍人员人均建筑面积2平方米计算居住部分建筑面积，剩余部分为非居住部分建筑面积；若经计算，非居住建筑面积小于2平方米的，则非居住建筑面积认定为2平方米，剩余部分为居住部分建筑面积。

（7）被征收公有居非兼用房屋建筑面积的认定：

被征收公有房屋因市或区（县）房屋行政管理部门批准部分居住部位改变为非居住用途，产生既有居住部分，又有非居住部分的，非居住部分建筑面积的认定以非居住房屋租赁合同或"居改非"审批文件记载的面积为准，居住部分面积按"居改非"前原始记载的居住面积乘以相应换算系数后，减去认定的非居住部分建筑面积，其剩余面积认定为居住部分的建筑面积。

3. 经工商部门核发营业执照且原始设计为非居住房屋的，应按照非居住房屋进行补偿。在房屋征收决定做出时，房屋内有户籍人员的，不得作为居非兼用房屋，不得享受居住困难户保障补贴。

## 七、协议生效及履行

做出征收决定之日起至签约期内征收签约率达到90%的，征收补偿协议生效。签约率未达到规定签约比例，征收决定终止执行。原则上五年之内不再安排旧区改造征收工作。

本基地设签约期一个月，签约期具体时间另行公告。

征收补偿协议签订之后，被征收人、公有房屋承租人应当依约履行搬迁义务，若协议签订之日在基地集中搬迁之前的，搬迁期限自集中搬迁之日起30天内；若协议签订之日在基地集中搬迁之后的，搬迁期限自协议签订之日起30天内。（基地集中搬迁开始时间详见公告）

被征收人、公有房屋承租人在约定的搬迁期限内不履行搬迁义务，经征收部门书面催告后，仍不履行搬迁义务的，房屋征收部门可以解除已签订的补偿协议，补偿协议约定的权利义务终止。

宝山路街道领导与居民现场沟通补偿方案

施平、方豪现场提供咨询服务

上海市闸北第一房屋征收服务事务所
总经理周炜与施平

征收基地专职律师凌鹏飞与施平

## 八、房屋征收补偿方式

征收居住房屋的，被征收人、公有房屋承租人可以选择货币补偿，也可以选择居住房屋产权调换。

征收非居住房屋的，被征收人、公有房屋承租人可以选择货币补偿，也可以选择居住房屋产权调换。

征收企事业单位的房屋《上海市人民政府办公厅转发市住房保障房屋管理局、市规划国土资源局关于推进本市房屋土地征收中企事业单位房屋补偿工作若干意见的通知》规定办理。由房屋行政管理部门代理经租的宗教团体的房屋和执行政府规定租金标准的私有出租的房屋，被征收人以货币补偿为主。

被征收人、公有房屋承租人选择房屋产权调换的，应与房屋征收部门计算、结清被征收房屋补偿金额和用于产权调换房屋价值的差价。

## 九、征收居住房屋的补偿、补贴及奖励的计算标准

### （一）征收私有居住房屋：

被征收居住房屋的补偿金额=评估价格＋价格补贴。

评估价格=被征收房屋的房地产市场评估单价×被征收房屋的建筑面积。被征收房屋的房地产市场评估单价低于评估均价的，按评估均价计算。

评估均价=被征收范围内居住房屋评估总价÷居住房屋总建筑面积。本基地被征收房屋评估均价经被征收居民选举产生的评估机构评估并计算后另行公告。被征收房屋评估价经复核，鉴定后有变动的，评估均价不受其影响。

价格补贴=评估均价×补贴系数×被征收房屋的建筑面积。经区人民政府认定本基地补贴系数标准为0.3。

被征收房屋属于旧式里弄房屋、简屋以及其他非成套独用居住房屋的，被征收房屋的补偿金额增加套型面积补贴。套型面积补贴=评估均价×补贴面积。套型面积补贴按照房屋征收决定做出之日合法有效的不动产权证书（房地产权证）、租用公房凭证计户补贴。经区人民政府认定每证补贴面积为15平方米建筑面积。（以下标准相同）

上海市房地产估价师协会常务副秘书长陈杏园与施平

百盛董事长丁光华与施平

被征收房屋属于成套独用工房且在签约期内签约并在协议约定时间内搬迁的被征收人、公有房屋承租人，参照给予套型面积，金额为12平方米建筑面积乘以评估均价。（计算居住困难户保障补贴时，获得的该款项应当计入居住困难户保障补贴的折算公式）。

**（二）征收执行政府规定租金标准的公有出租居住房屋：**

征收执行政府规定租金标准的公有出租居住房屋，被征收人选择货币补偿的，租赁关系终止，对被征收人的补偿金额计算公式为：评估价格×20%；对公有房屋承租人的补偿金额计算公式为：评估价格×80%＋价格补贴，被征收房屋属于旧式里弄房屋、简屋以及其他非成套独用居住房屋的，按规定增加套型面积补贴。

征收执行政府规定租金标准的公有出租居住房屋，被征收人选择房屋产权调换的，由被征收人负责安置公有房屋承租人，租赁关系继续保持。对被征收人的补偿金额计算公式为：评估价格＋价格补贴，被征收房屋属于旧式里弄房屋、简屋以及其他非成套独用居住房屋的，按规定增加套型面积补贴。

**（三）征收执行政府规定租金标准的私有出租居住房屋：**

征收执行政府规定租金标准的私有出租居住房屋，对被征收人的补偿金额计算公式为：评估价格×100%；对房屋承租人的补偿按照上条第一款的补偿规定执行。

**（四）征收宗教团体所有及依法代管的居住房屋：**

征收由房管部门代理经租的宗教团体的房屋，以及依法代管的房屋，租赁关系终止。补偿标准按照上条执行。

**（五）居住困难户的优先保障**

1. 居住困难户的申请和审核：

居住困难的被征收人、公有房屋承租人应向区住房保障机构提出居住困难审核申请，并提供相关证明材料。区住房保障机构按照《实施细则》以及本市共有产权保障住房（经济适用住房）的相关规定对居住困难户进行认定，并将经认定符合条件的居住困难户及其人数在征收范围内公示，公示期为15日。公示期内有异议的，由区住房保障机构在15日内

施平、潘党生、郁荣宝现场勘查

施平、潘党生现场提供咨询服务

进行核查和公布。

2. 居住困难户的保障补贴：

按照本市共有产权保障住房（经济适用住房）面积核定规定及以下折算公式计算后，人均建筑面积不足22平方米的居住困难户，增加保障补贴，但已享受过经济适用住房政策的除外。增加的保障补贴可以用于购买产权调换房屋。

折算公式为：被征收居住房屋补偿金额÷折算单价÷居住困难户人数；

保障补贴=折算单价×居住困难户人数×22平方米－被征收居住房屋补偿金额。

被征收居住房屋补偿金额=评估价格（公有承租：×80%）+价格补贴+15平方米建筑面积的特定房屋类型套型面积补贴（成套独用工房：评估均价×12平方米建筑面积，若有）

经区人民政府认定本基地折算单价为24000元/平方米（建筑面积）。

**（六）居住房屋的补贴标准**

1. 装潢补贴：

被征收房屋属于旧式里弄房屋、简屋以及其他非成套独用居住房屋的，按500元/平方米建筑面积给予装潢补贴；被征收房屋属于成套独用工房的，按1000元/平方米建筑面积给予装潢补贴。

被征收人、公有房屋承租人认为其装潢补贴需经评估确定的，应当向房屋征收部门提供相关装潢费用的证明材料。房屋征收部门应当委托房地产价格评估机构对其装潢进行评估，并按照评估结果予以补偿。不再按照以上标准进行装潢补贴。

2. 建筑面积的残值补贴：

以《实施细则》规定的计户单位为基准，每证可以享受一次性建筑面积的残值补贴为5万元/证。

若有下列情形的，可以根据下列标准给予对应的残值补贴：

（1）房屋类型为旧里、新里、"两万户"新工房、独立住宅的公有居住房屋，公房租赁凭证中记载的独用晒台、天井、高度在1.2米以下（不含）的阁楼，不计入被征收房屋的建筑面积，按照记载的面积的一半乘以评估均价给予残值补贴。

注：上述给予残值补贴的部位均指公房租赁凭证中记载的独用部位，公房租赁凭证中记载的公用部位不给予残值补贴。

（2）公有房屋租赁凭证中记载的产权属私的阁楼和私有房屋不动产权证书（房地产权证）"附记"部分记载的阁楼，高度在1.7米以上的，按照记载面积乘以评估均价计算残值补贴；高度在1.2~1.7米（含1.2米和1.7米）的，按照记载面积的一半乘以评估均价计算残值补贴；高度在1.2米以下的，按照记载面积乘以2000元/平方米计算残值补贴。

（3）仅有土地使用权证而无不动产权证书（房地产权证）的私有居住房屋，经房屋调查机构实地丈量的，实地丈量的建筑面积超出认定建筑面积的部分大于50平方米建筑面积的，超出部分按照1000元/平方米计算给予残值补贴。

即计算公式为：（实地丈量的建筑面积—认定建筑面积—50平方米）×1000元/平方米。

（4）房屋类型为旧里、新里的私房不动产权证书（房地产权证），其记载建筑面积以外的搭建部位不予认定建筑面积，但超出50平方米建筑面积的搭建部位，超出部分按照1000元/平方米计算给予残值补贴。

3. 搬场、家用设施移装补贴：

（1）搬场补贴：15元／平方米×被征收房屋建筑面积，每证低于800元，按800元／证发放。

（2）家用设施移装费补贴：

①电话移装费每台140元（凭账单）；

②管道煤气移装费用每户200元（凭账单）；

③热水器拆装每台300元（凭账单）；

④有线电视移装费每户300元（凭收据）；

⑤空调拆装费每台400元（凭发票）；

⑥宽带移装费每号140元（凭发票）；

⑦由供电部门批准安装并由被征收人、公房承租人出资的10安培以上电表移装费，按现行有关规定。

上述家用设施移装费补贴，若被征收人、公房承租人无法提供对应凭据或合计低于2500元／证的，按2500元／证计算；合计高于2500元／证的，根据对应凭据按实计算。

4. 临时安置费补贴：

（1）被征收人、公有房屋承租人选择房屋产权调换的，产权调换房屋交付前，由房屋征收部门支付临时安置费。计算标准为：

被征收房屋属于旧式里弄房屋、简屋以及其他非成套独用居住房屋的，每月临时安置费=60元/㎡×被征收房屋建筑面积；

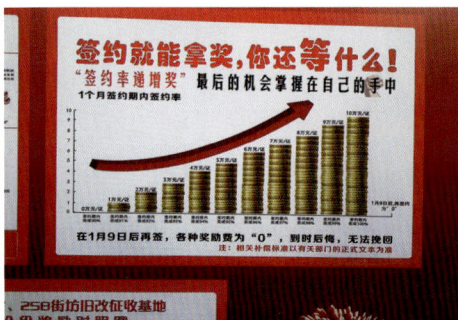

施平、李杰、薛春林现场勘查

施平现场答疑

施平现场答疑

被征收房屋属于成套独用工房的，每月临时安置费=90元/㎡×被征收房屋建筑面积；按上述公式计算后，每证临时安置费不足4500元/月的，按4500元/月计算。

（2）过渡期限：

自被征收人、公有房屋承租人（含房屋使用人、同住人）搬离原址并移交空房之日起至所选购的产权调换房屋书面通知办理进户之日止。在过渡期限内按月为单位计算临时安置费，未满一个月的按一个月计算。过渡期限少于3个月的，按3个月计算。

（3）被征收人、公有房屋承租人选择房屋产权调换的，再增加搬家费补贴一次。

（4）所选购的产权调换房屋若因房屋征收部门原因未能在约定的期限内交付房屋的，征收人将在原有基础上增发临时安置费，凡超过期限3个月以内（含）的，按每月临时安置费增发50%；超过期限3个月以上的，按每月临时安置费增发100%。若因被征收人、房屋承租人原因未按约定办理进户手续的，以及被征收人、房屋承租人接到支付产权调换房屋差价款通知后未及时支付造成办理进户手续延期的，不增发临时安置费。

（5）过渡方式：自行过渡。

临时安置费不包含在补偿安置协议中，在被征收人、公有房屋承租人填报空房单并搬迁后另行签订结算单。

5. 均衡实物安置补贴：

被征收人、公有房屋承租人选择非实物安置协议，可根据被征收居住房屋建筑面积给予每平方米2.2万元的均衡实物安置补贴，每证均衡实物安置补贴低于65万元的，按65万元计算。

在签约期内签约并按时搬迁的可给予3个月的过渡费补贴，补贴标准参照期房临时安置费标准。签约期外签约的，则不给予过渡费补贴。

（七）居住房屋的奖励标准

1. 签约奖励：

签约期内，对签订征收补偿协议的被征收人、公有房屋承租人，每证可获得以下奖励：

（1）征收签约奖励：

①签约期内

在签约期之内签订房屋征收补偿协议且至签约期满之日，基地签约率达到90%（含90%）的，按38万元/证给予签约奖励；被征收房屋建筑面积超过30平方米的，超出部分再增加1000元/平方米的协议签约奖励。

②签约期后

签约期结束后签订房屋征收补偿协议的，按30万元/证给予签约奖励；被征收房屋建筑面积超过30平方米的，超出部分再增加1000元/平方米的协议签约奖励。

（2）居民签约率奖励：

在签约期之内签约，至签约期止，居民的签约率在90%基础上（不含90%）每增加1%，增加给予1万元/证的居民签约率奖励。

特别说明：居民签约率=已签约居民证数÷基地居民总证数×100%，签约率若为90.99%，未达到增加1%，奖励不增加，签约率若为91.00%，增加了1%，奖励增加1万元/证，以此类推。

（3）早签多得益奖励：

凡在签约期内签订房屋征收补偿协议的，根据签订协议的日期享受早签多得益奖励，基数为每证5万元，自签约期第一天后每天递减500元。

计算公式为：

早签多得益奖励=5万元－500元/天×签约启动之日至实际签约日的天数。

签约期结束后签订房屋征收补偿协议的，不享受早签多得益奖励。

2. 搬迁奖励：

（1）搬迁奖：

在征收补偿协议生效后三十天内搬出原址并交出空房的可按证奖励，每证10万元。另每户免费提供市内搬场车一车次。对签订非实物安置协议的被征收人、公房房屋承租人，自搬离原址之日起一年内，被征收房屋内户口全部迁移的（含被征收房屋内在册无户籍的）；或者签订实物安置协议，选择产权调换房屋全部交房后一年内，被征收房屋内户口全部迁移的（含被征收房屋内在册无户籍的），凭身份证明、户口迁移等相关证明材料，每证再增加2万元。

（2）提前搬迁加奖：

在"搬迁奖励"项基础上，在签约期内签约，并在协议生效后且十五天内提前搬迁的，按每证奖励18万元。

在签约期结束后签约，并在十五天内搬迁的，按每证奖励12万元。

（3）居民搬迁率奖励：

施平现场答疑
（孙骁明、陈旭东、芦红莉、施平、吴亦然）

施平现场答疑

在签约期之内签约，至签约期止，居民搬迁率达到98%的（含98%），增加给予5万元/证的居民搬迁率奖励；居民的搬迁率达到100%的，再增加给予5万元/证的居民搬迁率奖励。

特别说明：居民搬迁率=已签约并搬迁居民证数÷基地居民总证数×100%。

（4）签约期内签约搬迁的利息奖励：

征收居住房屋（居民）、非居住房屋（个体工商户）的被征收人、公有房屋承租人在签约期内签约并在约定的期限内搬迁的，以本方案内规定的被征收房屋价值补偿金额（居住房屋评估价格、价格补贴、套型面积补贴、非居住房屋评估价格）、居住困难户保障补贴（如有）、各类补贴、奖励的总额为基数（但不包括居民签约率奖励、搬迁奖、提前搬迁加奖、居民搬迁率奖励、非居住搬迁奖励、过渡费补贴、临时安置费补贴），按照征收公告之日的银行同期一年期贷款年利率的标准计息。（具体计算办法见基地公告）

居民签约率奖励、搬迁奖励不包含在补偿协议中，在被征收人、公有房屋承租人填报空房单并搬迁后另行签订结算单。

特别告知：本补偿方案中的搬迁指被征收人、公有房屋承租人以及全部房屋使用人（同住人）搬离被征收房屋，在向征收人移交空房的同时，被征收房屋的房租、水、电、煤气、电话、有线电视、网络等公共设施费用必须结清，且被征收房屋没有设定抵押。

注：已依法按照征收方案做出补偿决定，或被司法强制执行的被征收人、公有房屋承租人不享受上述各项奖励。

### （八）除外情况

由房屋行政管理部门代理经租的宗教团体居住房屋和执行政府规定租金标准的私有出租居住房屋的被征收人不享受本条款的（六）至（七）各类补贴、各类奖励，但可以享受本条款的（七）中的居民签约率奖励和居民搬迁率奖励。

## 十、征收居非兼用的非居住部分或个体工商户的非居住房屋的补偿、补贴及奖励的计算标准

本条仅适用于两种情形：居非兼用的非居住部分的补偿、补贴及奖励的计算标准；个体工商户的非居住房屋的补偿、补贴及奖励的计算标准。

（一）非居住房屋凭证与营业执照（必须注册在被征收房屋内）齐全，按以下公式计算补偿金额：

公有房屋：非居住房屋补偿金额=被征收房屋的房地产市场评估单价×被征收的非居住房屋建筑面积×80%。

私有房屋：非居住房屋补偿金额=被征收房屋的房地产市场评估单价×被征收的非居住房屋建筑面积。

（二）停产停业损失补偿：

因征收非居住房屋造成被征收人、公有房屋承租人停产停业损失的，按照《实施细则》第三十五条规定进行补偿。

（三）居非兼用的非居住部分或个体工商户的非居住房屋的补贴标准

1. 装饰装修、设备搬迁和安装以及无法恢复使用的设备的补贴：

施平与联城评估创始合伙人、
总经理陈勇

对被征收非居住房屋内的装饰装修、设备搬迁和安装以及无法恢复使用的设备等，按照被征收非居住房屋建筑面积，给予每平方米4000元的补贴，每证低于30万元的，可按30万元计算。

2. 执照补贴：

对持有合法有效的个体工商户营业执照（必须注册在被征收房屋内）的，在签约并搬出原址交出空房后一年内办理注销手续的，按房屋产权证或公房租赁凭证给予30万元/证补贴。

注：同一证被征收房屋内有多个个体工商户营业执照的，仍按照一证予以补贴。

执照补贴不包含在补偿协议中，在相应营业执照注销后（如有多个营业执照的需一并注销）另行签订结算单。

非个体工商户营业执照不享受本补贴。经营场所为流动，但营业执照登记在被征收房屋内的运输类个体工商户营业执照，可参照享受本补贴。

（四）居非兼用的非居住部分或个体工商户的非居住房屋的奖励标准

1. 签约奖励：

（1）签约期内

被征收人、房屋承租人在签约期限内签订房屋征收补偿协议的，按被征收非居住房屋建筑面积给予10000元/平方米的协议签约奖励，每证低于55万元的，可按55万元计算。

（2）签约期后

被征收人、房屋承租人在签约期限外签订房屋征收补偿协议的，按被征收非居住房屋建筑面积给予8000元/平方米的协议签约奖励，每证低于40万元的，可按40万元计算。

2. 搬迁奖励：

被征收人、房屋承租人自协议生效之日起30天内搬出原址交出空房的，可按证给予10万元/证的奖励。

在签约期内签约的，且被征收人、房屋承租人自协议生效之日起15天内搬出原址交出空房的，可按证再给予10万元/证的奖励。

居非兼用的非居住部分按证不重复计算，根据居住部分标准按证给予搬迁奖励。

非居住房屋搬迁奖励不包含在补偿协议中，在被征收人、公有房屋承租人填报空房单并搬迁后另行签订结算单。

特别告知：本补偿方案中的搬迁指被征收人、公有房屋承租人以及全部房屋使用人（同住人）搬离被征收房屋，在向征收人移交空房的同时，被征收房屋的房租、水、电、煤气、电话、有线电视、网络等公共设施费用必须结清，且被征收房屋没有设定抵押。

注：已依法按照征收方案做出补偿决定，或被司法强制执行的被征收人、公有房屋承租人不享受上述各项奖励。

施平、方豪现场答疑　　　　　　　　施平、方豪现场答疑

（五）居非兼用房屋的计算：

征收居住和非居住兼用的房屋，被征收人或公有房屋承租人选择非实物安置的，应当按照居住用建筑面积和非居住用建筑面积分别计算补偿金额，合并后的补偿金额为该房屋的补偿金额。

被征收人或者公有房屋承租人选择房屋调换的，应当按照上述合并后的补偿金额，用居住房屋进行调换并结算差价；对提出居住困难申请的被征收人、公有房屋承租人，应当按照上述合并后的补偿金额进行折算。

折算公式为：（被征收居住房屋补偿金额＋被征收非居住房屋补偿金额）÷折算单价÷居住困难人数；

保障补贴＝折算单价×居住困难人数×22平方米－（被征收居住房屋补偿金额＋被征收非居住房屋补偿金额）。

被征收非居住房屋补偿金额＝评估价格（公有承租：×80%）

（六）征收居住和非居住兼用的房屋，可以按照居住用建筑面积和非居住用建筑面积分别计算上述各项奖励。

只有非居住部分，没有居住部分的全非居（个体工商户），在签约期内签订房屋征收补偿协议的，增加签约奖励18万元；在签约期之后签订房屋征收补偿协议的，增加签约奖励14万元。

（七）除外情况

由房屋行政管理部门代理经租的宗教团体非居住房屋和执行政府规定租金标准的私有出租非居住房屋的被征收人不享受本条款的第（三）款第2至3条以及第（四）款的各类补贴、各类奖励。

## 十一、征收非居住房屋（个人或单位）的补偿、补贴及奖励的计算标准

本条适用于除第十条以外的其他类型非居住房屋的个人或单位，房屋用途为非居住，包括但不限于营业、餐饮、娱乐、健身、休闲、办公、工业、教育等。

（一）非居住房屋（个人或单位）建筑面积和用途的处理

1. 非居住房屋的建筑面积，一般以不动产权证书（房地产权证）记载的建筑面积为准。未经登记的建筑面积，以规划土地批准文件记载为准。实际建筑面积小于规划土地批

准文件记载的，以实际建筑面积为准。未经登记且未经规划土地部门批准建造的房屋，未经认定为违法建筑的，可以给予残值补贴。

2. 非居住房屋的用途，按照不动产权证书（房地产权证）记载的房屋用途进行补偿。未经登记的房屋，按照规划土地或住房保障房屋管理部门批准文件记载的用途进行补偿。未经批准改变房屋用途的，不得按照改变后的用途进行补偿。

（二）征收非居住房屋（个人或单位），按以下公式计算补偿金额

不动产权的非居住房屋补偿金额=被征收房屋的房地产市场评估单价×被征收的非居住房屋建筑面积

公有非居住房屋补偿金额=被征收房屋的房地产市场评估单价×被征收的非居住房屋建筑面积×80%

（三）停产停业损失补偿

因征收非居住房屋（个人或单位）造成被征收人、公有房屋承租人停产停业损失的补偿标准，按照被征收房屋市场评估价的10%确定。具体计算公式为：被征收房屋的房地产市场评估单价×被征收的非居住房屋建筑面积×10%。

个人或单位认为其停产停业损失超过上述规定标准的，由评估机构对个人或单位在征收范围内生产经营活动所产生的效益，结合个人或单位所属行业特点进行评估。停产停业期限根据个人或单位实际停产停业时间确定，最长不超过1年。房屋征收决定做出或征地房屋补偿方案批准后，个人或单位在征收范围内继续生产经营的，对其由此产生的损失不予补偿。

个人或单位对评估结果有异议的，可以按照《实施细则》第二十五条第三款规定申请复核、鉴定。

（四）征收非居住房屋（个人或单位）的补贴标准

1. 装饰装修、设备搬迁和安装以及无法恢复使用的设备的补贴：

对被征收非居住房屋（个人或单位）内的装饰装修、设备搬迁和安装以及无法恢复使用的设备等，按照被征收非居住房屋建筑面积，给予每平方米4000元的补贴，每证低于12万元的，可按12万元计算。

个人或单位认为其装潢补贴、设备搬迁和安装以及无法恢复使用的设备等需经评估确定的，应当向房屋征收部门提供相关费用的证明材料。房屋征收部门应当委托房地产价格评估机构对其进行评估，并按照评估结果予以补贴。

2. 建筑物的残值补贴：

对被征收房屋未经登记且未经规划土地部门批准建造的建筑物，未经认定为违法建筑的，按该建筑物实际建筑面积给予1000元/平方米的残值补贴。

（五）征收非居住房屋（个

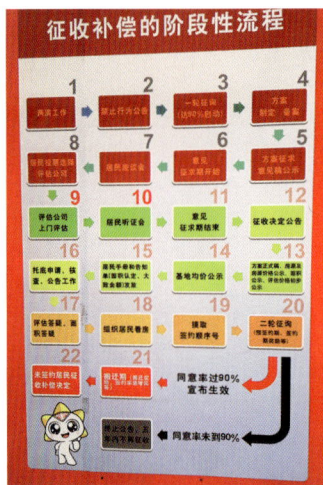

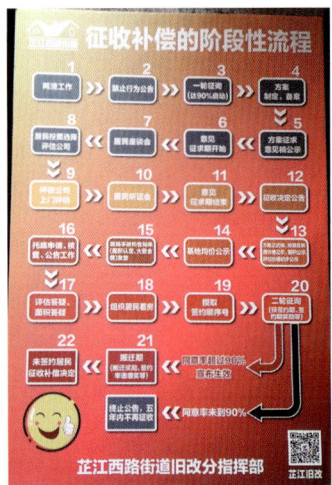

人或单位）的奖励标准

1. 签约奖励

（1）签约期内

非居住房屋（个人或单位）的被征收人、公有房屋承租人签订房屋征收补偿协议的，可按照被征收非居住房屋补偿金额[即：非居住房屋补偿金额（公有房屋：×80%）、停产停业损失补偿、装饰装修、设备搬迁和安装以及无法恢复使用的设备的补偿]的5%计算签约奖励，每证低于20万元的，可按20万元计算。

（2）签约期后

非居住房屋（个人或单位）的被征收人、公有房屋承租人签订房屋征收补偿协议的，可按照被征收非居住房屋补偿金额[即：非居住房屋补偿金额（公有房屋：×80%）、停产停业损失补偿、装饰装修、设备搬迁和安装以及无法恢复使用的设备的补偿]的3%计算签约奖励，每证低于15万元的，可按15万元计算。

2. 搬迁奖励

非居住房屋（个人或单位）的被征收人、房屋承租人在征收补偿协议约定的搬迁期限内搬出原址交出空房的，可按照被征收非居住房屋补偿金额[即：非居住房屋补偿金额（公有房屋：×80%）、停产停业损失补偿、装饰装修、设备搬迁和安装以及无法恢复使用的设备的补偿]的10%计算搬迁奖励，每证低于30万元的，可按30万元计算。

特别告知：本补偿方案中的搬迁指被征收人、公有房屋承租人以及全部房屋使用人（同住人）搬离被征收房屋，在向征收人移交空房的同时，被征收房屋的房租、水、电、煤气、电话、有线电视、网络等公共设施费用必须结清，且被征收房屋没有设定抵押。

注：已依法按照征收方案做出补偿决定，或被司法强制执行的被征收人、公有房屋承租人不享受上述各项奖励。

（六）除外情况

由房屋行政管理部门代理经租的宗教团体非居住房屋和执行政府规定租金标准的私有出租非居住房屋的被征收人不享受本条款的第（四）款第2条以及第（五）款的各类补贴、各类奖励。

## 十二、用于产权调换房屋的基本情况和选购方法

详见《静安区宝山路街道257、258街坊旧城区改建房屋征收产权调换房屋选购办法》。

## 十三、房屋征收评估机构选定

本基地经房屋征收部门组织被征收人、公有房屋承租人按照简单多数的原则投票决定评估机构。

## 十四、补偿决定

房屋征收部门与被征收人、公有房屋承租人在征收补偿方案确定的签约期限内达不成

补偿协议，或者被征收房屋所有权人不明确的，以及被征收人、公有房屋承租人因未履行搬迁义务，由房屋征收部门解除补偿协议的，由房屋征收部门报请区人民政府依法做出补偿决定。

## 十五、补偿决定的司法强制执行

被征收人、公有房屋承租人在法定期限内不申请行政复议或者不提起行政诉讼，在补偿决定规定的期限内又不搬迁的，由做出房屋征收补偿决定的区人民政府依法申请人民法院强制执行。

## 十六、受委托的房屋征收事务所名称

上海市闸北第二房屋征收服务事务所有限公司

## 十七、其他事项

1. 被征收人、公有房屋承租人应当如实提供文书送达地址。因提供或确认的送达地址不准确、拒不提供送达地址、送达地址变更未能及时告知征收部门、被征收人、公有房屋承租人或其指定的代理人拒绝签收，将自行承担由此可能产生的法律后果。

2. 征收补偿协议签订后，被征收人、公有房屋承租人应当在征收补偿协议或者补偿决定确定的搬迁期限内，负责将房屋使用人和同住人迁出。房屋使用人和同住人未迁出的，视同被征收人、公有房屋承租人未完成搬迁。属于空关房屋的，由征收人负责通知。

3. 签约当事人选择货币化补偿方式的，签订附生效条件的《房屋征收补偿协议》；选择购买基地提供配套商品房的签订附生效条件的《房屋征收补偿协议》和《购房意向书》，另需填写《配套商品房供应单》。

4. 私房产权人死亡的，由全体继承人凭继承权公证文书、遗嘱公证书、接受遗赠公证书、司法判决书、司法调解书、仲裁书原件等，办理征收补偿相关手续。无上述相关文书的，经房屋征收评议监督小组审核查明权利主体后，办理征收补偿相关手续。

5. 被征收人、公有房屋承租人若确因自身原因无法处理被征收房屋补偿事宜的，通过公证委托他人办理或第三方公信人士当场见证委托过程并形成相应文书。

6. 本基地按规定在公示栏公示征收补偿工作的有关事项。

7. 本房屋征收补偿方案中的货币单位为人民币。

静安区宝山路街道257、258街坊旧城区改建房屋征收
产权调换房屋选购办法

根据市相关部门制定的配套商品房使用规定及《静安区宝山路街道257、258街坊旧城区改建房屋征收补偿方案》，结合本地块实际，特制定本选购办法：
第一条 产权调换房源

以下房源一房一价，室号、面积、房价等详见公示栏。

以下房源每证限选购一套

房源选购实行先签约、先选择、先购买，购完为止。

（一）配套商品房

1. 就近房源：

（1）宝山顾村原选址基地4号地块，房屋均价33400元/平方米。

（2）选购上述房源时，房型为一房的可享受12万元/套的优惠补贴；二房的可享受16万元/套的优惠补贴；三房的可享受18万元/套的优惠补贴。

就近房源每证仅可选购一套。获得居住困难户保障补贴的被征收人、公有房屋承租人不能选购就近房源。

2. 异地房源：

（1）闵行浦江原选址基地S8–01地块，房屋均价34000元/平方米。

（2）闵行旗忠基地24A–02A地块，房屋均价27400元/平方米。

（3）松江佘山北基地18A–03A地块，房屋均价24800元/平方米。

（4）松江佘山北基地51A–04A地块，房屋均价24800元/平方米。

（5）嘉定云翔拓展基地08A–05A地块，房屋均价23400元/平方米。

（6）选购上述房源时，房型为一房的可享受18万元/套的优惠补贴；二房的可享受25万元/套的优惠补贴；三房的可享受28万元/套的优惠补贴。

3. 对签订房屋征收补偿协议，选购上述房源（即就近房源及异地房源）并享受优惠补贴的被征收人、公有房屋承租人，在办理房屋有关手续时，仍需按照原房屋均价承担相应费用。

上述房源若用于房屋征收补偿决定房源使用时，则一律不享受优惠补贴。

特别告知：征收补偿协议生效后，在确保剩余居民合理比例使用的前提下，经静安区旧区改造指挥部同意，可将部分多余房源收回，收回房源清单将提前在征收范围内公示，公示期不少于10日，公示期内被征收人和公有房屋承租人仍可选购上述房源。

第二条 房源选购规定：

1. 选购套数的规定：以不动产权证书（房地产权证）、公有房屋租赁凭证为单位，原则上实行"一证一套"选购，即在房源总价限定条件之内，被征收人、公有房屋承租人可在基地提供房源内选购一套产权调换房源。

2. 选购房源总价的规定：

被征收人、公有房屋承租人选购配套商品房的，其房源总价不超过该证被征收房屋价值补偿金额、装潢补贴、建筑面积的残值补贴、签约奖励（不含居民签约率奖励）的总和之内。

特别告知：选购房源的优惠补贴不包含在上款的总和之内。

注：被征收房屋价值补偿金额=评估价格（公有房屋：×80%）+价格补贴+套型面积补贴

3. 选购房型规定：房型根据对应的家庭进行选购，1个家庭可以选购一房或两房房型，2个家庭及以上可以选择一房或二房或三房房型。先选先购，购完为止。（家庭指夫妻配偶及未到法定婚龄的子女。）

第三条 获得居住困难户保障补贴的被征收户的房源选购规定：

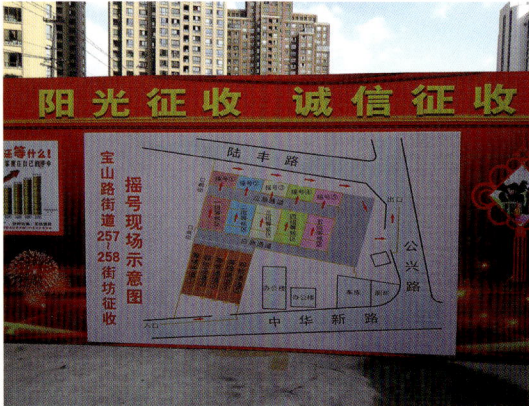

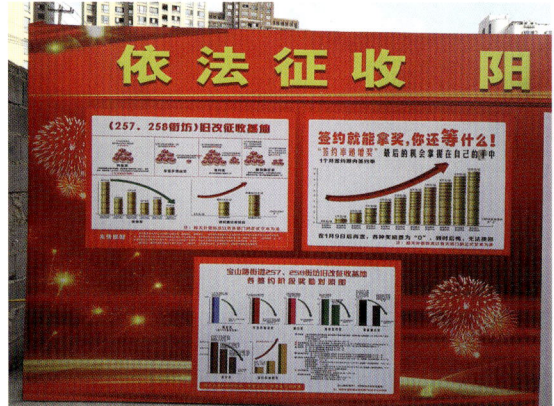

1. 获得居住困难户保障补贴的被征收户，可选房范围为异地房源中的房源。

2. 该户经认定核查为居住困难户的，可按照居住困难人员人均22平方米为标准，在本条第1款的可选房源内根据相应的面积和相近的房型选购。

3. 选购房源总价的规定：被征收人、公有房屋承租人选购的产权调换房源，其选购房源总价应当不超过评估价格（公有房屋：×80%）、价格补贴、套型面积补贴、居住困难户保障补贴、装潢补贴、建筑面积的残值补贴、签约奖励（不含居民签约率奖励）的总和之内。特殊情况经认定确需超出限定的，超出该户各类补偿费用（不包括居民签约率奖励、搬迁奖励、临时安置费补贴、选购房源的优惠补贴）部分的金额不得大于所选购房屋中最少的一套房屋的房价款。

4. 在房源总价限定条件之内，选购套数根据被保障补贴人员的保障面积和家庭情况综合考虑。选购房型参照第二条第3款。先选先购，购完为止。

5. 对符合要求，选择多套产权调换房屋的，临时安置费补贴按如下办法计算：

（1）首先根据原计算公式计算出每月总临时安置费，之后根据多套房屋中每套房屋的价格占总房屋价格的比例，分别对应计算该套房屋的每月临时安置费，即该套房屋的每月临时安置费=每月总临时安置费×（该套房屋的价格÷所选全部房屋的总价格）。计算结果取整数。

（2）过渡期限：

自被征收人、公有房屋承租人（含房屋使用人、同住人）搬离原址并移交空房之日起，根据每套产权调换房屋书面通知办理进户之日止分别计算临时安置费，即第一套房屋的每月临时安置费×第一套房屋的过渡期限+第二套房屋的每月临时安置费×第二套房屋的过渡期限+……（以此类推）

第四条 特殊情形

1. 被征收人、公有房屋承租人确因居住困难需选购1套以上房屋，但并未获得居住困难户保障补贴的，应提出书面申请，并承诺全部在册户籍人口接受他处住房情况的核查。经核查，确无他处住房的在册户籍人员，可参照居住困难人员人均22平方米为标准，在基地提供的产权调换房源内进行选购。

2. 选购房源总价的规定：其选购房源总价应当不超过评估价格（公有房屋：×80%）、价格补贴、套型面积补贴、装潢补贴、建筑面积的残值补贴、签约奖励（不含居民签约率奖励）之和。特殊情况经认定确需超出限定的，超出该户各类补偿费用（不包括居民签约率奖励、搬迁奖励、临时安置费补贴、选购房源的优惠补贴）部分的金额不得大于所选购房屋中最少的一套房屋的房价款。

3. 其选购房源套数（就近房源仅可选购1套一房或二房）、房型、临时安置费补贴的计算参照本办法第三条第4、5款。

特别告知：经核查，若他处有房的，则不适用本条款。

第五条 其他说明

选购的产权调换房屋办理进房手续、不动产权证书（房地产权证）以及所需交纳的契税、印花税、维修基金、物业管理等相关费用，由购房人按相关规定自行支付。

## 静安区宝山路街道257、258街坊旧城区改建房屋征收居住困难户认定和补贴办法

### 一、目的和依据

为规范静安区宝山路街道257、258街坊旧城区改建房屋征收与补偿工作中关于居住困难户保障补贴的核查和认定工作，根据《国有土地上房屋征收与补偿条例》（国务院令第590号）、《上海市国有土地上房屋征收与补偿实施细则》（上海市人民政府令第71号）（以下简称《实施细则》）、上海市房屋管理局关于进一步做好本市国有土地上房屋征收他处住房核查工作的通知（沪房征收〔2017〕72号）、参照《上海市共有产权保障房（经济适用住房）申请人住房面积核查办法》（沪房管规范保〔2012〕8号）等相关规定，特制定本办法。

### 二、适用范围和补贴归属

本办法适用于静安区宝山路街道257、258街坊旧城区改建房屋征收范围内由被征收人（户）、公有房屋承租人（户）自愿提出申请核查的。

居住困难户的房屋征收补偿所得包括保障补贴，按照《实施细则》规定，属于被征收人所有，或者公有房屋承租人及其共同居住人共有。

### 三、居住困难户保障补贴核定对象

符合下列情况的，可核定为居住困难户保障补贴人员：

（一）截止"不得实施相关行为的公告"做出之日（2019年8月22日），在被征收房屋处有本市常住户口且实际居住，在本市无他处住房，或虽有他处住房但人均建筑面积低于15平方米（含）的人员。

（二）截止"不得实施相关行为的公告"做出之日（2019年8月22日），不具有被征收房屋处常住户口，在本市无他处住房，或虽有他处住房但人均建筑面积低于15平方米（含）的人员，且符合下列情形之一的人员：

1. 原户口从被征收房屋内迁出的军人、海员、船员、野外筑路、勘探、就学等人员，现户口在部队、单位或学校的；

2. 原户口在被征收房屋内，因正在服刑、劳动教养而户口被注销的人员；

3. 被核定为本地块居住困难户保障补贴人员的配偶（不含外籍、港澳台人士），其户籍不在被征收房屋处，但符合以下情形之一的：

（1）结婚证开具的日期至本地块房屋征收决定做出之日满一年的；

施平现场答疑　　　　　居民、顾根林、何欲、施平、顾弟根、邵晓春

（2）结婚证开具的日期至本地块房屋征收决定做出之日不满一年，且与配偶所生子女户口已报入被征收房屋内的。

4. 有本市户籍的未满18周岁的未成年人（不含外籍、港澳台人士），其生父母一方被核定为本地块居住困难户保障补贴人员的（离婚家庭按照法院民事调解书或判决书、离婚协议书明确的未成年人抚养权归属认定）。

5. 原户口在被征收房屋内，因支边、支内、支疆及上山下乡迁出且现已达到国家法定退休年龄的人员，并提供在征收决定之日前本市公安部门出具的正在办理入户被征收房屋的相关凭证的，且之后报入该处户籍。

（三）"不得实施相关行为的公告"做出之日（2019年8月22日）前的公有房屋承租人，可核定为居住困难户保障补贴人员。若公有房屋承租人已死亡的，依法确定新的公有房屋承租人（签约主体）可核定为居住困难户保障补贴人员。

（四）截止房屋征收决定做出之日后的一年内，签约期内签约的居住困难户保障补贴人员中有报本市户籍的新生婴儿的：

1. 在签约前被征收户已提出居困申请并经审核认定符合居住困难户的，认定的居住困难户保障补贴人员中有已怀孕的，且新生婴儿在本市报出生的，可追加认定为居住困难户保障补贴人员，并以结算单形式增加居住困难保障补贴。

2. 在签约前被征收户已提出居困申请但不符合居住困难户的，但增加新生婴儿后，经审核认定符合居住困难户的，可以调整房屋征收协议形式增加居住困难保障补贴或者以结算单形式增加居住困难保障补贴。

3. 在签约前被征收户未提出居困申请，该户应自知道或应当知道怀孕后及时提出居困申请，若房屋征收协议尚未开始履行可以受理居困申请，增加新生婴儿后，经审核认定符合居住困难户的，可以调整房屋征收协议形式增加居住困难保障补贴。若房屋征收协议已开始履行则不再受理居困申请。

4. 符合上述规定调整房屋征收协议的，按照新的时间签订协议。但按照原房屋征收协议的奖励补贴进行计算有损失的，损失部分可以以结算单形式结算。

**四、居住困难户保障补贴不予核定对象**

（一）户口在被征收房屋的，截止房屋征收决定做出之日已离婚，包括但不限于判决（调解）书、离婚协议书等文件表述含义为在被征收房屋无居住权的或者离婚协议书明确户口应当从被征收房屋迁出而未迁出的人员。

（二）户口在被征收房屋的，截止房屋征收决定做出之日房屋已转让、出售、承租权差价交换，因其户口未从被征收房屋迁出造成受让人无法迁入户口的人员。

**五、他处住房的认定标准**

（一）他处住房的含义

他处住房，是指征收地块范围内居民本人及其家庭成员（配偶和未成年子女）截止房屋征收决定做出之日5年（含）内，有下列情形的：

1. 本市他处的承租公有房屋（包含公有房屋使用权转让合同）；

2. 本市他处的产权住房（包含网签购房合同、网签预售合同、预告登记）；

3. 将他处的产权住房出售或赠与或其他方式转移产权份额的，或公有住房承租权差价交换的；

4. 因本市他处住房（含宅基地）动迁（征收）获得的补偿安置房或产权调换房屋的；

5. 因本市他处房屋拆迁（征收）获得过货币补偿的（按标准折算成面积）；

6. 本市获得过住房货币补贴；

7. 本市他处的宅基地住房；

8. 本市他处落实私房政策发回产权由业主自管的住房；

9. 本市他处的共有产权保障房（经济适用住房）；

（二）他处住房核查对象

《上海市房屋征收居住困难补贴申请表》中载明的全部申请人。

（三）他处住房建筑面积确定

1. 产权住房按照《不动产权证书》（含《房地产权证》《房屋所有权证》，下同）记载的建筑面积确定。尚未领取《不动产权证书》的，根据网签合同载明的建筑面积确定。

2. 公有承租房按照《租用居住公房凭证》等记载的居住面积，居住面积根据房屋类型结合对应的换算系数计算建筑面积。换算系数按《关于贯彻执行<上海市国有土地上房屋征收与补偿实施细则>若干具体问题的意见》（沪房管规范征〔2012〕9号）执行。

（四）他处住房人均建筑面积低于15平方米（含）的认定标准

1. 被征收房屋居住困难申请人的他处产权住房内无户籍的，根据他处产权住房建筑面积中所享受的权益，低于15㎡时，可认定为他处住房困难；

上海澳中在线文化传媒有限公司航拍部 摄

2. 被征收房屋居住困难申请人的他处产权住房内有户籍的，根据他处产权住房建筑面积除以他处住房户籍在册人员和他处住房产权人的人数之和，低于15㎡时，可认定为他处住房困难；

3. 被征收房屋居住困难申请人的他处公有住房建筑面积（居住面积乘以相应换算系数）除以他处住房户籍在册人数，低于15㎡时，可认定为他处住房困难。

4. 被征收房屋居住困难申请人有多套他处住房的，建筑面积应当合并计算，合计后仍低于15㎡时，可认定为他处住房困难。

5. 根据本办法三（二）条款，不具有被征收房屋处常住户口的未成年人符合核定为居住困难户保障补贴人员的，若该未成年人在他处住房内有户籍，则不计入他处住房人数。

6. 根据本办法三（三）条款，公有房屋承租人符合核定为居住困难户保障补贴人员的，若该公有房屋承租人在他处住房内有户籍则不计入他处住房人数；若拥有他处有住房产权的，则不计入他处住房产权份额。

本规定的他处住房户籍在册人数是指他处住房的在册户籍至征收决定做出之日已满一年的人数。

## 六、困难补贴核定计算公式

按照本办法和《实施细则》第三十一条第二款规定的折算公式计算后，人均安置建筑面积不足22平方米的，为"居住困难户"，可增加居住困难补贴，但已享受过经济适用房政策的除外。非居住房屋（全非居）不得享受居住困难户保障补贴。

（一）居住房屋

折算公式：被征收居住房屋补偿金额÷折算单价÷核定的居住困难户人数。

被征收居住房屋补偿金额=评估价格（公有承租：×80%）+价格补贴+15平方米建筑面积的特定房屋类型套型面积补贴（成套独用工房：评估均价×12平方米建筑面积，若有）

居住困难补贴=折算单价×居住困难户人数×22平方米–被征收居住房屋补偿金额。

（二）居非兼用房屋

折算公式为：（被征收居住房屋补偿金额+被征收非居住房屋补偿金额）÷折算单价÷居住困难人数；

保障补贴=折算单价×居住困难人数×22平方米–（被征收居住房屋补偿金额+被征收非居住房屋补偿金额）。

被征收非居住房屋补偿金额=评估价格（公有承租：×80%）

施平为宝山路街道领导咨询答疑　　　　施平为宝山路街道领导咨询答疑

### 七、申请和审核

（一）申请提出

居住困难审核申请，应当由被征收人、公有房屋承租人提出。被征收人、公有房屋承租人不提出居住困难申请，房屋使用人、共同居住人可以提出居住困难核查申请。

截止附生效条件协议签约期满且房屋征收协议签约前，尚未提出申请或虽提出申请但未提交完整申请资料的被征收人和公有房屋承租人，应当自行承担逾期申请造成的奖励补贴等经济损失。

房屋征收协议已开始履行（被征收户、公有房屋承租户开始受领补偿奖励等款项或开始办理产权调换房屋办理进房手续）再提出居住困难申请的，不再受理。可另行通过本市经济适用住房等住房保障政策申请。

（二）申请材料

1. 申请人（被征收人、公有房屋承租人或房屋使用人、共同居住人）签名的、《居住困难保障补贴申请家庭成员和住房基本情况及查询申请表》。

2. 共同申请人签名同意接受核查他处住房情况、户籍并公示结果的书面文件、《居住困难保障补贴申请家庭成员和住房基本情况及查询申请表》。

3. 共同申请人的身份证明材料。

4. 被征收房屋和需核查的他处住房户口簿等户籍证明；无本市常住户口的需提供所在地户口簿等户籍证明。

5. 共同申请人的婚姻状况证明、外地配偶居住证明和户籍证明、未成年人的出生证明；达到法定结婚年龄的未婚者需提供本人单身承诺书；离婚者，应当提交离婚协议书或法院判决（调解）书及离婚后未婚证明。

6. 共同申请人户口所在地住房和他处住房的《不动产权证书（房地产权证）》等有效权属凭证或租赁公房凭证、户口簿等有关凭证。

7. 若该户人员放弃申请居住困难户保障补贴的，应当提交放弃申请人员的《放弃申请居住困难户保障补贴承诺书》；或者共同申请人承诺他人放弃申请的书面文件。未经申请核查的人员不得增加居住困难户保障补贴。

8. 征收事务所核实放弃申请居住困难保障补贴人员的审查材料。

9. 核定需要的其他证明材料。

（三）工作流程

1. 受理

（1）被征收人（户）、公有房屋承租人（户）按照本办法规定的书面材料向征收事务所提出核查申请。

（2）征收事务所对申请户提供的书面材料进行核查：对资料不全的申请户应当告知需要补充的材料（申请户在收到书面告知之日起5日内提交补充材料，未在5日内提交补充材料的，视为该户放弃）；对资料齐全的申请户，予以受理并将申请户信息输入信息系统。

2. 住房核查

受理后，由市、区相关部门对申请户的他处住房等核查。

核查过程中，需要申请户提供相应材料的由征收事务所告知，申请户应当在收到书面告知之日起10日内提供补充材料，逾期不提供的，视为该户放弃。

3. 认定公示

核查后经认定符合条件的居住困难户相关信息，在征收范围内公示15日。公示期内如有提出异议的，将在15日内进行核查和公布；公示期内如未提出异议的，公示期满后按规定增加居住困难户保障补贴。

4. 放弃申请

被征收人（户）、公有房屋承租人（户）提出放弃居住困难户保障补贴的，应在签约前由原全体申请人共同签署放弃房屋征收居住困难户保障补贴的书面文件。

### 八、法律责任

补偿协议生效后，发现因申请人提供虚假材料造成认定有误的，房屋征收部门应当停止发放该户居住困难户保障补贴。

在审核认定过程中，发现申请人存在伪造国家机关公文、证件、印章情形的，视情节轻重，依法追究相应法律责任。

### 九、居住困难户认定小组组成

静安区宝山路街道257、258街坊地块旧城区改建项目居住困难联合认定小组由区旧改总办、房管局等部门人员组成。

### 十、监督保障

居住困难户保障补贴工作接受群众和社会的监督，并自觉接受监察部门、审计部门对认定各环节合法性的监察、审查。

房屋有价心无价，好的估价师能够以自己的真心拉近心与心之间的距离。

**陈　宏**　上海市闸北第一房屋征收服务事务所副总经理，上海凯成控股有限公司征收代建联合党支部书记

施平用文化点燃估价的引擎，发动人心的内燃机，让估价沿着公开公平公正的跑道，奔向美好生活！

**沈炳旭**　上海市闸北第二房屋征收服务事务所有限公司原总经理

公平、公正、公开的估价如三棱镜，反射出共产党员金子般闪光的心。

**沈　辉**　上海市徐汇城市更新投资发展集团有限公司总经理助理；上海市徐汇区第一房屋征收事务所董事长、党支部书记

估价工作中二十年的真情告白，是施平先生献给我们伟大城市日新月异、城市更新的最美担当与实践。

**刘卫国**　上海市房地产估价师协会副会长、上海市规划和国土资源管理局"上海土地评估专家组"专家。上海万千土地房地产估价有限公司执行董事、总经理。

# 257、258街坊旧改政策解读
## ——宝山路街道257、258街坊旧改问与答

## 一问

关于257、258街坊旧改"阳光"征收

问：257、258街坊旧改如何来做到公开、公平和公正？

答：257、258街坊旧改征收做到公开、公平、公正，既是政府的工作要求、目标，也是广大旧改居民的意愿。此次257、258街坊旧改征收中所依据的政策法规、标准依据将全部公开，征收全过程也进行公开。征收全过程都将秉承公开、公平和公正的理念。

本次257、258街坊旧改征收还设置了"一门四站"受理点，邀请纪委、信访、律师等各方人士前来助力旧改，为旧区居民提供咨询和帮助。也欢迎居民朋友一起参与监督，共同营造公开、公平和公正的旧改征收氛围。

问：第二轮征收有第三方监督吗？如何保证90%签约率真实性？

答：第二轮征询的第三方监督就是所有257、258街坊的居民。征收事务所将严格执行政策，对征收的监督有事前、事中的审计，我们居民作为监督的主体，可以下载手机App，对经办人的工作进行全程监督。

另外，我们签约的协议全是电脑签约的机打协议，基础数据一旦系统确认后，便不能修改。所有居民可以通过点击查看其他居民的签约情况，了解到谁签约了，谁还没签约。

## 二问

关于257、258街坊是商业动迁还是旧改征收

问：257、258街坊属于旧改征收还是商业动迁？

答：257、258街坊属于旧改征收新政。以往动迁都是由开发商作为动迁主体，起主导作用，由于过多地考虑商业成本，往往到后期会出现"喇叭裤"的现象。现在旧改征收是由政府作为征收主体，由政府主导、必须经过两轮征询程序。一轮征询仅征询旧改意愿，大家都是高票通过，代表了大家的旧改意愿强烈；第二轮征询具体征收补偿方案，以实际签约率为依据，签约率达到并超过90%，我们居民所签的征收补偿协议才算正式生效；如果签约率没有达到90%，那么前期已签约居民的协议也都全部不生效。我们的签约率90%，也是为了让征收补偿方案能得到大部分百姓的认可，同时也代表了大部分居民的利益。政府主导的征收新政保证了方案是"直筒裤"，甚至是"小脚裤"。

## 三问

257、258街坊旧改征收中的居民利益体现

问：为什么257、258街坊的征收补偿方案要把征询生效率定为90%？

答：本次257、258街坊征收补偿方案的原则是：政策是上限。严格执行政策、保障居民权利、兼顾政府能力，这三句话是相辅相成的。

本基地现有的政策是政府平衡本项目的投入和产出与保障群众利益等多方面因素考虑制定的。为了使方案覆盖面更大，群众认可度更高，将征收补偿方案征询生效率定为90%。根据第二轮征询的规则，签约率不达到生效比例，协议不生效。我们热切的希望257、258街坊能早日签约生效，257、258街坊的群众能早日搬离旧区，迁入新居。同时，我们也充分尊重257、258街坊群众对补偿方案的选择。

## 四问

257、258街坊旧改征收补偿方案是否会变动

问：感觉257、258街坊征收补偿方案补贴少，能不能进行更改或出台补充方案？

答：征收补偿方案不可能再进行更改，也不会出台其他补充方案。政府在制定政策过程中，必须考虑到政策法规、区政府财力、居民利益等多方面因素。本区旧改工作按"严格执行政策、保障群众利益、兼顾政府能力"的原则推进。

近年来我区的旧改工作越来越规范，通过"制度＋科技"的手段，一批不符合市相关政策的"土政策"逐步停止执行，一批通过钻旧改空子发财的"旧改黄牛"没有了空子可钻。我们将继续努力，使我区的旧政工作更加规范。

问：257、258街坊旧改征收，部分居民对方案存有异议，认为现有方案无法满足需求，能说是改善吗？

答：对现在征收新政来说，这就是一次双向选择的过程，每家每户对方案的看法都是不同的，大家可以选择旧改或者不旧改，静安目前没有征收新政失败的案例，在外区有过失败案例。但是一旦90%居民选择签约，那我们就按照这个方案坚决执行下去，否则就造成对其他已签约居民的不公平。

问：以前有些动迁基地存在动迁动不了，推翻重来。257、258街坊旧改征收方案，是不是会有修改的可能性？

答：以前动迁，一些开发商因资金不足等原因，造成动迁停滞下来，因为动迁许可证可

施平向市估价师协会名誉会长顾弟根汇报工作

市估价师协会领导到上房检查工作

以申请延期，便推翻方案重来，换个新的动迁方案再签约。从征收新政来说，就是以征询率为标志。签约率到了，大家签订的协议才能生效。签约率不到，整个地块的签约均不生效，至少五年内不再安排旧改。所以现在的新政绝无推翻重来或者修改的可能，只能说是"铁板一块"。

## 五问

关于257、258街坊旧改征收补偿费用比较

问：听说我们和其他区的旧改补偿方案比，奖励部分是少了？我们真的亏了吗？

答：我们内心的比较是客观存在的。我们会和其他区比较，和过去的几个基地比较，这也是正常的。各个基地情况和政策倾向都是各不相同的，相应的部分奖励费的项目设置也会有所不同，对于我们来说，衡量"亏不亏"更实际的比较方式是和将来比，如果这次不动，再过几年时间，政策会怎么样？房价又是怎么样？

根据上海市人民政府印发《关于坚持留改拆并举深化城市有机更新进一步改善市民群众居住条件的若干意见》的通知（沪府发[2017] 86号）两个市场化相关规定，目前我们257、258街坊的评估均价是在结合市场因素，充分保障居民利益最大化的基础上得出的。现阶段，我们居民们还是要回归到本源，更要把握好本次旧改征收的机会，在有限的房源和政策框架里选择更加适合自己家庭的补偿方案。

## 六问

257、258街坊旧改选购房源

问：257、258街坊房源定价是如何制定出来的？

答：257、258街坊基地使用的市级房源都是由市政府根据上海市人民政府印发《关于坚持留改拆并举深化城市有机更新进一步改善市民群众居住条件的若干意见》的通知（沪府发[2017] 86号），基于市场统一定价的。考虑到基地的情况，本基地所有房源政府都给予相应的优惠补贴。政府会将每一套房产的价格按照一户一价的方式在多个渠道进行公示。

施平与征收公司领导合影

施平、潘党生现场评估答疑

# 七问

257、258街坊旧改居住困难户的保障补贴

问：哪些人能享受居住困难保障补贴？如何来认定？

答：居住困难保障补贴是政府为了保障实际有居住困难的居民。居住困难审核申请，应当由被征收人，公有房屋承租人提出，如被征收人、公有房屋承租人不提出居住困难申请的，房屋同住人可以提出居住困难审核申请。经房屋征收部门的认定，只有符合条件经过公示后，才能享受。

# 八问

257、258街坊旧改房屋评估价

问：257、258街坊评估价是如何出来的？

答：257、258街坊评估公司上海房地产估价师事务所有限公司是由居民自行投票选举，按"简单多数"原则产生，上海房地产估价师事务所有限公司对评估结果的真实性和准确性负法律责任。政府任何部门不参与评估价格产生的任何环节。同时，任何居民和单位在收到评估报告后对评估结果有异议的，可以申请复评。仍有异议的，可向上海市评估行业协会专家委员会申请复核。复核结果为最终结果。

# 九问

257、258街坊旧改征收程序问题

问：257、258街坊第二轮方案征询期间有哪些程序和工作流程呢？

答：目前即将拉开二轮征询，在此期间一般需要经过摇号，然后是选房签约。如果在签约期内签约比例到达90%生效率，则协议生效。随后已签约居民交房搬迁（结清公用事业费），并根据双方签订的协议，按约定履行各自权利义务。

问：摇号到底是摇什么，是否公示？

答：摇号的意思是根据所抽号码顺序，确定签约顺序。大家都希望自己可以第一个签约第一个选房，但优势房源有限，签约早选房早，签约晚选房晚。为了保证公平公正，在签约选房前，大家先排队摇号，根据所抽中的顺序号，来确定自己签约选房的顺序。摇号规则将通过各种渠道及时告知居民。

# 十问

关于257、258街坊旧改的服务

问：目前257、258街坊旧改信息很多，难辨真伪。作为旧改居民，如何获取正确的信息，官方如何公布各类旧改信息，为旧区居民提供信息服务？

答：官方信息的及时准确发布，既可以帮助旧改居民及时掌握旧改信息，又能铲除谣言滋生的土壤。为了及时准确的发布旧改信息，目前已建立了微信公众号专栏，制作了手

机App软件，并在居民区内设置了广播。大家可以通过微信公众号"宝山路街道旧改"来持续关注257、258街坊旧改信息，也可以通过收听广播来获取最新的旧改信息。随着旧改征收工作的不断推进，还将适时为居民们提供多样他的信息发布服务，将旧改信息第一时间发送到各位居民手中。同时，对于一些非官方渠道的信息，请居民们不要轻易相信，努力做到不听谣、不信谣，不传谣，大家共同努力，营造健康良好的征收氛围。

施平、方豪现场评估答疑

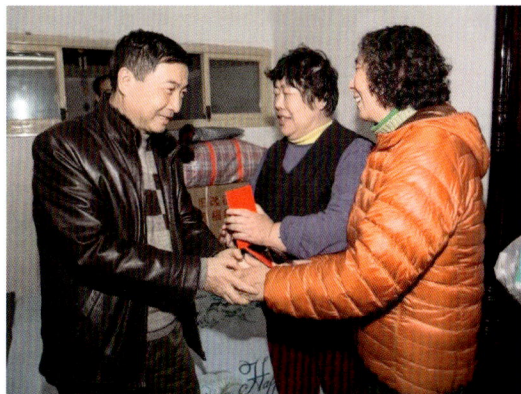

施平为困难居民送温暖

成功是金，平凡也是金。施平在成功的道路上以平凡心做估价工作，是难能可贵的。

**徐智芬** 上海地维房地产估价有限公司董事长

真情与用心，是城市更新、估价赋能最本质的特质和根本。

**周俊元** 上海光启置业有限公司副总经理，上海市徐汇第二房屋征收服务事务所有限公司副总经理

征收估价不能千人一方，而需要量身定制。

**蓝国平** 上海市静安第一房屋征收服务事务所有限公司原总经理、上海市静安第一房屋征收服务事务所有限公司原总经理、上海静安置业(集团)有限公司张园地块旧区改造指挥部常务副总指挥

《估价真金》是一本城乡巨变，坚定理想、实用的估价手册。

**赵 起** 上海加策房地产估价有限公司总经理，上海市房地产专家库专家

# 宝山路街道257、258街坊
# 旧改常见政策问题说明

## 一、关于签约主体问题

问：257、258街坊旧改基地拉开后，承租人死亡或户口迁离本市的，如何确定签约主体？

答：房屋征收范围内的公有居住房屋承租人户口迁离本市的，本处有本市常住户口的共同居住人可以协商变更承租人，变更后的公有房屋承租人作为补偿协议签订主体。

房屋征收范围内的公有居住房屋承租人死亡的，由本处有本市常住户口的共同居住人继续履行租赁合同；无共同居住人的，其生前有本市常住口的配偶和直系亲属可以继续履行租赁合同。继续履行合同者有多人的，应当自行协商确定承租人。

房屋征收决定公告做出前，各当事人之间仍未协商一致的，由征收范围内的第三方公信评议机构组织协商。协商一致的主体作为补偿协议签约主体；协商不一致的，由公有房出租人依据协商结果按照《上市房屋租赁条例)相关规定书确定公有房屋承人，确定后的公有房屋租人作为补偿协签订主体。

问：如产权人死亡，没有立遗嘱的，怎样产生委托人？受托人有什么作用？

答：根据《中华人民共和国继承法》第二章法定继承的规定，房地产权利人死亡后，法定继承人均有继承权。受托人的产生，需所有法定继承人共同协商，并出具具有法律效应的书面托书。在整个房屋征收过程中，委托人根据委托内容履行委托事项。

## 二、关于征收补偿方式

问：257、258街坊旧改征收补偿方式有哪几种？

答：征收居住房屋的，被征收人、公有房屋承租人可以选择货币补偿，也可以选择实物安置。

施平、陈旭东、吴亦然现场勘查

征收小区评估初稿公示现场

被征收人、公有房屋承租人选择实物安置的，房屋征收部门应当提供用于实物安置的房屋，并与被征收人、公有房屋承租人计算、结清被征收房屋补偿金额与用于实物安置房屋价值的差价。

## 三、关于征收补偿款计算问题

问：旧改征收中居住房屋"三块砖"是怎么计算的？

答："三块砖"是一种通俗的讲法，"一块砖"是指被征收房屋市场评估价、"二块砖"是指政府补贴30%系数、"三块砖"是指原来旧里房屋不成套，套型补贴15平方米。

"一块砖"：评估价格=被征收房屋的房地产市场评估单价×被征收房屋的建筑面积。被征收房屋的房地产市场评估单价低于评估均价的，按评估均价计算。

公有租赁房屋评估价格×80%；私房不用折算。

"二块砖"：价格补贴=评估均价×补贴系数（0.3）×被征收房屋的建筑面积。

"三块砖"：套型面积补贴=评估均价×15平方米。成套工房"三块砖"为套型面积补贴=评估均价×12平方米。

## 四、关于被征收房屋面积问题

问：我家实际居住面积与租赁房卡记载的不一致，旧改征收时，以哪个面积为准呢？

答：根据《上海市国有土地上房屋征收与补偿实施细则》若干具体问题的意见（沪房管规范【2012】9号）和本次257、258街坊旧改征收补偿方案中所述，"……1、被征收公有居住房屋建筑面积的认定：承租的公有居住房屋，以租用公房凭证所记载的建筑面积为准……"，旧改征收中，被征收面积以租赁房卡上的面积为准。

## 五、关于居困托底保障问题

问：什么情况算他处有房？

答：居困托底保障中他处有房，主要是指以下4种情况：①在他处拥有公有住房使用

施平、沈炳旭、方豪

施平为困难居民送温暖

权，或者拥有私有房屋所有权（含宅基地、商品住房包括使用贷款购房的情形）；②截至房屋征收决定做出之日，5年内将已购公有住房、私有产权房出售或赠与、公有住房承租权差价交换，或者获得过住房货币补贴；③他处房屋获得过拆迁补偿安置，或者房屋征收补偿；④享受过共有产权保障住房（经济适用住房）政策。

问：为什么户口在本市他处有房的人不能享受住房保障？

答：此次257、258街坊旧改征收中，他处有房的人不能享受居困托底保障，是严格执行《宝山路街道257、258街坊旧城区改建项目房屋征收居住困难户认定和补贴办法》的要求。同时，也是为了公平社会资源，杜绝旧改征收中的各种投机行为，让真正存在居住困难的居民得到实惠和保障。

施平从历史的画卷中打造张园文化价值，为这张上海名片增添了异彩。

**施明昌** 张园旧改分指挥部基地现场负责人、南西街道城市网格化综合管理中心专职副主任，南西街道应急办副主任

估价师是城市更新中必不可少的环线通道，连接着四面八方。

**裴 炯** 上海城市房地产估价有限公司总估价师、上海市房地产专家库专家

练就估价本领，让估价更具价值。

**曹刚华** 上海富申房地产估价有限公司总估价师、上海市房地产专家库专家

征收评估，既需要客观科学评估的理性思维，又需要兼顾百姓的感性认知，更需要一颗勇于承担使命的责任心。

**吴 坚** 上海静安城建配套发展有限公司总经理、上海市静安第二房屋征收服务事务所有限公司董事长

# 持有初心　方得始终
## ——居民女代表何欲小故事

何欲何许人也？她说："我是平头小老百姓。"光这一句话，足见她的水平。让我以简洁的笔墨先描绘一下她的外形：1米65的个儿（大约），长得健康结实，相貌朴实厚道，剪着齐耳短发。她说话快人快语，不打咯噔。听起来就像邻家大姐与人习惯性聊天那样，热情、率性、简练，但她的言语又不失有一定的逻辑性。

我与她相识就在去年一个闷热的夏天。我们拉着长条板凳面对面坐着，在破破烂烂逼仄的准备动迁的棚户区老街弄里聊话。已是晚上8点多了，这里看不到天上一颗星星，只见黑灯下的黑砖、黑木板条和黑污水横流。我们任凭脚下的蚊子嗡嗡唱着进攻的战歌，闻着污水沟里时而喷发出一股臭气。这种采访环境现在机会已不多了。

何欲女士没有半点架子。她原是外地药厂一名职工，负责质量总检。她是基地居民，人虽不居住在此，但老房子在。她在为自己维权的同时获得居民的推崇，渐渐树立了威信。动迁居民有的亲切地叫她"何老师"，有的直呼她为"何司令"。称得上司令的人，不说是能"高瞻远瞩"，但基本上能将众人的意见归纳起来，捋顺大家的思路，总结大家的想法，说出大家心里的愿望。因为她处理问题干脆、利索，更因为她本身也是动迁居民，居住在会文路2弄20号，为大家办事热情无私心，因此在居民心中，她成为大家能说会道的"诉求发言人"、居民代表。专门帮助大家诉求"自家门口那点事"，成为居民爱戴的热心人。

## 历史将她推上风口浪尖

宝山路257、258街坊基地，是一块毛地，2004年冻结后反反复复，一直未被房地产商来"垦荒"。居民们迫切盼动迁望眼欲穿。十多年来，去区、市信访办投诉多达七十多次，要求政府改规划，早动迁。几百人集体上访、呼吁，一直未有动静。棚户区居民不是个个文化水平很高的，他们有的不会写也讲不出一套套的道理，容易犯情绪冲动。每逢刮风下雨，危房更令他们烦躁想要"发飙"。有一次，几百人聚集起来，准备拎着痰盂、马桶去堵马路，到市中心人民广场摆开阵势，要求政府赶紧"动迁"。他们用最原始的办法来处理生活中的难题。

事态紧急，此刻一定需得有人站出来做协调沟通工作。何欲自然而然被大家推了上来。"不能去，我们决不能闹事！这不是解决问题的办法。我们要做到有利、有节，文明进行呼吁"。何欲说。她和二十位居民组成一个核心团队，一起志愿为大家热心服务。

后来，大家建立起动迁居民微信群，并确立了群规。居民自发捐款办起了宝山社区报，经常报道群里的活动，及时沟通政府与居民发生的问题。报纸运作消耗的每笔用款，每张发票，都在群里公示给大家，写得明明白白。大家有心事向她袒露，有矛盾找她解决，她自然而然成为集中居民心声的代言人。

她也被推上了编辑"岗位"，何欲以她的热情与无私，赤诚和担当，赢得了人们的信赖。自从自发组织起来后，大家有纪律了，有章法了，也不意气用事激化矛盾了。他们建议政府部门改动规划。两年来没有出现与政府部门和警察发生肢体冲突。经过多次奔走、理智上访，终于守得云开见月明。动迁得到了市委李强书记的关心和支持，宝山社区报刊登了这一特大喜讯。为配合动迁，又刊登街道旧改分指挥部的一些重要告示，政策解读，补偿办法，签约须知，签约阶段奖励，常见政策问题说明等，都一一上了版面，甚至还专门辟"谣言粉碎机"，以示正听。

何欲觉得自己像一座桥，架在政府与居民之间。她经常上网回答大家提出的问题，在法律框架上办事。他们把群众心里想法及时转达给政府部门，又把政府部门回答转告给居民，用沟通来促使事情向好的方向发展，以期大家获得更大保障。

## 相识诚者结人缘

2019年11月9日，宝山区街道257、258街坊旧城区改建房屋征收项目正式开始。在此期间，通过投票选举估价公司，她认识了上海房地产估价师事务所有限公司估价师施平。

四家评估公司参加招投标，由基地居民自愿投票。这是一家曾参与张园估价，有信誉、公平公正的估价公司，张园估价合理、亲民但不失公正。这次基地上房估价公司评估中标后，作为居民代表，何欲找到施平后，向他诉说16年的户口冻结、老房子户口不进不出、不能买卖、不可申请经济适用房、不能翻造、不可析产等一系列情况，居民熬了多长的时间啊，真是望眼欲穿盼动迁！她想让施平听听群众的诉求，感受一下动迁居民的心声，希望上房估价公司单位能够在独立、客观、公正、公平的基础上，充分考虑16年来居民的种种困苦、坎坷等因素，能估价出居民满意的房价。

施平仄耳倾听她的诉说，也不打断她的话头，还认真记录下来。他说："你们的意见和建议都很宝贵，我会认真带回去。我们不会受任何方面干扰的，一定会给出合理的评估价格。"

何欲与施平接触后，觉得施老师为人和蔼，印象不错。估价结果公示后，她积极配合征收部门在居民中做好桥梁工作，并上网回答一些居民关心的问题，促进签约工作顺利完成。居民74次的上访，终于在一个合理的公正公平的房屋估价面前落下帷幕。

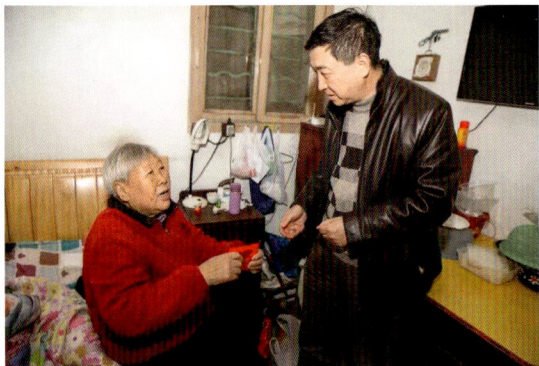

施平为困难居民送温暖

施平为困难居民送温暖（中为何欲）

## 牵线搭桥献爱心

　　上房估价师施平，在评估现场实地勘查中，深深地体察到许多困难家庭的疾苦，想用实际行动捐款献爱心，让困难家庭安度春节。他向上房估价公司党支部书记李建中汇报了自己的意愿，得到李书记的支持，说："这是好事！关心动迁居民疾苦是共产党员应尽有的义务！"何欲得知后，积极为施平选择那些生活中最困难的居民：有的是患大病的夫妇，有的是无子女的孤寡老人，有的是智障病人等20户家庭。她不仅提供受捐者名单，还放弃休息时间陪同施平一家家进行慰问。

　　会文路302弄6号，潮湿阴暗的底楼蜗居着一对大病夫妇。灶披间后面搭了一个小房间朝北，终日不见阳光。唯一通风的窗户对着厨房，空气极其混浊。邬顺禄先生当年支疆，现已是70岁白发苍苍的老头了。他患肺癌左肺已摘除，右肺待开刀。1989年回到上海领退休工资1000多元。现在虽增加到了3000多元，但妻子2017年查出胆囊癌。两人都是大病，医药费、营养费远远不够。马上就要过年了，工资补贴如杯水车薪。当施平递上捐款时，邬先生的手在微微颤抖。他的眼睛湿润了，噙着泪花喃喃地说："谢谢！谢谢！"那是一份感动，一份温暖。大病的人被重视、被关怀时，他的心里涌上一股暖流，胜过千言万语。

　　中华新路387弄39号矮平房。何欲介绍这里住着三代人。那位中年妇女叫雍万梅，是嫁到上海的江苏外来妹。老公脚残，上楼下楼全靠人来搀扶，平时外出开残疾车代步。家里有两位九十岁的老人，公公患老年痴呆病，婆婆身体也不好。小叔子虽年轻力壮但有智力障碍，没有结婚，拿低保。一家人全靠公公、老公微薄的退休金生活。媳妇用自己卖鞋垫、松紧带等小商品，来摆摊头补贴家用。摊上如此家庭，谁也笑不出声来。但顽强的外来妹硬是用女人弱小的肩膀撑起这个家！当施平送上一份爱心时，她笑着说："感谢党！感谢政府！感谢你们！"乐观的精神感染着在场每个人。也许，这就是中国人独有的表示感谢的方式，用简朴话语答谢，用勤奋勇敢来笑对生活艰难。

　　20户家庭分别在节前都收到爱心捐款。"新冠"疫情肆虐之际，施平又惦记着这些动迁居民，他想为这些被征收的困难户做些实事：送口罩、温度计和消毒液等防疫用品。然而，有的动迁户或搬迁，或租房，不在原地了。何欲又一一打听帮助联系，查找到他们的准确地址，让爱心行动如春风不绝如缕，实实在在地拂动到贫苦人身上，抵挡住病毒妖风有侵袭。

施平为困难居民送温暖（中为何欲）

何欲、施平、顾根林、成莫愁

## 持有初心　方得始终

何欲做志愿者不要名，不要利。她觉得低调就是腔调。居民代表也是百姓，没人给他们发工资，只是凭一颗公益心。能帮到自家门口的邻居们，那就是一种荣幸，一种成就感。社会是需要正能量的，需要做公益的人一起促进动迁。老百姓的口碑就是金杯。

大家在一起会聊聊小时候的各种丑事、趣事，回忆从前美好时光，还有一种超常的幸福，多好！她乐意做这件事，帮人也是帮自己。

为了让居民顺利签约，她放弃不少自己的休息天和业余时间，无偿为邻里奉献自己的智慧与热能。

有一户家庭情况比较复杂。父母留下房子仍是父母名字，但没更改过户，属共有产。兄姐姐妹有七个，几个子女都有继承权。户内住2家，户外住2家，这4家都属困难户，还有两户住在外面，另一位去世了，子女去台湾继承遗产。

在签约前，几个子女闹得不可开交，分为两派，又吵又打又闹交锋了11次，有拔出刀子的，有端水壶开水准备烫对方的。其中一位找到了何欲，希望她站出来劝和，做"老舅妈"。

何欲来到他们中间，开场白是："我不会偏向谁帮哪家人家的！"言辞斩钉截铁。接下来说："我说的方案你们听得进就静静听，听不进也可以叫我滚！"一席话镇住了大家，本来还在吵吵嚷嚷的一家人顿时安静下。她讲了政策，讲了房屋价值款，三块砖，如何托底（困难补助保障）等等，她帮他们横算竖算，拿房子价值多少，打官司律师费多少、耗时多少，损失多少，一场官司下来还将要损失银行利息多少，等等。

起先还在咕咕嚷嚷的人不作声了。何欲因势利导，让非直系亲族的人先避开，留下的人回忆小时候的同胞亲情。姐姐如何照顾妹妹，兄弟如何相互关心。她动之以情，晓之以理。中国人的血脉亲情关系是永远割不断的，大家回想从前一幕幕相互温暖的时刻。何欲此时调解不讲法，只讲情。长达四十分钟的"感情拉锯战"解决了刀刃相见的家庭矛盾。后来大家在律师的见证下，全部去动迁组签约。

类似这样的劝解不知有多少。一把钥匙开几十把锁。那把钥匙就是善良、真诚、热心、无私，还有不厌其烦。

居民送锦旗赠中共上海房地产估价师事务所有限公司党支部

居民送锦旗赠中共上海市房地产估价行业委员会

顺便说一下，何欲炒股也很内行，在熊市下也能一次赚几万元。她放弃休闲时间做公益，愈发显得难能可贵！所以要写写何欲，因为她是一位普通又聪明的老百姓。

心中有欲何所求？只为大家都能活得好！

——成莫愁

**成莫愁**，1951年出生。作家、画家、记者。字秋心，号大漠。幼嗜丹青，艺从吴野洲、林曦明、梁洪涛等名家。采访三百多位书画家。出版《莫愁诗抄》《美的诗文》《买房真经》等著作及画册《海派书画——成莫愁作品专辑》。绘画以花鸟为主，旁及山水、人物等。多次参展并获奖，书画作品多家媒体专题介绍并整版评介。作品入选上海人民美术出版社专业书刊、入编《海派名家名扇》画集并任副主编。画作捐上海文化发展基金会、上海慈善基金会、静安寺等多家机构，并被海内外企业和藏界人士收藏。是当今健在的、书画作品第一个进上海拍卖行的女作家。现为上海黄浦画院画师、上海牡丹画院画师、上海香梅画院副院长。艺迹入编《海派书画百强经典》等鉴赏书籍，参加上海图书馆、上海虹桥当代艺术馆、刘海粟美术馆等书画大展，简历入编《上海书画篆刻家名典》。

建筑是凝固的音乐，是艺术的展现；而估价是对建筑价值的公允反映。书画是文化与艺术的融合；作者就是一位将估价与建筑和书画交融的探索者。

**林　平** 上海涌力土地房地产估价有限公司总估价师，上海市房地产、土地专家库专家

我是平头小百姓，因为征收与施老师相识，他毫无架子，真心实意为二十户困难居民捐款捐物，我由衷地为他爱心点赞！

**何　欲** 上海市静安区宝山路街道257、258街坊旧城区改建项目居民代表

10年前我们静安区67号地块动迁居民2580多户，是根难啃的硬骨头。估价师施平来到基地走访居委和动迁居民。他为人心地善良，同情老百姓疾苦。听动迁居民讲述住房困难他的眼睛也湿润了。他在估价中以公正、公开、公平的估价原则，为动迁户做了精准的评估，大家都十分信赖他！这次光明新村征收评估施平估价也做得不错！感谢他！

**朱小琴** 上海市静安区石门二路街道斯文里居委会原党总支书记

# 浦东唐镇虹一村、一心村"城中村"改造地块征收补偿评估

## 致估价委托人函

上海市浦东新区房屋征收事务中心:

受贵方的委托,本公司遵循科学、公正、客观、合理的估价工作原则,按照《房地产估价规范》(GB/T50291-2015)、《房地产估价基本术语标准》(GB/T50899-2013)、《国有土地上房屋征收评估办法》(建房[2011]77号)等法规和技术规范的要求,对估价对象进行了评估,评估摘要函告如下:

**一、估价对象**

1. 范围:估价对象位于浦东新区XX改造地块项目被征收房屋范围内。估价范围为①国有划拨工业用途土地使用权权益价值;②房屋重置价结合成新及室内装饰装修价值,机器设备、物资等搬迁和安装费,附属设施价值;③未见证房屋的重置价结合成新及室内装饰装修价值,机器设备、物资等搬迁和安装费,附属设施价值;

2. 规模:建筑面积为4027.44平方米;

3. 房屋类型及用途:房屋类型为工厂,房屋用途为厂房;

4. 土地状况:土地面积为13707.7平方米,用途为工业,土地权属性质为国有,使用权来源为划拨;

5. 权利人:XX

**二、估价目的**

为房屋征收部门与被征收人、公有房屋承租人确定被征收房屋价值及室内装饰装修价值,机器设备、物资等搬迁和安装费,附属设施价值,未见证房屋重置价结合成新的补偿提供依据,评估被征收房屋及室内装饰装修价值,机器设备、物资等搬迁和安装费,附属设施价值,未见证房屋重置价结合成新。

**三、价值时点**

根据《国有土地上房屋征收评估办法》(住建部建房〔2011〕77号)第十条的相关规定,价值时点确定为XX号房屋征收决定公告日XX年X月X日。

**四、价值类型**

价值类型:市场价值;

价值内涵:本估价结果为在满足全部假设和限制条件下,估价对象XX①工业用途国有划拨工业用途土地使用权权益价值;②房屋重置价结合成新;③室内装饰装修价值;④机器设备、物资等搬迁和安装费;⑤附属设施价值;⑥未见证房屋重置价结合成新。

**五、估价方法**

国有划拨工业用途土地使用权权益价值:收益还原法、成本逼近法;

房屋重置价结合成新、室内装饰装修价值、附属设施:成本法;

机器设备、物资等搬迁和安装费：费率概算法、成本法。

**六、估价结果**

1. 经评估，在满足本次估价的全部假设和限制条件下，估价对象已登记房屋于价值时点的房屋征收补偿价值合计为人民币伍仟贰佰肆拾壹万肆仟零叁拾贰元整（RMB：52,414,032元）。

2. 经评估，本项目内51处未见证房屋合计建筑面积6408.2平方米及相应附属物等，于价值时点的评估价值合计为人民币玖佰贰拾肆万陆仟肆佰捌拾肆元整（RMB：9,246,484元）。

房屋估价结果明细详见附件一

**七、特别提示**

1. 估价结果不考虑被征收房屋租赁、抵押、查封等因素对房屋价值的影响。

2. 估价结果受到估价的假设和限制条件的影响，请详细、完整地阅读本报告。

上海房地产估价师事务所有限公司

法定代表人：贾明宝

二〇二〇年八月十三日

## 估价师声明（略）
## 估价假设和限制条件（略）


## 估价结果报告

**一、估价委托人**

（略）。

**二、房地产估价机构**

（略）。

**三、估价目的**

为房屋征收部门与被征收人、公有房屋承租人确定被征收房屋价值及室内装饰装修价值，机器设备、物资等搬迁和安装费，附属设施价值，未见证房屋重置价结合成新的补偿提供依据，评估被征收房屋及室内装饰装修价值，机器设备、物资等搬迁和安装费，附属设施价值，未见证房屋重置价结合成新。

**四、估价对象**

1. 估价对象范围

估价对象为XX路XX号

①国有划拨工业用途土地使用权权益价值；②房屋重置价结合成新；③室内装饰装修价值；④机器设备、物资等搬迁和安装费；⑤附属设施价值；⑥未见证房屋重置价结合成新。

2. 估价对象房地产基本状况

（1）根据《上海市房地产权证》记载，基本状况如下：

略。

（2）根据房地产估价师调查

估价对象已登记房屋共十九幢，总高1~2层。房屋登记用途为厂房，原为生产用房，现因征收已停业。

3. 估价对象权益状况

估价对象已办理了《上海市房地产权证》

（1）"沪房地浦字〔2000〕第075467号"记载的基本状况如下：

略。

他项权利及其他受限制状况：根据评估目，本评估报告中不考虑估价对象是否设定有抵押、租赁、担保等他项权利登记情况以及其他受限制状况。

相邻关系权利：正常；

土地使用管制、其他特殊情况：无。

4. 土地基本状况

（1）四至范围：略。

（2）面积：根据《房屋土地权属调查报告书》的记载，土地面积为13707.7平方米。

（3）土地性质：国有划拨。

（4）土地使用期限：无。

（5）形状：较规整。

（6）地质地貌：估价对象属长江三角洲冲积平原，地貌形态单一，地势平坦。地基承载：8~10吨/平方米。

（7）地势：平坦。

（8）开发程度：宗地红线外基础设施达到六通（通上水、通雨水、通污水、通信、通电力、通道路）。

5. 建筑物基本状况

（1）估价对象建筑结构

根据《上海市房地产权证》记载，共有已登记房屋19幢，合计建筑面积13897平方米，房屋始建于1973年—1996年间。经现场查勘，部分房屋已经重建，现状如下：

略。

房屋目前处于停业状态，从实地观察来看，房屋的维护状况一般。

（2）设施设备

估价对象登记用途为厂房，原作为电镀车间使用，设施较为齐备，建筑用材普通，档次一般。

（3）新旧程度

据被征收人介绍，估价对象始建于1973年—1996年间，后对房屋进行大修，部分予以了重建，从实地查勘的情况来看，房屋经大修和改造后，目前的成新度在七至九成左右。

（4）维护和使用状况

从实地观察来看，房屋的保养和维护状况一般。

6. 估价对象室内装饰装修基本状况

根据现场查勘，包括无证房屋在内，估价对象室内主要装修内容如下：

略。

装修时间跨度从2005年初到2014年不等。保养状况均一般。

7. 估价对象机器设备、物资存货搬迁状况

本次估价对象机器设备、物资存货主要为机械加工设备、行车、锅炉，以及模具存货等。经估价人员实地查勘，估价对象设备设施保养维护情况一般。室内机器设备及物资存货搬迁状况一般如下：

可恢复使用设备共59项，详情略。

无法恢复使用设备共4项，详情略。

库存物资共12项，详情略。

8. 附属设施状况

经现场查勘，项目内附属设施共100项，详情略。

9. 未见证房屋状况

项目范围内共有51处未见证房屋，根据《房屋征收评估委托合同》的约定，经现场查勘和测量，未见证房屋的状况如下：详情略。

上述未见证房屋建于1983年—2014年间，房屋保养状况一般。

10. 区位状况

（1）商业繁华度

估价对象近龙东大道和华东路路口，地处外郊环间。周边商业繁华度一般。人流以周边居民和商户为主，由于大型商业设施相对缺乏，故商业服务半径可达2公里。综合而言，商业繁华度一般。

（2）产业聚集度

估价对象近张江高科园区，由于周边住宅小区发展迅速，近年来类似工业房地产已不再进行工业生产，积极转型为办公或创意园区出租经营。故产业聚集度一般。

（3）人流量状况

估价对象周边多为商办物业和居民小区，区域人流量以周边商务楼内的白领人士和附近居民为主。由于白领人士主要集中于中午及晚上的就餐高峰时，造成人流量分布不均，峰谷差距较大。综合来看，人流量较高。

（4）交通状况

1）道路状况

估价对象位于华东路上。南面交汇龙东大道，北面交汇上丰路。周边道路较多，道路状况较好。

2）出入可利用交通工具

估价对象附近整体交通状况好。有188路、977路、993路、浦东28路等数条公交线路途经，另有轨道交通2号（创新中路站），公共交通出行较为便捷。

3）交通管制情况

交通管制一般发生在旅游观光、庆典区域，而估价对象近居住区，故基本无交通管制情况。

（5）市政基础设施状况

估价对象所属区域位于上海市基准地价工业六级地段，市政设施完善，宗地红线内外达到"六通（即上水、雨水、污水、电、燃气、通信、道路）"，能满足正常经营需要。主要市政基础设施如下：

（6）城市规划及区位状况未来变化分析

略。

**五、 价值时点**

根据《国有土地上房屋征收评估办法》（建房〔2011〕77号）第十条的相关规定，价值时点确定为XX号房屋征收决定公告日2019年7月17日。

**六、 价值类型**

1. 价值类型：本估价报告的价值类型为房地产市场价值。所谓房地产市场价值是指估价对象经适当营销后，由熟悉情况、谨慎行事且不受强迫的交易双方，以公平交易方式在价值时点自愿进行交易的金额。

2. 价值内涵：

略。

**七、 估价原则**

本估价项目主要遵循房地产估价独立、客观、公正原则、合法原则、价值时点原则、替代原则、最高最佳利用原则。

具体略。

**八、估价依据**

（一）相关法律法规

略。

（二）技术规程

略。

（三）估价委托人提供的相关资料

略。

（四）本估价机构所掌握的相关资料及房地产估价师实地查勘所获取的资料

1. 可比建筑造价案例和租赁市场信息资料；

2. 估价人员实地勘察以及收集的相关资料

3. 其他相关信息资料

**九、估价方法**

A：房地产市场价值评估

（一）估价方法介绍

估价人员对估价对象进行了实地查勘，并对周边同类型房地产市场状况进行了调研和分析。

根据《房地产估价规范》和国家、上海市相关法律法规、估价技术标准，房地产评估方法有比较法、收益法、假设开发法、成本法。

1. 比较法

比较法是选取一定数量的可比实例，将它们与估价对象进行比较，根据其间的差异对可比实例成交价格进行处理后得到估价对象价值或价格的方法。

2. 收益法

收益法是预测估价对象的未来收益，利用报酬率或资本化率、收益乘数将未来收益转换为价值得到估价对象价值或价格的方法。

3. 假设开发法

假设开发法是求得估价对象后续开发的必要支出及折现率或后续开发的必要支出及应得利润和开发完成后的价值，将开发完成后的价值和后续开发的必要支出折现到价值时点后相减，或将开发完成后的价值减去后续开发的必要支出及应得利润得到估价对象价值或价格的方法。

4. 成本法

成本法是测算估价对象在价值时点的重置成本或重建成本和折旧，将重置成本或重建成本减去折旧得到估价对象价值或价格的方法。

（二）理论上不适用的方法

理论上不适用的方法为假设开发法。

假设开发法适用于具有开发或再开发潜力的房地产，估价对象为已建成并使用的房屋，不具备开发或再开发潜力，故不宜使用假设开发法。

（三）理论上适用的方法

理论上适用的评估方法：比较法、收益法和成本法。

1. 未选用方法介绍

略。

2. 选用的估价方法

略。

（四）估价技术路线：

A：国有划拨土地使用权权益价值

1. 收益还原法

收益还原法是将待估宗地未来正常年纯收益（地租），以一定的土地还原利率还原，以此估算待估宗地价格的方法。

本次采用的公式为： $V = \dfrac{A}{(Y-g)}\left[1-\left(\dfrac{1+g}{1+Y}\right)^{n}\right]$

公式中：V—土地收益价格　A—未来第1年的土地纯收益(或地租)

Y—土地还原率　g—年增长率　n—未来土地收益年期

2. 成本逼近法

所谓成本逼近法是以取得和开发土地所耗费的各项费用之和为主要依据，再加上一定的利润、利息、应缴纳的税费和土地增值收益来确定土地价格的估价方法。

成本逼近法评估土地价格公式可表达为：

P=Ea + Ed + T + R1 + R2 + R3 + R4

P ——待估宗地价格　　　Ea——土地取得费用

Ed——土地开发费用　　　T ——税费

R1——利息　　　　　　　R2——利润

R3——土地增值　　　　　R4——价格修正

B：房屋建筑物重置成本法结合成新率

成本法——求取估价对象在价值时点的重置成本或重建成本和折旧，将重置成本或重建成本减去折旧来求取估价对象价值的方法。其重置成本或重建成本构成包括下列内容：

（1）建设成本

参照《上海建设工程造价信息网》或《上海房屋拆迁中建筑物建安重置价清单清册》等提供的同类型房屋案例中的建安造价，经调整后确定。

（2）管理费用

包括房地产开发企业的人员工资及福利费、办公费、差旅费等，一般按建设成本的一定比例取定。

（3）销售费用

销售费用一般包括广告费、销售资料制作费、售楼处建设费、样板房或样板间建设费、销售人员费用或销售代理费等，一般按开发完成后房地产价值的一定比例取定。

（4）投资利息

本次只计算建筑物的投资利息，建设成本、管理费用、销售费用等均按建设周期均匀投入计算利息。

（5）销售税费

销售税费，包括增值税及附加，一般按开发完成后价值的一定比例取定。

（6）开发利润。

开发利润是对投资的回报，一般按开发完成后价值的一定比例取定。

（7）成新率（折旧）

成新率是建筑物的市场价值与其重置成本或重建成本的百分比，也就是建筑物重置成本或重建成本扣除折旧后的余额与建筑物重置成本或重建成本的比例。其中建筑物的折旧又包括物质折旧、功能折旧和外部折旧。由于估价对象为工业用房，无不利的外部影响，因此，本次估价时建筑物的折旧仅考虑物质折旧。

C：室内装饰装修价值评估

（一）估价方法介绍

估价人员对估价对象进行了实地查勘和分析。

估价对象室内装修种类较多，可采用装饰装修重置价×成新率的方法得到估价结果。根据《房地产估价规范》和《上海市国有土地上房屋征收评估技术规范》的相关规定，被征收房屋装饰装修重置价的评估方法有清单综合单价法、单位比较法、指数调整法等。

1. 清单综合单价法

清单综合单价法是根据在评估时点的装饰装修工程各子项目的清单综合单价与工程量，计算求得装饰装修工程造价，加上所需的工程建设其他费用确定装饰装修重置价的方法。

2. 单位比较法

单位比较法是将房屋装饰装修作为整体，以单位面积（如建筑面积）为指标，选取与评估时点接近的具有可比性的装饰装修工程造价实例，进行比较、分析和调整，测算估价对象装饰装修的单位面积单价，乘以估价对象计价面积，求得估价对象装饰装修重置价的方法。单位比较法一般适用于精度要求不高的预评估项目或估算工作。

3. 指数调整法

指数调整法是利用装饰装修工程造价以及相关指数或者变动率，将装饰装修工程竣工时的客观成本费用调整到估价时点的装饰工程费的方法。指数调整法一般适宜于近期完成，有较完整结算依据的装饰装修工程项目。

（二）理论上不适用的方法

理论上不适用的方法为单位比较法、指数调整法。

单位比较法要求有与估价对象具有可比性的装饰装修工程造价实例，由于估价对象多为小租户单独装修，大多无正规的工程审计资料，估价人员无法找到可信度较高的工程造价实例，故不采用单位比较法。

指数调整法是利用装饰装修工程造价相关的指数和变动率，目前上海市无权威部门公布装饰装修工程的工程造价指数，估价人员无法找到系统的、可信度较高的装饰装修工程造价指数，故不采用指数调整法。

（三）理论上适用的方法

理论上适用的评估方法：清单综合单价法。

（四）选用的估价方法

选用清单综合单价法：估价对象装饰装修各子项目，估价人员可在实地查勘时进行记录，工程量可在实地查勘时采集，可利用《上海市建筑和装饰工程预算定额》（2016）测算出各子项的综合单价，故本次估价采用清单综合单价法。

（五）成新率确定

成新率采用直线折旧法及现场观察法综合确定。

D：机器设备、物资存货搬迁和安装费评估

1. 可恢复使用设备搬迁和安装：费率概算法

对可恢复使用机器设备主要了解设备的运行性能和设备的安装、使用状况，依据机械工业部发布的机械计〔1995〕1041号文规定，分别确定其搬迁、运输、基础和安装调试等所需费用。

即：设备搬迁和安装费用=设备重置现价×（拆迁费率＋运杂费率＋基础费率＋安装调试费率＋搬迁损耗修复费率）。

无需安装的设备搬迁费主要为运费。

2. 无法恢复使用设备：重置成本法

无法恢复使用机器设备，主要了解设备的实际使用状况、维护保养状况及设备的损耗程度，并结合设备的技术改造等情况，综合考虑无法恢复使用机器设备设备的运杂、基础和安装调试费用，计算其评估值。

即：无法恢复使用机器设备的评估值=（设备重置现价＋运杂费＋基础费＋安装调试费）×成新率。

（1）成新率的确定：

①对价值量较大的重点、关键设备成新率的确定：在年限法理论成新率的基础上，再结合各类因素进行调整，最终合理确定设备的综合成新率，计算公式：

综合成新率=理论成新率×调整系数K

其中：理论成新率=尚可使用年限÷（已使用年限＋尚可使用年限）×100%

调整系数K=K1×K2×K3×K4×K5等，即：

综合成新率=理论成新率×K1×K2×K3×K4×K5

各类调整因素主要系设备的原始制造质量、设备的运行状态及故障频率、维护保养（包括大修等）情况、设备的利用率、设备的环境状况等。

②对价值量较小的一般设备，直接采用使用年限法确定成新率，计算公式：

成新率=尚可使用年限÷（已使用年限＋尚可使用年限）×100%

尚可使用年限依据评估专业人员的丰富经验，结合设备的实际运行状态确定。

3. 对于生产原材料、半成品、成品、外购商品、办公家具及低值易耗品等存货物资。考虑需搬运物品的体积、重量，计其搬运车次或所需台班数，综合考虑搬运目的地的距离、搬运难度以及是否需要吊装、特殊包装等情况，计其运杂费。

E：未见证房屋重置价结合成新的评估

与已登记房屋相同，也采用成本法，但不考虑开发利润和销售税费和销售费用。

其重置成本或重建成本构成包括：建设成本、管理费用、投资利息、折旧等。

十、估价结果

1. 经评估，在满足本次估价的全部假设和限制条件下，估价对象已登记房屋于价值时点的房屋征收补偿价值合计为人民币伍仟贰佰肆拾壹万肆仟零叁拾贰元整（RMB：52,414,032元）。

2. 经评估，本项目内51处未见证房屋合计建筑面积6408.2平方米及相应附属物等，于价值时点的评估价值合计为人民币玖佰贰拾肆万陆仟肆佰捌拾肆元整（RMB：9,246,484元）。

**十一、注册房地产估价师：**

施　平　　　注册号3119970082

方　豪　　　注册号3120070065

潘党生　　　注册号3120020072

**十二、实地查勘期**

2019年8月27日至8月29日

**十三、估价作业期**

2019年8月27日至2020年8月13日

**十四、估价报告使用期限**

若房地产市场发展平稳有序，本估价报告使用期限为征收实施期限及延长期。

附　件

（略）。

# 房地产估价技术报告（节选）

## 一、估价测算过程

第一部分：国有划拨工业用途土地使用权权益价值的评估

（一）收益还原法：

收益还原法是将待估宗地未来正常年净收益（地租），以一定的土地还原利率还原，以此估算待估宗地价格的方法。

本次采用的公式为：$V = \dfrac{A}{(Y-g)}\left[1-\left(\dfrac{1+g}{1+Y}\right)^n\right]$

公式中：V——土地收益价格　A——未来第1年的土地纯收益(或地租)

Y——土地还原率　g——年增长率　n——未来土地收益年期

本次先采用比较法，求得客观净收益以后再剥离出归属于土地年净收益，并测算出估价对象的宗地价格。

1. 确定房地年有效总收益

调查估价对象所处区域与一般档次的仓储厂房用于出租的房地产租金水平，确定估价对象房地出租的总收益。则：

房地年总收益＝月租金×12×收益总面积×有效出租面积比率×出租率

估价对象位于唐镇板块内，周边厂房和仓储出租挂牌案例较多。估价师经调查分析，认为挂牌租赁可比实例相对具有较高可信度，租赁挂牌价与之最终的租金成交价差异相对较小，故可作为估价对象所在房地产客观合理租金的案例。

根据替代原则，选取本区域3个同类型房屋的租赁挂牌案例如下，租金价格均为含税价格。

| 名称 | 交易情况 | 房地产状况 | 建筑面积（平方米） | 租赁价格（元/天×平方米） | 挂牌日期 | 可比实例来源 |
|---|---|---|---|---|---|---|
| 一 | 出租 | 金丰路450号单层厂房（唐镇工业园区） | 1600 | 1.5 | 2019-8 | https: //sh.58.com/fang-chan/39591182889749x.shtml?iuType=j_2&PG-TID=0d30 |
| 二 | 出租 | 上丰路538号多层厂房（唐镇工业园区） | 600 | 1.5 | 2019-8 | https: //sh.58.com/fang-chan/39370717446291x.shtml? |
| 三 | 出租 | 吕三路38号多层厂房（唐镇工业园区） | 1700 | 1.5 | 2019-8 | https: //sh.58.com/fang-chan/38759904778137x.shtml? |

表1：可比实例及影响因素说明表

略。

2. 建立比较基础

（1）统一房地产范围

估价对象为工厂，内部为毛坯；可比实例也均为内部毛坯，则可比实例均不修正。

表2：装修情况修正系数表

| 实例A | 100/100 |
|---|---|
| 实例B | 100/100 |
| 实例C | 100/100 |

（2）统一付款方式

可比实例均为先付后租，付款方式一致。

（3）统一税费负担

可比实例均为含税价。

（4）统一价格单位

统一采用单价作为价格表示单位，币种为人民币，面积内涵为建筑面积，单位为平方米，即统一价格单位为：元/建筑面积平方米。

3. 交易情况修正

可比实例均为挂牌，据市场调查，类似挂牌的租金有5%的议价空间，本次取5%。则，故可比实例的交易情况修正系数均为100/105。

表3：交易情况修正系数表

| 实例A | 100/105 |
|---|---|
| 实例B | 100/105 |
| 实例C | 100/105 |

4. 市场状况调整

价值时点为2019年7月17日，案例均为8月间挂牌的，日期相近，故不作调整。即三个可比实例的交易情况修正系数见下表：

表4：市场状况调整系数表

| 实例A | 100/100 |
|---|---|
| 实例B | 100/100 |
| 实例C | 100/100 |

5. 房地产状况调整

房地产状况调整系数＝（∑估价对象区位状况系数×∑估价对象实物状况系数×∑估价对象权益状况系数）/（∑可比实例区位状况×∑可比实例实物状况系数×∑可比实例权益状况系数），在调整测算中，运用间接比较法，调整均采用百分比制。

（1）编制房地产状况因素说明表

略。

（2）编制房地产状况因素修正系数指标表

略。

可比实例因素条件说明表

略。

（4）因素调整及比较价格计算

略。

6. 比较法价格的确定

根据公式，调整后的比较价格＝可比实例日租金单价×装修情况修正×交易情况修正×市场状况调整×房地产状况调整

各个实例日租金单价计算如下：

实例A＝1.5×（100/100）×（101/105）×（100/100）×（96/102）=1.34元/平方米/天

实例B＝1.5×（100/100）×（101/105）×（100/100）×（96/100）=1.37元/平方米/天

实例C＝1.5×（100/100）×（101/105）×（100/100）×（96/100）=1.37元/平方米/天

经过计算，三个实例，实例修正调整后的价格较为接近，且均能反映正常市场价格，故取算术平均值作为最终比较价值。

（1.34＋1.37＋1.37）/3=1.36元/平方米/天

日租金单价取整=1.4元/平方米/天

经评估人员了解，出租空置率一般按每年一月，即8%，故本次评估出租率取92%的。有效出租面积即为建筑面积，则评估对象的年总收入为：

每平方米年总租金收入=1.4元/平方米/天×365×92%×100%=470.1元/平方米

7．房地出租年总费用

（1）维修费

维修费指为保障房屋正常使用每年需支付的修缮费，按建筑物重置价格的一定比例计算。

房屋全新重置均价为2173元/平方米，详见后文已登记的1-19幢建筑物测算中，全新房屋重置总价为8,257,343元，建筑面积合计为4027.44平方米，平均单价为2173元/平方米。

维修费为重置价的2.0%，则维修费为2173元/㎡×2%=43.5元/㎡。

（2）管理费

管理费指对出租房屋进行的必要管理所需的费用。按年租金的一定比例收取。管理费取年总收益的1.8%

则年管理费=470.1元/平方米×1.8%=8.5元/㎡

（3）保险费

保险费指房产所有人为使自己的房产避免意外损失而向保险公司支付的费用。一般按房屋现值的一定比例计算，房屋现值计算公式为：

房屋现值＝房屋重置价格×成新率。

本次已登记房屋的综合成新率为71%，详见后文1-19幢房屋的测算结果中，房屋现值总价6,203,324元为全新重置总价8,257,343元的71%。

则房屋现值=2173元/㎡×71%=1543元/㎡。

保险费为建筑物现值的0.2%，1543元/㎡×0.2%=3.1元/㎡

（4）税金

税金指房产所有人按有关规定向税务机关缴纳的房产税和增值税等。

税金：包括房产税、增值税及附加。

1）参照可比实例均为已建存量房地产，故本次增值税及附件按简易计税法计算，税率为5.33%；

增值税及附加=470.1×5.33%=25.1元/平方米

2）房产税一般为潜在毛租金收入的12%；

房产税=470.1×12%=56.4元/平方米。

税金合计=25.1＋56.4=81.5元/平方米

（5）年运营费用

年运营费用=年租赁管理费＋年维修费＋年保险费＋税金

房地出租年总费用＝（1）＋（2）＋（3）＋（4）

=8.5＋43.5＋3.1＋81.5=136.6元/㎡

8. 房地年净收益

房地年净收益＝房地年有效总收益－房地出租年总费用

a=470.1－136.6=333.5元/㎡

9. 房地综合还原利率（r）的确定

通过安全利率加风险调整值的方法来求取资本化率，安全利率取银行的一年定期存款的利率1.5%，再根据估价对象所处地区社会经济环境及比较投资估价对象与投资其他经济行为的风险后，认为类似物业风险调整值取5.5%，则估价对象房地综合还原利率为：

r=1.5%＋5.5%=7%

10. 收益年限（n）的确定

估价对象实际为划拨，本次评估中设定剩余年限为工业用地最高出让年限50年，则可收益年限设定为50年。

11. 房屋年净收益

房地综合还原利率确定为7%，通常情况下房地综合还原利率介于房屋还原率和土地还原率之间，而房屋还原率比土地还原率要高2%，因此本次评估房屋还原率确定为8%，土地还原利率确定为6%。

房屋年净收益＝房屋现值×房屋还原利率

=1543元/㎡×8%＝123.4元/㎡

12. 土地年净收益

土地年净收益＝房地年净收益－房屋年净收益

=333.5－123.4=210.1元/㎡

13. 土地年净收益的变化情况

根据对估价对象房地产状况和类似房地产市场（含房地产租赁市场）的调查和分析，预测在未来收益期限内类似房地产的市场价格逐年增长，租赁需求持续旺盛，估价对象租金水平随之逐年会有一定幅度的增长，相应的土地年净收益也会同步的增长，本次估价假设估价对象在收益期限内的净收益每年基本上按照2.5%的固定比率递增，故选择净收益按一定比率递增的收益法计算公式，公式中的净收益采用估价对象未来第一年的净收益。

14. 50年出让楼面地价的确定

根据原理公式与估价目的，计算公式如下：$V=\dfrac{A}{(Y-g)}\left[1-\left(\dfrac{1+g}{1+Y}\right)^n\right]$

=210.1÷（6%－2.5%）×[1－（1+2.5%）50/（1+6%）50]

=4882元/㎡

公式中：V——土地（楼面价）收益价值（元，元/㎡）

A——未来第1年的净收益（元，元/㎡）

Y——报酬率（%）　g——年增长率（%）　n——未来可获收益的年限（年）

50年出让性质楼面地价为4883元/㎡

15. 划拨土地权益楼面地价的计算

估价对象土地使用权取得方式为划拨。目前浦东范围内所有出让地块均以其出让土地使用权收入总额(含各种出让形式的收入)的40%为土地出让金收入（土地收益），60%为前期开发成本，因此按50年出让土地使用权价格的40%计算划拨土地使用权补办出让手续时应缴纳的土地收益。

划拨土地权益楼面地价=出让土地价值–出让金

=4882–（4862×40%）

=2929元/平方米

16. 划拨土地权益价值的计算

由于现状容积率低于1，故本次以楼面地价作为地面价：

地面价=2929元/平方米

收益还原法的土地单价为2929元/平方米

（二）成本逼近法

所谓成本逼近法是以取得和开发土地所耗费的各项费用之和为主要依据，再加上一定的利润、利息、应缴纳的税费和土地增值收益来确定土地价格的估价方法。

成本逼近法评估土地价格公式可表达为：

$P = Ea + Ed + T + R1 + R2 + R3 + R4$

P ——待估宗地价格　　　Ea——土地取得费用

Ed——土地开发费用　　　T ——税费

R1——利息　　　　　　　R2——利润

R3——土地增值　　　　　R4——价格修正

（1）土地取得费

土地取得费是指征用估价对象所在区域同类土地所支付的平均费用。根据《中华人民共和国土地管理法[2004年8月28日中华人民共和国主席令第28号]》和上海市现行的各项文件为依据确定的土地取得费主要包括土地补偿费、农户征收补偿费以及村、队企业征收补偿费等。

1）耕地部分

①土地补偿费

根据《关于印发<上海市征地土地补偿费标准（2017）><上海市征地青苗补偿标准（2017）><上海市征地财物补偿标准（2017）>的通知[沪规土资综规〔2017〕321号]》记载，估价对象所在的浦东新区唐镇土地补偿费标准为57700元/亩，折合86.5元/平方米。

②耕地开垦费

根据上海市发展和改革委员会、上海市财政局文件《关于调整本市耕地开垦费标准的通知》（沪发改价督〔2015〕8号）的本市耕地开垦费征收标准，耕地开垦费取120元/平方米。

③青苗补偿费

根据《关于印发<上海市征地土地补偿费标准（2017）><上海市征地青苗补偿标准（2017）><上海市征地财物补偿标准（2017）>的通知[沪规土资综规〔2017〕321号]》记载，估价对象位于浦东新区唐镇区域内，其青苗补偿费标准按粮棉地2800元/亩，折合4.2元/平方米。

④劳动力与养老人员安置补偿费

根据浦东新区人力资源保障局《关于浦东新区2019年度"承包土地换保障"后征用土地回收资金标准的通知[浦人社〔2019〕65号]》记载，自2019年5月1日起，川沙镇、祝桥机场地区、张江镇、曹路镇、高桥镇、高东镇、唐镇、三林镇"承包土地换保障"后征用土地回收资金标准调整至每人31.1万元，因此估价对象土地上平均镇保养老费用为：311000元/人。

根据《上海统计年鉴2018》记载，浦东新区地区现有耕地面积20237公顷，劳动力人口为442400人，则每亩劳土比为1.5（442400/20237/15），故估价对象土地上劳动力与养老人员的安置补助费为：

311000元/人×1.5人/亩=699.7元/平方米

⑤农田基础设施补偿费用

根据浦东新区唐镇所在区域的一般农田基础设施补偿标准，取定为20000元/亩，折合为30元/平方米。

⑥土地取得费小计

土地取得费=86.5元/平方米+120元/平方米+4.2元/平方米+699.7元/平方米+30元/平方米=940.4元/平方米

⑦相关税费

<1>耕地占用税

根据《上海市财政局、上海市税务局印发的〈源于本市耕地占用税有关税额适用标准〉的通知》(沪府发〔2019〕5号)规定，浦东新区标准为46元/平方米。

<2>征地管理费

根据沪府发〔2008〕26号文规定已停止征收。

管理费=0元/平方米

<3>不可预见费

根据沪府发〔2008〕26号文规定已取消。

不可预见费=0元/平方米

<4>征地劳动力安置管理费

根据沪府发〔2008〕26号文规定已停止征收。

征地劳动力安置管理费=0元/平方米

相关税费合计=46元/平方米+0元/平方米+0元/平方米+0元/平方米=46元/平方米

⑧土地取得费及相关税费合计

耕地的土地取得费及相关税费=940.4元/平方米+46元/平方米=986.4元/平方米

2）非耕地部分

①土地补偿费

根据《关于印发<上海市征地土地补偿费标准（2017）><上海市征地青苗补偿标准（2017）><上海市征地财物补偿标准（2017)>的通知[沪规土资综规〔2017〕321号]》记载，估价对象所在的浦东新区唐镇的土地补偿费标准为57700元/亩，折合86.5元/平方米。

②征收集体土地房屋补偿费用

<1>房屋补偿费

宅基地使用人或者居住房屋所有人可以选择货币补偿，也可以选择产权房屋调换。货币补偿金额计算公式为：（被拆除房屋建安重置单价结合成新+同区域新建多层商品住房每平方米建筑面积的土地使用权基价+价格补贴）×被拆除房屋的建筑面积。

根据调查浦东新区唐镇农户每户房屋的平均重置价结合成新为1190元/平方米；装修和构筑物补偿价格按当地水平折合每平方米有证面积的单价为300元和300元，则估价对象所在区域每户农户房屋补偿费用为：

220平方米×（1190元/平方米＋300元/平方米＋300元/平方米）＝393800元

<2>土地使用权基价和价格补贴

参考《唐镇虹一村征地房屋补偿方案公告（草案）》记载，估价对象所在区域土地使用权基价及价格补贴为1850元/平方米，则估价对象所在区域每户农户土地使用权基价和价格补贴为：

220平方米×1850元/平方米＝407000元

<3>房屋征收补助费用

参考浦东新区征地房屋补偿方案，搬家补助费为10元/平方米（共两次），临时安置补助费为8元/平方米×月（按临时安置过渡期为两年计），空调移装费400元/台、共3台，热水器拆装费300元/台，三相动力表拆装费300/台，则估价对象所在区域每户农户房屋征收补助费用为：

220×（10×2＋8×24）＋400×3＋300＋300＝48440元

<4>安置房屋差价

根据估价师调查，浦东新区唐镇地区安置房屋安置价约为3450元/平方米，根据《浦东新区征收安置房收购指导价方案》唐镇7及地段的回购指导价为10900元/平方米政，按拆一还一计算面积，则估价对象所在区域每户农户安置房屋差价为：

220平方米×（10900元/平方米–3450元/平方米）＝1639000元

上述费用合计：393800＋407000＋48440＋1639000＝249万元（取整至万元）

<5>每平方米征收单价

根据估价师对估价对象所在地区的调查，每亩非耕地农户征收的户数一般在0.3–0.5户，本次估价取中间值0.4户为标准进行房屋补偿费用测算，则估价对象所在区域每亩非耕地中房屋征收费用为：

249万元/户×0.4户/亩＝1494元/平方米

③土地取得费小计

折合到每平方米非耕地的土地取得费为：

86.5元/平方米＋1494元/平方米＝1580.5元/平方米

④相关税费

非耕地税费主要是指在取得非耕地时需支付的税金和费用，在这里主要是征地管理费和不可预见费。

根据沪府发〔2008〕26号文规定征地管理费已停止征收，不可预见费取消。

⑤土地取得费及相关税费合计

非耕地的土地取得费及相关税费＝1580.5元/平方米＋0元/平方米＝1580.5元/平方米

根据《唐镇王港老街"城中村"改造地块基本情况表》，本地区耕地面积为153.23亩，非耕地和国有土地为460.27，合计为613.5亩，则该地区耕地与非耕地的比例约为25%：75%，因此，土地取得费用为：

986.4元/平方米×25%＋1580.5元/平方米×75%＝1432元/平方米

（2）土地开发费

本次估价对象土地开发程度设定为"六通一平"，根据估价委托方提供的资料和估价师实地查勘，参考该区域基础设施配套情况，按每通20元/平方米计，则本次估价土地开发费取120元/平方米。

114

（3）税费

土地取得过程中相应税费如耕地占用税等已在土地取得费考虑，这里不再重复计取。

（4）投资利息

根据估价对象地块的规模和土地开发程度，设定开发周期为1年，土地取得费在期初投入，开发费在开发周期内均匀投入，人民币一年期贷款年利率为4.35%，则投资利息为：

投资利息=土地取得费×[（1+利率）开发周期-1]+土地开发费×[（1+利率）开发周期/2-1]

=1432元/平方米×[（1+4.35%）1-1]+120元/平方米×[（1+4.35%）1/2-1]

=64.9元/平方米

（5）投资利润

根据估价对象所在区位及项目的开发用途，土地开发投资利润率取10%，则投资利润为：

投资利润=（土地取得费+土地开发费）×利润率

=（1432元/平方米+120元/平方米）×10%=155.2元/平方米

（6）以上土地取得费、税费、土地开发费、利息、利润等前期开发成本合计为：

1432元/平方米+120元/平方米+64.9元/平方米+155.2元/平方米 =1772.1元/平方米

（7）土地增值收益

本次估价对象的土地使用权来源为划拨，其土地增值收益应上缴国家，故此处不考虑土地增值收益。

（8）出地率

由于集体土地收储后，部分将用于市政设施用地、道路用地、绿化用地等非经营性用途，并非全部出让，故需考虑出地率，根据估价师的调查，估价对象所在区域出地率为75%–85%，本次估价取80%，即：

1772.1÷80%=2215元/平方米

本次估价对象容积率不足1.0，故估价对象地面价即为楼面地价为：

2206÷1=2206元/平方米

（9）价格修正

①土地使用年期修正

估价对象所在宗地为划拨，评估中设定为工业用地最高出让年限50年，故需要从无限年修正到50年，土地年期修正系数为：

=[1-1÷(1+r)N]

= 1-1÷(1+6%)50]

=0.946

式中n——评估土地剩余使用年期（50）；

r——土地资本化率(6%，求取过程详见上文收益还原法中"土地还原利率的确定"）；

②区域、个别因素修正系数

根据下表选取区域因素、个别因素进行修正，根据完善度状况，按优、较优、一般、较劣、劣五个等级分别确定区域、个别因素修正系数。

表1因素修正系数指标说明表

略。

表2因素修正系数表

略。

表3影响地价因素修正系数表

| 影响因素 | | | 优劣程度 | 修正幅度（k） |
|---|---|---|---|---|
| 区域因素 | 交通条件 | 周围道路类型 | 一般 | 0.00% |
| | | 距轨道交通站点距离（KM） | 一般 | 0.00% |
| | | 距公交站点距离（KM） | 较优 | 0.40% |
| | | 距火车站距离（KM） | 劣 | −1.60% |
| | | 距长途汽车站距离（KM） | 较劣 | −0.30% |
| | | 距港口码头距离（KM） | 一般 | 0.00% |
| | | 距机场站距离（KM） | 一般 | 0.00% |
| | 基本设施状况 | 基础设施 | 较优 | 3.90% |
| | 环境状况 | 环境质量 | 较优 | 1.80% |
| | 产业集聚度 | 工业园区等级 | 劣 | −4.00% |
| | | 产业定位 | 一般 | 0.00% |
| | | 关联产业集聚程度 | 较劣 | −0.80% |
| | 城市规划 | 城市规划 | 较优 | 1.40% |
| 个别因素 | 临街状况 | 临街道路类型 | 较优 | 2.50% |
| | 宗地形状 | 宗地形状 | 一般 | 0.0% |
| | 宗地面积 | 宗地面积（平方米） | 一般 | 0.0% |
| 合　计 | | | | 3.3% |

由上得出，估价对象地价影响因素修正值K=3.3%。

（10）修正后土地使用权楼面地价为：

2215×0.946×（1+3.3%）=2164.5元/平方米（取整）

（11）购地税费

主要为契税及办证手续费。契税税率为3%，相关手续费为0.1%合计为3.1。

相关税费为：2164.5元×3.1%=67.1元/平方米

土地取得费用=2164.5+67.1=2231.6元/㎡

（12）土地投资利息

由于估价对象宗地为已开发状态，故应考虑投资利息。利率按中国人民银行一年期贷款利息4.35%计算，项目开发期为1年，土地投资资金设定为期初一次性投入。

投资利息=2231.6×（（1+4.35%）1−1）=97.1元/平方米

（13）土地投资利润

根据我公司对国内65家上市房地产开发企业2018年1-3季度财务报告数据统计，于2018年1-3季度平均的销售利润率为14.31%、投资利润率为20.83%。

估价对象为工业房地产，可以转让。参考前述的销售利润率及变动趋势，故本次估价取销售利润率为14.5%。

开发利润＝土地价值V×销售利润率

＝V×14.5%

（14）销售税费和销售费用

税金：包括房产税、增值税及附加。

估价对象为已建存量房地产，故本次增值税及附件按简易计税法计算，税率为5.33%；销售税费取1%，合计为6.33%

（15）成本法楼面地价=（土地取得费+土地投资利润）/（1-投资利润-销售税费）

$$=（2231.6+97.1）/（1-14.5\%-6.33\%）=2941元/㎡$$

（16）成本法土地单价的确定

估价对象土地容积率低于1，故土地单价与楼面地价相同：

土地单价=2941×1=2941元/㎡。

（三）地价的确定

本次估价采用了收益还原法及成本逼近法两种方法进行评估，根据上述测算，收益还原法的楼面地价测算结果为2917元/平方米，成本逼近法的楼面地价测算结果为2929元/平方米。两种方法是从不同的角度客观的反应了估价对象的土地价值，成本法逼近法是对估价对象成本的积算，估价结果较为可靠；收益还原法从市场上类似租金收益数据得出，能比较真实反映经营性用地的客观价格，可靠性亦较为可靠，因此本次收益还原法权重和成本逼近法权重各取50%，则最终的估价对象划拨土地权益为。

估价对象土地单价=2929×50%+2941×50%=2935元/平方米，

合195.3万元/亩

估价对象土地总价=2935×13707.7=40,232,100元

第二部分：1-19幢房屋的重置价结合成新评估

过程略。

1-19幢房屋建筑物现值评估价值

1-19幢房屋现值合计为6,203,324元

第三部分：51处未见证房屋的重置价结合成新评估

过程略。

51处未见证房屋重置价结合成新总价为6,647,846元。

第四部分：室内装饰装修价值

1. 重置价的确定

本次采用清单综合单价法，是根据在评估时点的装饰装修工程各子项目的清单综合单价与工程量，计算求得装饰装修工程造价，加上所需的工程建设其他费用确定装饰装修重置价的方法。

工程量采用现场测量取得。清单综合单价为完成常规装饰装修分项工程中一个规定计量单位项目所需的直接费、综合费用、税金等。即：重置成本＝直接费＋综合费用＋税金。

其中：直接费＝人工费+材料费（主材及辅材）+机械使用费

综合费用：包括施工企业管理费及利润、相关专业费用。

税金：自2019年4月1日起，本市建筑业增值税及附加合计税率为10.08%。

重置价计算过程

以下以常见的装修项目进行测算，结果如下：

略。

2. 成新率

成新率采用直线折旧法、现场观察法综合确定。直线折旧法主要根据装饰装修的耐用年限、已使用年限，现场观察法主要结合维护、保养等情况，综合确定成新率。

施平、方豪、潘党生                    施平、方豪、潘党生现场勘查

经估价人员实地查勘，估价对象装修年份主要自2004年至2018不等，故本次估价装修经济寿命取20年，则年折旧率为5%，并根据本地的操作口径，设定最低成新率为70%。

3. 装饰装修重置单价测算结果表

经对估价对象房屋装修情况勘查，根据不同的材质和档次，本基地被征收房屋各项装修项目的重置成本单价测算结果如下表：

略。

4. 装修估价结果汇总

经评估，估价对象装饰装修评估总价为2,661,097元

第五部分：可恢复使用设备搬迁和安装费

可恢复使用设备搬迁和安装费，由设备的拆除费、搬运费、安装调试费、设备基础费组成，各项费用以设备的市场购置价为基础，以一定的补偿费率进行测算。各类设备的补偿费率，参考《机械工业建设项目概算编制办法及各种概算指标》中有关设备运杂费、设备基础费、安装调试费概算的指标和本区对征收补偿意见的有关文件，并结合征收搬迁费用的实际情况，按设备类别予以确定。

可恢复使用设备搬迁和安装费＝设备评估原值×搬迁补偿率

设备评估原值＝设备的市场购置价

搬迁补偿率＝拆除费率＋搬运费率＋安装费率＋基础费率

设备的市场购置价是通过向设备供应商询价、查阅设备报价系统、网上查询，以及根据物价指数法参考同一时期同类设备的价格变化幅度进行调整取得。

搬迁补偿费率是以设备的市场购置价为基价，参考机械工业部（机械计〔1995〕1041号文）1995年12月29日发布的《机械工业建设项目概算编制办法及各种概算指标》中有关设备运杂费、设备基础费、安装调试费概算指标，结合被评估企业设备搬运的实际情况，按设备类别分别确定补偿费率。

经评估，59项可恢复使用设备搬迁和安装费合计为788570元，详见下表：略。

第六部分：无法恢复使用设备价值

无法恢复使用机器设备，主要了解设备的实际使用状况、维护保养状况及设备的损耗程度，并结合设备的技术改造等情况，综合考虑无法恢复使用机器设备设备的运杂、基础和安装调试费用，计算其评估值。

118

即：无法恢复使用机器设备的评估值=（设备重置现价＋运杂费＋基础费＋安装调试费）×成新率。

经评估，无法搬迁设备补偿费合计为256,400元

第七部分：附属物现值评估

本次评估中将附属物视同房屋重置价中的其他工程费（室外总体），故采用重置成本结合成新率。各项费率取值与前述房屋测算中一致。

附属物现值=附属物重置价×成新率

经评估，100项附属物现值合计为4,673,929元

第八部分：存货搬迁费

对于生产原材料、半成品、成品、外购商品、办公家具及低值易耗品等存货物资。考虑需搬运物品的体积、重量，计其搬运车次或所需台班数，综合考虑搬运目的地的距离、搬运难度以及是否需要吊装、特殊包装等情况，计其运杂费。

本次主要为模具、办公用品小件物品等，由专业搬家公司来搬迁较为安全和经济。

经评估，存货搬运费合计197,250元

二、估价结果

1. 经评估，在满足本次估价的全部假设和限制条件下，估价对象已登记房屋于价值时点的房屋征收补偿价值合计为人民币伍仟贰佰肆拾壹万肆仟零叁拾贰元整（RMB：52,414,032元），详见下表：

| 序号 | 已登记房屋内估价对象 | 单位 | 数量 | 评估结果（元） |
|---|---|---|---|---|
| 1 | 国有划拨工业用途土地使用权 | 平方米 | 13707.7 | 40,232,100 |
| 2 | 1-19全幢房屋重置价结合成新 | 平方米 | 4027.44 | 6,203,324 |
| 3 | 室内装饰装修 | 幢 | 12 | 1,351,113 |
| 4 | 附属设施 | 项 | 81 | 3,985,919 |
| 5 | 可恢复使用机器设备搬迁和安装费 | 项 | 15 | 240,326 |
| 6 | 无法恢复使用机器设备 | 项 | 2 | 232,500 |
| 7 | 物资存货搬迁费 | 项 | 9 | 168,750 |
| 合　计 | | | | 52,414,032 |

施平、王阳、许明杰、方豪、潘党生

施平、方豪、潘党生现场勘查

2．经评估，本项目内51处未见证房屋合计建筑面积6408.2平方米及相应附属物等，于价值时点的评估价值合计为人民币玖佰贰拾肆万陆仟肆佰捌拾肆元整（RMB：9,246,484元），详见下表：

| 序号 | 未见证房屋内估价对象 | 单位 | 数量 | 评估结果（元） |
|---|---|---|---|---|
| 1 | 51处房屋重置价结合成新 | 平方米 | 6408.2 | 6,647,846 |
| 2 | 室内装饰装修 | 幢 | 12 | 1,309,984 |
| 3 | 附属设施 | 项 | 19 | 688,010 |
| 4 | 可恢复使用机器设备搬迁和安装费 | 项 | 44 | 548,244 |
| 5 | 无法恢复使用机器设备 | 项 | 2 | 23,900 |
| 6 | 物资存货搬迁费 | 项 | 3 | 28,500 |
| 合　计 | | | | 9,246,484 |

王阳、许明杰、姚文标、施平、潘党生在咨询现场

施平估价从来都是因地制宜，精准定位，用一颗真诚、专业、感激的心服务百姓、回馈社会。

**杨云林**　上海信衡房地产估价有限公司总估价师，上海市土地、房地产专家库专家

用专注精神把一件事情做到极致，胜过把一万件事做得平庸，这是施平的做事风格。

**胡晓慎**　上海地维房地产估价有限公司总估价师、上海市房地产专家库专家

二十年专业践行，表白了一名优秀估价师的真性情，于民权价值，于公重法度。

估价解释当智者，处理矛盾当勇者，职责以外当慎者，有问必答为和者，四者融具，施为胜任者。

**鲁厚荣**　上海上资房地产估价有限公司总估价师、上海市房地产专家库专家

志存高远，坦诚做事。为国为民，勇于担当。

施平在估价中发现价值，创造价值，才是估价的真正内核。

**张一平**　上海东洲房地产土地估价有限公司资深估价师、上海市房地产专家库专家

施平与姚文标在基地现场商讨工作

# 现场估价征集常规流程图集示例

## 征收补偿的阶段性流程

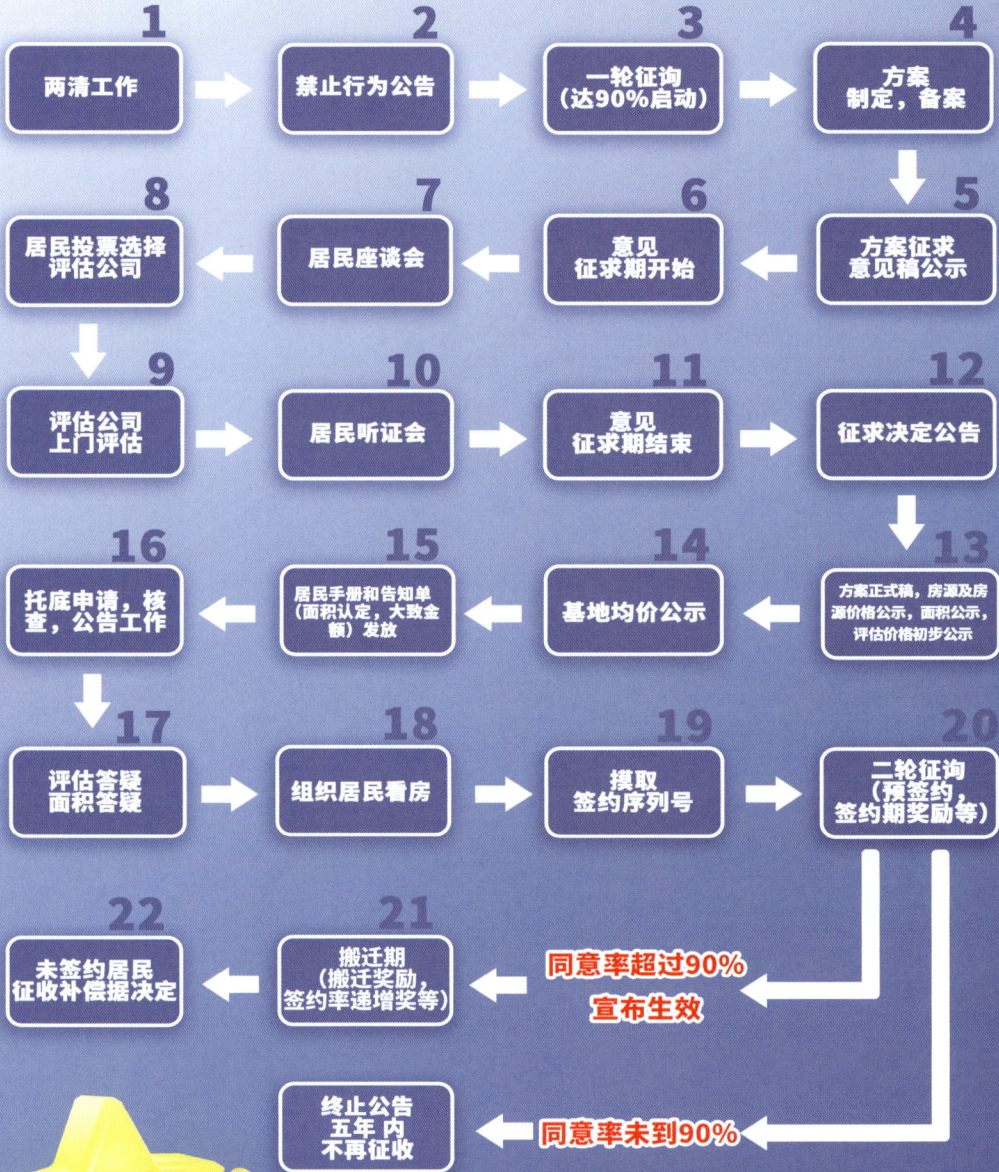

| 1 两清工作 | → | 2 禁止行为公告 | → | 3 一轮征询（达90%启动） | → | 4 方案制定，备案 |

8 居民投票选择评估公司 ← 7 居民座谈会 ← 6 意见征求期开始 ← 5 方案征求意见稿公示

9 评估公司上门评估 → 10 居民听证会 → 11 意见征求期结束 → 12 征求决定公告

16 托底申请，核查，公告工作 ← 15 居民手册和告知单（面积认定，大致金额）发放 ← 14 基地均价公示 ← 13 方案正式稿，房源及房源价格公示，面积公示，评估价格初步公示

17 评估答疑面积答疑 → 18 组织居民看房 → 19 摸取签约序列号 → 20 二轮征询（预签约，签约期奖励等）

22 未签约居民征收补偿据决定 ← 21 搬迁期（搬迁奖励，签约率递增奖等）

同意率超过90% 宣布生效

终止公告 五年内不再征收

同意率未到90%

**街道旧改指挥部**

122

**1** 两清工作 → **2** 禁止行为公告 → **3** 一轮征询（达90%启动）→ **4** 方案制定，备案

**8** 居民投票选择评估公司 ← **7** 居民座谈会 ← **6** 意见征求期开始 ← **5** 方案征求意见稿公示

**9** 评估公司上门评估 → **10** 居民听证会 → **11** 意见征求期结束 → **12** 征求决定公告

**16** 托底申请，核查，公告工作 ← **15** 居民手册和告知单（面积认定，大致金额）发放 ← **14** 基地均价公示 ← **13** 方案正式稿，房源及房源价格公示，面积公示，评估价格初步公示

**17** 评估答疑面积答疑 → **18** 组织居民看房 → **19** 摄取签约序列号 → **20** 二轮征询（预签约，签约期奖励等）

**22** 未签约居民征收补偿据决定 ← **21** 搬迁期（搬迁奖励，签约率递增奖等）← 同意率超过90% 宣布生效

终止公告 五年内不再征收 ← 同意率未到90%

《志愿者》60cm×120cm 水彩画 刘汇茗作

# 第三部分

## 内涵，完善房地产估价环境

估价不仅是为估价而估价，在估价中进一步完善房地产环境内涵，让估价带动民心、带动抗疫、带动估价行业的独特排查方式精准发力，制定安全估价工作的升级版，显得尤其重要。

当遇到突发的自然灾害时，在生死关头不是束手无策坐以待毙，停止估价。而是果断决策，不等不靠，勇于担当，迅速行动，吹响我们上房新一轮城市更新"团结一心抗疫情、患难时刻见真情"的集结号，完善房地产估价环境使其更具内涵："大道不孤，大爱无疆！"

# 房产估价，匠心守护动迁居民

  房地产估价行业源于20世纪的80年代。改革开放后，随着市场经济的建立和发展，我国房地产业的评估行业逐步恢复、兴起和发展壮大，为了更好地服务于国有土地的有偿使用，特别是在土地使用权出让中确定土地价格等需要，便顺理成章地产生了中国的房地产业土地估价专业。

  我从事房地产估价20年，大大小小接手了数百多个项目。而这些项目，大多与老百姓的生活休戚相关，牵涉到老百姓的切身利益。有人认为估价是一种中介，是对房地产估出一个价值数字而已。其实，在我心中，我认为要做好房地产业的估价工作，真正体现估价在城区更新、旧区改造的"金字价值"，首先要为动迁居民着想，匠心守护老百姓的利益。除了公正、公开、公平，还须认真，努力，真诚，更多的是对他们的邻里巷外、老街故土的旧居情，感同身受，与他们做零距离的情感"链接"，从而加深在精神上的沟通、物质上的资助，加快动迁步伐，让老百姓享受到城市更新带来的更多"红利"，牢牢构筑城市更新的"软实力"。

  庚子春，一场疫情在中国大地暴发，武汉封城，乡村封路，阴雾笼罩着每个人的心。白衣天使逆行而上，人人宅家自觉隔离，怎么办？估价如同一棵大树，没有居民的支持它肯定会失去天空；估价如同一条的小溪，如果脱离了居民的关怀，它就不会拥有远方。

  比如我们日夜奋战了3个月精心完成的海上最大石库门建筑群的张园更新基地的估价项目。张园坐落于上海我们这座城市的中心，它的海派风格，红砖灰墙，其中的一枝一叶、一砖一瓦，无不集聚着上海几代人的情感与记忆。它曾有着"海上第一名园"的美誉，它是中国清朝末年在上海最大的市民公共活动场所，被誉为"近代中国第一公共空间"，上海的第一盏电灯就是在此点亮。还记得那一天的清晨，当我在张园门口接过奔赴在第一线的泰兴居民区党总支副书记王智文递过来的红色志愿者的衣服时，源于内心的那一种责任和担当油然而生。虽然我每天站在巷口与其他居委会志愿者一起核实来者身份、测量体温、登记信息，同时叮嘱大家保护好自己。在严防死守的同时，我一边千方百计地四处筹集口罩、温度计和消毒液等防疫用品。在汹涌疫情最严重的时候，我向张园改造基地街坊居民伸出了援助之手。

  比如在长宁区茅台路200弄房屋征收时因被征收的新工房由于成套和不成套等问题而发生过一场风波。风波过后，我与动迁居民结下了深厚友谊。

  再比如，在宝山路旧改征收基地257、258街坊动迁中，经上级有关领导同意支持，在居民代表何欲的热情帮助下走家串户，分数次向二十多户动迁困难家庭捐款捐物传递爱心，希望通过多种方式能够真真切切地帮助到他们。其中有一位百岁孤寡老人，受到邻居关爱，也成为我的帮困对象。所有这一切的爱心接力，被《新民晚报》等多家报纸特别撰文刊登，"百岁孤老'没有了家'，他们比亲人还亲的 "爱心接力故事，也在被拆迁地街坊口口相传。

  诸如此类故事很多。真情需要付出，感情需要"链接"。时代在变，城市在更新，但把百姓当亲人那颗心永不变。可以这样说，在我的人生刻度线上，这一切都不算是镌刻下最完美的一笔，但却都是最真诚的一笔。我坚信，心作良田百事耕，善为至宝一生用。

　　附上相关报道的详细细节，供一读。

# 上房党员送温暖 抗疫牵挂困难户

庚子春，一场疫情在中国大地暴发，武汉封城，乡村封路，阴雾笼罩着每个人的心。白衣天使逆行而上，人人宅家自觉隔离。

上海房地产估价师事务所有限公司估价师、共产党员施平忘不了静安区最后一幅"毛地"宝山路257、258的街坊居民，牵挂着那些被征收的居民困难户。

他们曾"蜗居"在棚户区，渴望搬迁。他们是否都已搬迁？在疫情面前他们的生活状态又是怎样？

早在过年前，上海房地产估价师事务所有限公司进驻这里。作为估价师、共产党员施平在现场评估勘查中，看到了这里几十年来的老化建筑，到处可见的木条板拼凑的违章搭建。屋外人行走道长竹竿、短竹竿、破竹竿交叉绑着发黑的防水布，可遮阳避雨。洗衣水斗都放在门外。高低不平的走道上污水横流，堆放着各种室内放不下的杂物。灶披间墙上密密麻麻挂着多只水表、电表，管线早已老化。电灯泡上套着脏分分的塑料袋，房间里逼仄的空间转个身也要考虑会不会撞倒其他物品。室内采光条件不足，卫生设施很差，不少居民"拎马桶"过日子。看着眼前的场景，他萌生了为居民献爱心的念头。

市政府领导听取民声，深入展开调查，以旧区改造和城市更新为主题，将两街坊的旧改征收提前到2019年。在区委陆晓栋书记、区政府于勇区长的牵线下，区属国企联手进行征收和开发，减轻原开发商资金压力，激活毛地出让。四家评估公司通过网上公开报名应征，然后由居民自行投票选举，最后选定由上海房地产估价师事务所有限公司来评估房屋每平方米的价格。

施平为居民送温暖

施平为居民送温暖

静安区建管委副主任、旧改总办负责人凌斌要求评估公司独立、客观、公平、公正评估，依据政策法规细化到每户的评估方案中，帮助居民将合法利益最大化。

本着独立、客观、公平、公正的原则，上房估价公司为征收居民着想，房屋评估价格市场化，为整个基地签约率达99.4%做出了贡献。估价师施平在实地勘查中，深深体察到了困难家庭的疾苦。他在党员主题活动中多次学习《习近平用典》中的敬民篇和有关文章。

"但愿苍生俱饱暖，不辞辛苦出山林。"

如果没有天上的雨露，海棠花儿怎会自己开放？党员应不忘初心使命，在工作中发挥模范带头作用，用实际行动献爱心。

他的想法得到了上房公司党支部书记李建中的支持，说，这是好事！同时征得宝山路街道党工委书记马建超、宝山路街道办事处主任胡建文的同意。于是，岁尾之际，在居民代表何欲、顾根林的牵线搭桥下，分几次向二十户困难家庭捐款传递爱心，希望能对困难家庭有所帮助。

回想起当时的情景历历在目。那天，他首先来到会文路302弄6号，潮湿阴暗的底楼，在灶披间后面搭了一个小房间，朝北，终日不见阳光。唯一通风的窗户对着厨房，空气极其混浊。狭小的空间蜗居着一对大病夫妇。丈夫邬顺禄先生70岁，肺癌，左肺已摘除，接下来右肺待开刀；妻子17年查出胆囊癌。1966年邬先生中学毕业主动报名支疆，二十多年

上房党员施平送温暖

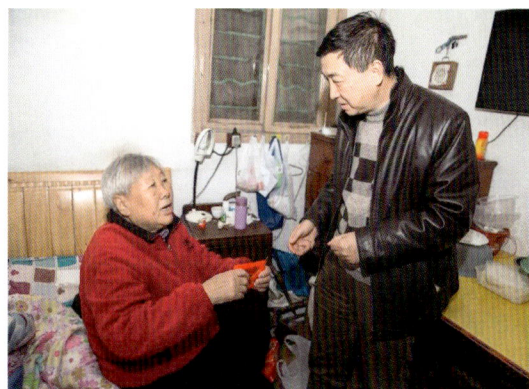

上房党员施平送温暖

沧海桑田，1989年他回到上海已是白发苍苍的老头子。当时领退休工资1000多元。现在虽增加到了3000多元，但两人都是大病，医药费、营养费远远不够。马上就要过年了，他们是过一天算一天。工资补贴如杯水车薪，他们欠下了外债。但在家庭分配上他们还是谦让，积极响应政府号召，弃小家顾大家早签约。

当施平递上捐款时，邬先生的手在微微颤抖。他的眼睛湿润了，还噙着泪花，喃喃地说："谢谢！谢谢！"那是一份感动，一份温暖。当患大病的人被重视、被关怀时，他的心里涌上一股暖流，胜过千言万语。

施平一行又来到中华新路387弄39号矮平房。何欲介绍这里住着三代人。那位中年妇女叫雍万梅，是嫁到上海的江苏外来妹。老公脚残，上楼下楼全靠人来搀扶，平时外出开残疾车代步。家里有两位九十岁的老人，公公患老年痴呆病，婆婆身体也不好。小叔子虽年轻力壮，但有智力障碍，没有结婚，拿低保。一家人全靠公公、老公微薄的退休金生活。雍万梅用自己卖鞋垫、松紧带等小商品，来摆摊头补贴家用。

摊上如此家庭，谁也笑不出声来。但顽强的外来妹，硬是用女人弱小的肩膀，撑起这个家！当施平送上一份爱心时，她笑着说："感谢党！感谢政府！感谢你们！"乐观的精神感染着在场每个人。也许，这就是中国人独有的表示感谢的方式，用简朴话语答谢，用勤奋勇敢来笑对生活艰难。

他们的感谢之情也打动了施平，让他久久难以忘怀，牵挂着这些居民。疫情当前，他惦记着这些居民。他担心他们在春节期间是否因为搬了新房而聚会？是否因为买菜而多次

出门？他们，过得还好吗？在疫情暴发肆虐之际，他想为这些被征收的困难户做些实事：送口罩、温度计和消毒液等防疫用品，减少病毒感染，为困难户添一份爱心。

为此，施平四处筹集口罩等防疫用品，然后用快递邮寄给需要帮助的困难家庭。在这个非常时期，口罩就是生命的守护神。

党员要勇于担当，不忘初心，牢记使命，将群众的利益放在第一位，在疫情防控期间主动向有困难的群众伸出援助之手。大家万众一心，共同抗疫。

没有冬天不能逾越，所有春天都会到来。人间有爱，我们共同等待春暖花开。

（上海房地产报记者　成莫愁　供稿）

---

估价师施平出"估价真金"一书是好事，这种精神值得鼓励和肯定。

**顾弟根**　上海市住房保障和房屋管理局原党组成员、纪检组长、副局长，上海市房地产估价师协会行业党委书记，名誉会长

---

"估价真金"一书以作者亲身经历的各个工作投影，折射出上海二十年的时代变迁、民生改善、城市更新，让读者细品岁月静好。

**洪海明**　静安区建设和交通委员会主任

---

为张园留存记忆、为城市尽心尽责。

**王颉鸣**　上海市静安区石门二路街道党工委书记、静安区南京西路街道原主任、南西街道张园地块旧区改造专项分指挥部原常务副总指挥

---

一个人的工作态度源于他的价值观。估价师施平在实干中党员带头，惠及民生，对城市的发展而言是极其有意义的。

**胡建文**　静安区宝山路街道党工委书记、宝山路街道257、258街坊旧城区改建专项指挥部总指挥

# 上房党员做志愿　心系张园共抗疫

## ——记上海房地产估价师事务所有限公司估价师党员施平勇当志愿者

　　一场史无前例的新型肺炎在2020年初暴发，全社会与病毒的斗争迅速展开，武汉封城，一罩难求，全国人民站在统一战线，坚决与病毒作斗争。

　　共产党员要时刻听从党的召唤，勇于承担责任。上海房地产估价师事务所有限公司估价师党员施平闻讯后迅速行动。虽说做志愿者也有生命危险，但越是艰险越向前，才能无愧共产党员的光荣称号！

　　作为上房估价师，施平曾带领团队为张园估价，估价公司为征收居民着想，帮助居民将合法利益最大化，使征收工作顺利进行，签约率高达97.95%。

　　施平撰写的张园估价学术论文在市级专业优秀论文评选中，荣获优秀奖。他不断挖掘张园的文化底蕴，使得被誉为"海上第一名园"的张园，再次迎来一场海派文化的洗礼。

　　2019年4月25日下午，施平策划组织"张园看世界"系列活动"海派名家绘张园"在威海路590弄77号拉开序幕。海派百强名家进入张园，其中有丁申阳、周志高、陈逸鸣、车鹏飞、韩伍、卢象太、张玉迎、周根宝、程多多、何承锡、何承爵、刘蟾、成莫愁、刘汇茗、王大宙、丁筱芳、吴越、平龙、朱杰军等海派名家参与活动。

　　在现场，施平发言："我对张园有一份特殊的感情，在张园居民的要求下，去年11月我带领着公司的估价师们走进了张园，日夜奋战了3个月，看遍了张园的一景一物，把张园的房地产价格评估了出来。张园的美也感动了我，今天，在主办方的支持下，我邀请了上海的百强艺术名家们走进张园，希望通过艺术家的眼睛、智慧和画笔把张园的美画出来，

静安区委书记于勇（左2）视察张园

王颉鸣、周惠珍、施平、沈伟

美在张园，美在上海，美在世界，张园看世界，世界看张园，相信'海派名家绘张园'活动一定能成功！张园的美一定会感动世界！"

主办方南京西路街道办事处主任王颉鸣说："张园所在地为南京西路街道，区域优势明显，历史底蕴深厚，文化资源独树一帜。从2016年起，街道党工委、办事处推出'张园看世界'文化品牌，聚焦海派文化的保护和传承，让世界关注、关心张园承载的丰厚文化遗产。希望通过今天的盛会使张园这张文化名片再次焕发风采。同时，也希望能看到更多在文化领域的交流活动和深入融合，以文化为引领，为打造文化强区不断做出新的努力！"

上海市文化创意产业资源联盟常务副主席、上海市各地在沪企业（商会）联合会党委书记胡雅龙表示："张园是江南文化、海派文化、红色文化深度结合的产物，一百多年来，她凝聚了上海从一个江南小城发展为国际大都市的历史印记。她是上海的，也是中国的，更是世界的。'张园看世界'系列活动主题突出，立意深远；海派书画是具有国际影响力的知名文化品牌，是上海文化品牌建设的重要组成分，相信'海派名家绘张园'活动的启动，更会使得这两张新的文化名片相得益彰。"

海派百强名家周志高表示："感谢施平举办这次活动。一个国家一个民族不能没有灵魂，'以精品奉献人民，用明德引领风尚'。我们艺术家要用自己创作的精品奉献人民，彰显上海国际大都市的文化地位。"

海派百强名家车鹏飞说："海派书画源远流长，书画家要深入生活才能找到创作源泉。我走进张园，这里的一切展示了悠久的文化历史和上海石库门弄堂的经典风情，经得起时间和岁月的积淀。我代表书画家，为举办这次活动所有做出贡献的人表示感谢。"

上海市书法家协会主席丁申阳向主办方赠送张园主题作品《海派名家绘张园》。随后，海派百强名家们参观张园石库门建筑群，走进里弄住宅，观看居民老照片、老物件，了解居民搬迁前的生活。

参观后，海派名家们对张园赞不绝口，纷纷表示，将来一定要在这座上海最大的石库门建筑博物馆群改建成功后，再来绘出张园新美景。大家现场自由写生创作，泼墨挥毫。

海派百强名家陈逸鸣说："我们走进张园，就是要记录张园的过去、现在以及未来。未来的张园一定是非常好的，因为这是一个人文荟萃的地方，也是上海的核心地段。"海派百强名家周志高题词"海上第一名园"，刘海粟女儿、现任刘海粟艺术研究会的副会长刘蟾也在张园泼墨挥毫，当场写下"沧海一粟"，吴昌硕曾孙——吴昌硕纪念馆执行馆长吴越在为张园挥毫题词"百年传奇，海上张园"，海上大家程十发之子、著名画家程多多为张园题"观古照今"。中央电视台书画频道记者采访了中国著名油画家陈逸鸣。上海香梅画院副院长女画家成莫愁为了画张园，已三进张园，她笔下的张园72支弄11号老房子形神皆备。众画家写生捧出各自的作品，表达对张园的致敬。这场活动影响甚广，媒体纷纷刊登、转载，起了很好的传播推动海派文化作用。

在这场疫情中张园怎样？通过电话联系，施平主动请缨，要求到基地成为一名志愿者，帮助那些在一线辛苦战斗的居委会干部和防疫志愿者。

他逆风而行，戴着口罩奔赴抗疫第一线。路两侧的商铺全部关了门，昔日的繁华与热闹再也寻不见踪迹。

黑色的大铁门，黄底黑字的匾额上"张园"两个字依然跃然于眼前，匾额下边挂着一条红底白字的横幅："生命重于泰山，疫情就是命令，防控就是责任。"

施平接过奔赴在第一线的泰兴居民区党总支副书记王智文递来的志愿者衣服，衣服上带有红色的志愿者标志。他手里拿着测温仪站在小区门口登记处，一种责任感油然而生。

施平手里握着测温仪，见有人进入便用测温仪来测体温。看着测温仪上的数字显示正常，他很高兴地说："正常的，进去吧。"

张园是上海一代人的记忆，曾有着"海上第一园"的美誉，它是中国清朝末年上海最大的市民公共活动场所，被誉为"近代中国第一公共空间"。上海的第一盏电灯就是在此点亮。

在张园的门口，施平和居委会成员及其他志愿者来来回回为居民们核实身份、测量体温、登记信息，生怕有遗漏者。

接到去四季园小区送发居委会防疫小册子的任务，志愿者施平前往83岁独自居住的徐老太家。老太太曾居住在张园里的石门一路，去年征收搬到了新的地方。当施平问她东西是否都齐全，家里还有什么需要购买时，徐老太说："谢谢！我不出门的，家里什么都有。"

曹晓星、蓝国平、时筠仑、施平、李涧、陈祥　　　南京西路街道张园征收现场

施平站在门口环顾四周，徐老太的家中敞亮干净，阳光洒在木质地板上，一切看起来温暖和谐。被征收的居民安享晚年幸福，施平也感到征收估价工作再辛苦也值得。老百姓脸上有了笑容，他的心也乐开了花。他反复叮嘱老人照顾好自己之后，又奔赴下一家。

大疫当前，施平不仅捐款捐物还捐情！他在百年张园当志愿者，他给宝山路最后一块毛地的百岁老人和被征收困难户捐口罩、温度计和消毒液等。不忘初心，牢记使命。施平觉得作为党员，要发挥先锋模范的作用，要勇于承担责任，把群众的利益放在首位。

众人拾柴火焰高。只要大家团结一心，齐心协力，就没有我们过不去的坎。

（摘自海上画家艺术网）

施平做志愿者

志愿者施平慰问孤寡老人

张园指挥部送上房锦旗

张园指挥部送市估价师协会锦旗

尊重历史文化，体现建筑价值。
《估价真金》是一本理论与实践高度结合的操作手册，"张园"案例必将成为评估史的一大亮点。

**时筠仑** 上海市房屋修建协会会长，上海静安置业（集团）有限公司董事长，同济大学管理学博士，复旦大学企业研究所兼职研究员，上海交大安泰经管学院EE课程教授，上海大学世界商业街区研究院副院长、客座教授。

房屋和评估是基础，管理和服务显品牌。
创新和发展是基础，真诚和真心显上房。

**凌　斌** 上海市静安区建设和交通委员会副主任、上海市静安区旧改总办副主任

《估价真金》是一本记录城市价值、时代情感、估价工作最美的画卷。

**韩　灏** 上海市静安区房管局副局长、静安区征收中心常务副主任

什么叫努力？什么叫破界？什么叫永不言败？
施平的《估价真金》这本书诠释了这种精神

**周伟良** 上海市静安区建设和管理委员会原党委书记、上海市静安区旧区改造总指挥部原办公室主任

134

# 并肩共防疫　征收解风波

根据国家相关规定，目前，企业正有序复工复产，但疫情防控仍处于关键阶段。贯彻和落实党中央重要批示精神，努力实现疫情防控和经济社会发展目标双胜利，不忘初心，牢记使命。上海房地产估价师事务所有限公司估价师施平，充分发挥党员先锋模范作用，在防控战"疫"中始终将群众的利益放在首位，为人民奉献一份爱，贡献一份力量。

## 一、特殊志愿者

事情发生在2月21日，已完成征收的茅台路200弄基地来了几位志愿者。他们既不是居委干部，也不是长宁区基地居民，他们怎么会来到这里？

原来，他们是在施平的带领下奔赴抗疫前沿。施平是上海房地产估价师事务所有限公司的估价师，当他得知曾经估价的长宁区基地缺少志愿者，天山街道仙霞居委会书记刘宪民正在为此事发愁。施平说："别急，我们来顶。"施平与长宁第二征收事务所总经理杨宏约定各自带领团队，一同奔赴茅台路200弄抗疫前沿，帮助解决基地缺少志愿者的问题。

闵行区区长、长宁区委原副书记陈华文现场检查工作　　施平在党旗下与同事合影

这与施平在张园做志愿者一样，施平曾带领团队为张园估价，以独立、客观、公正、合法的估价原则为被征收居民着想，帮助居民将合法利益最大化，使征收工作顺利进行，签约率高达97.95%。在估价期间，施平对张园产生了特殊的感情，他策划组织了一批海派书画名家在张园写生，将海派文化与张园相互融合，使得被誉为"海上第一名园"的张园，再次迎来一场海派文化的洗礼。

在张园门口，施平接过奔赴在第一线的泰兴居民区党总支副书记王智文递过来的红色志愿者衣服。他和居委会成员及其他志愿者核实来者身份、测量体温、登记信息，同时叮嘱大家保护好自己。虽然有人觉得志愿者的工作很危险，但施平觉得，自己是共产党员，就该冲在第一线。看着测温仪上的数字显示正常，他感到非常高兴。

## 二、征收解风波

长宁区茅台路200弄房屋征收时，曾发生过一场风波。

茅台路200弄房屋征收开始时，上海房地产估价师事务所有限公司（以下简称"上房"）通过网上报名应征，三家公司竞选，然后由居民公开投票表决，经选举，上房评估公司高票当选为古北路（天山路—仙霞路）道路改建工程项目的被征收房屋评估单位。

本着高度的工作责任感，上房公司根据项目的规模和特点调派了精兵强将。在做了大量的调研、基础资料收集等前期工作以后，施平与团队对被征收房屋进行实地查勘。

在查勘期间，估价人员明显感受到小区居民的抵触情绪及不满。同时有大量的居民来到评估机构反映情况，并向区房管局提交了信访诉求，这引起了各方高度关注。

原来，本次被征收的新工房分为成套和不成套两类，不成套新工房均为使用权公房。其中茅台路200弄被公示为不成套新工房，但各户套内均有独用灶间，与一般灶间和卫生间均合用的不成套房屋明显不同。

了解情况后，长宁第二征收事务所总经理杨宏、项目总经理王涛协同项目负责人周健川、刘骁等亲自上门核查，并查阅了相关房籍资料。明确了房籍资料记载为不成套新工房，但套内有独用厨房的事实。根据相关规定，公房的建筑面积是以《租用公房凭证》记载的居住面积乘以换算系数来确定【换算系数：成套新工房1.98，不成套新工房1.94】，并不作进一步细分。故茅台路200弄的被征收居民觉得这个独用灶间的建筑面积没有算，吃了大亏。面对动辄数百万的房价，居民们心有怨气、情绪激动在所难免，四处投诉、集体上访也实属无奈之举。

对此，区房管局、征收事务所及街道办事处等明确表示，面积转换系数全市一把尺，是刚性的，但要求在估价中对此情况给予充分考虑，并在评估结果中体现出灶间独用因素，保障居民的合法利益。

接受任务后，施平带领团队连夜研究技术方案，决定增加灶间独用因素的功能修正。但客观合理地确定修正系数却是个难题，因为类似不成套公房不可买卖，故无法获取不成

茅台路200弄征收会议现场

长宁区茅台路200弄居民代表赠送上房锦旗

施平与征收公司领导一起解决居民矛盾

套房屋之间价格差异的直接数据，而经验数据过于主观，难以服众。

经多方研讨、集思广益，考虑到周边不同类型房屋出租情况较为普遍且租金各不相同的特点，他们制定了以灶卫全合用房屋租金与灶间独用、卫生合用房屋租金的差异程度为基础，综合确定修正系数的方案。随后估价人员对周边的租赁情况、历史数据进行调查汇总，经分析和反复测算后确定了修正系数。

该方案制订后，得到了天山街道党工委书记潘敏、主任梁宏、副书记王炜的肯定，由长宁第二征收事务所通过项目经理及经办人员向广大被征收居民进行宣传。征收事务所董事长施敏、总经理杨宏、项目总经理王涛及项目负责人周健川、刘骁等多次赶赴天山街道及天山司法所，接待被征收居民集访，详细解释房屋征收的相关政策。认真听取茅台路200弄居民的想法和意见，注重实际情况和客观事实。在居民和评估公司之间搭好沟通平台。上房评估公司积极配合征收事务所的政策宣传，在评估初步结果公示期间，委派估价师全天候为被征收居民解答问题，从专业的角度解释评估单价的计算过程和修正系数的确定，让居民心服口服。

通过区房管局、征收公司、街道居委、评估公司的共同努力，茅台路200弄居民提出的诉求基本得到圆满解决。最终，此次古北路（天山路—仙霞路）道路改建工程房屋征收基地，涉及茅台路200弄的被征收居民签约率及搬迁率均达到了100%。许多当时怒气冲冲，言辞激烈的居民也与评估人员成了好朋友，在搬迁后还给评估公司工作人员送上了锦旗以表感谢。

这场风波使得基地工作人员和基地居民之间的关系更加融洽。大家心往一处想，劲往一处使。如今基地需要志愿者，在这特殊的时期，志愿者就是居民健康的守护者。作为共产党员，施平觉得自己有义不容辞的责任。

施平迅速前往茅台路200弄，在娄山小区里仙霞居委会的小房间穿上志愿者衣服，这不仅是一件衣服，更是一份沉甸甸的责任。施平与征收公司总经理杨宏在小区门口为进入小区的人员测量体温并做好登记。

居委会书记刘宪民表示："我们要确保居民的安全，把居民的健康放在首位。坚决执行上级的指示，有新的通知下发时，我们会在第一时间贴出告示，让居民知晓。对湖北地区返沪人员，我们坚决要求在家隔离14天。由于天山路街道范围较广，其中还有几个小区直接与马路相连，没有门卫与保安。在这个关键的时刻，志愿者就显得格外的重要。居委会组织了小区里的志愿者队伍，志愿者们负责在各个小区巡逻、检查门店开业情况、维护秩序等。征收公司和上房评估公司在这个时候和我们对接起来，杨宏、施平等人来到小区做志愿者支援居委会工作，这对我们的工作有很大的帮助。"

长宁区领导陈华文现场解决征收矛盾

静安区副区长李震与施平合影

洪海明、施平

施平、凌斌

  征收公司总经理杨宏表示："越是困难的时候，我们越要团结起来。作为共产党员，我们要为人民服务，要把群众的健康放在第一位！"志愿者居委会干部阚晓云和社区朱医生来到小区门口。她们介绍说，2月17日凌晨有一家三口从湖北黄冈大冶自驾返回小区。他们在湖北开出健康证明，提前打电话与居委会联系。居委会与物业组织了研讨会，做好了各项准备工作。一家三口回来的时候，先进行了车辆消毒，接着物业跟进及时消毒，让他们在家中隔离14天。他们买的东西物业也会送到家门口，除此之外，隔离期间，她们每天两次前往居民家中为居民测量体温。

  专门帮助隔离居民收取垃圾的刘大哥来到小区门口。施平上前仔细为刘大哥测量体温，确认体温正常以后，施平说："你是重点对象，一定要注意保护好自己，做好防护措施啊。"

  施平在门口细心地为进入小区的居民测量体温，居民也十分配合。测量完体温，确认正常以后，施平说："谢谢。"居民摆摆手："应该是我们谢谢你们。"虽然大家都戴着口罩，看不到彼此的表情。但是人与人之间的交流却让人觉得格外暖心。

  疫情面前，还有许多的困难居民需要帮助，口罩是最及时、最重要的援助。为此，在长宁第二征收事务所总经理杨宏的牵头下，2月25日，征收公司项目总经理王涛与上房估价师施平协同华阳路街道苏一居委会尹升主任前往汇川路基地对困难居民进行慰问，施平为困难户居民带去了口罩、温度计、消毒液等防疫用品。施平表示："在这个艰难的时刻，我们要勇于承担责任！成为奔走在抗疫前沿的志愿者，为居民贡献自己的力量，帮助能帮助的人。我们齐心协力，共同抗疫。"

正是因为人与人之间的互帮互助，才让这个特殊时期没有那么难熬。我们团结一心，静候东风解冻，春暖花开。

（摘自 澳中在线 微信公众号）

上房员工参与协会组织的滨江活动

纪念建党100周年上房党员
赴井冈山参加党史教育活动

让估价成"金"的不是估价，而是对于一座城市的发展与进步所付出的真心与热情。

**黄章贵** 上海市长宁区住房保障和房屋管理局副局长

创新，守正，进取。房地产评估工作也是一样，
知行合一，离不开天道酬勤。

**俞 浩** 上海市长宁区总工会副主席，上海市长宁区住房保障和房屋管理局原局长

居民赠送施平的锦旗是鼓励更是鞭策，体现政府在征收中的公开、公平、公正，更反映评估公司在百姓心中比评估价更高的社会价值。

**杨 宏** 上海市长宁第二房屋征收服务事务所有限公司董事长

《估价真金》城市更新过程中的共生与共享。

**徐雅萍** 上海市长宁第一房屋征收服务事务所有限公司董事长，上海新长宁集团拆迁置业有限公司党支部书记

# 照顾百岁老伯他们比亲人还要亲

在这场没有硝烟的疫情防控战中，一场爱心接力让我们感到了这个城市的温度。

这是一个真实的故事，发生在上海静安区宝山路某动迁基地，让人同情感叹。同时，也体现了中华美德的代代传承，爱心善行的处处接力。

这家动迁基地位于止园路，房屋破旧不堪，环境杂乱无章。这里生活着一位101岁长期瘫痪在床的王老伯。王老原是企业的一名普通工人，早年退休后，命运多舛，老婆和儿女都先他相继去世了，留下他孤零零一人，独居在简陋的房屋内。

在王老伯的隔壁，住着一家善良的邻居，他们有颗金子般的心。户主也是一位朴实的老工人，儿子则是一个聋哑人。见王老伯无人照顾，在街道居委会等干部的见证下，于20世纪90年代始，全家人就主动承担起照料王老伯的义务。虽然他们只是邻居本不是一家人，可近三十年来他们却比亲人还要亲。就像《红灯记》里的三代人一样，结成了一家亲。

时光荏苒。后来，照顾王老伯的邻居自己也年老体迈，不幸在2011年去世了。他的儿子聋哑人一家，继续着老父亲的爱心，又主动挑起照顾王老伯的重担。想想吧，本身是位残疾人，也已60多岁了，却在长达八年多的时间里，戴着助听器尽自己所能来服侍一位步履蹒跚的老伯，这是多么费力而不易啊！他把王老伯当成自己的"亲爹"，老伯想吃啥他买啥，老伯看病，他和妻子推轮椅或踩黄鱼车送到医院，配药、喂药，无微不至地服侍。老汉的饮食起居都由这位朴实的残疾人和他的妻子一起包下了。

屋漏偏遭连夜雨。随着王老伯年岁渐老，一次脑梗让他彻底丧失了行动自由，瘫痪在床。服侍长期卧床的病人需付出更大的努力和心血，而且还是一位过九旬老汉，那就更艰辛了。凡是料理过卧床病人的人都知道，稍有不慎，风烛残年的病人就会离世而去。年复一年，不仅要洗衣烧饭，还要帮助老人擦身、翻身、喂药，不让老人长期卧床生褥疮。细心服侍老汉成为夫妇日常生活中的"头等大事"。

邻帮邻，献爱心。几十年的爱心接力多么不易，这事深深打动了上海房地产估价师事务所有限公司施平的心。作为一名共产党员，专业估价师，他在实地勘查中，深深体察到困难家庭的疾苦和无奈，但他们的心地非常善良。当签收工作完成后，他想用爱心去接力

施平关心旧区困难户之一

施平关心旧区困难户之二

爱心。因此他主动在年前捐款给王老伯和邻居等二十户困难家庭，希望他们能过一个愉快的新年。

疫情暴发期间，施平还打电话问了居民代表何欲："百岁老人现在怎么样？新老人还要为老老人配药，他们有没有防疫用品？"他一直挂念印象深刻的那位躺在床上的百岁老人和那位残疾老人。小何告诉他："动迁居民大多离开基地，这对残疾夫妇也已带着王老伯搬到暂租的新地方。"施平问询到新地址，为了让他们能顺利度过疫期，他特意四处筹集了口罩、温度计和消毒液等，用快递形式送至他们的租赁房那里，方便老人一家外出配药和自身检测之用，让他们安度非常时期。

真所谓：人间处处有爱心，团结互助显真情。等到阴霾消散日，共贺胜利喜相庆！

（摘自新民晚报社区版 2020年3月4日 第4版 通讯员 成城）

在城市更新的实践中，彰显估价师的使命与担当。

**杨 斌** 上海市土地估价师协会副会长、上海市土地估价专家委员会主任，上海市房地产估价师协会副秘书长、上海市房地产估价专家委员会副主任，上海百盛房地产估价有限责任公司总经理。

城市更新大境界，估价师大有可为。

**邵晓春** 上海市房地产估价师协会常务副会长

《估价真金》是一本有温度、有深度的书，是带着感情讲故事、讲文化、讲人生的书！

**鲍晓丽** 静安区地区工作办公室党组书记、主任，静安区曹家渡街道原主任

心中有党，心中有民，心中有信仰，心中有责任！施平同志在估价阵地上：践行使命，服务为民，实事求是，忠诚于党！

**施 敏** 上海市长宁第二房屋征收服务事务所有限公司原董事长、党支部书记

## 朱家角镇社区卫生服务中心：

# 落实"五好"防控模式 激起"十分"抗疫责任

自新冠肺炎疫情防控工作开展以来，朱家角社区卫生服务中心始终把群众生命安全放在首位，把疫情防控作为当前首要工作来抓，推行"五好"防控模式，全院职工勠力同心，群防群控，全力打赢疫情防控阻击战。

**"党建+中层"，做好防控引领**

坚持党建为先。中心充分发挥党组织战斗堡垒作用和党员先锋模范作用，班子成员带头落实"24小时值班"制度，毫不松懈做好值班值守工作。每个党员同志积极报名一线岗位，用实际行动践行初心使命。

坚持中层顶上。中心以中层干部继续发挥积极向上的引导作用，不分界、不推诿、勇担责、勤履职。科室负责人在疫情中积极承担人员统分、物资统筹、报表日报等大量工作，不喊苦、不叫累，用实际行动钉牢岗位职责。

坚持群众跟上。中心所有医务人员不辱医者仁心使命，不畏风险，无惧困苦，连续奋战在道口医学监测、居家流调检查、集中医学观察等"疫"一线。

**"人防+技防"，把好防控关口**

做好"外防输入"和"内防扩散"。严格落实外省市返沪工作人员一律实行医学观察14天并做好登记。加强医院出入口管理，来院人员必须测体温及登记，并戴好口罩做好个人防护，还需如实告知相关流病学史。明确"隔离期病人就诊专室"，严格执行"一人一诊一室"。同时加强第三方服务人员分类管理，加强健康信息排摸登记。

做好"关口前移"。按全覆盖、无死角的防控措施要求，将发热预检台前移，采取"技防"措施。2月23日，中心和中心均安装上红外线成像测温仪，可以对患者进行无接触式体温快速检测，为辖区居民提供更安全、高效的就医环境。

**"保障+防护"，打好防控基础**

落实"物资保障"。认真做好防控物资出入账本、申领一日一清账本，对于紧缺的隔离衣、一次性面罩等防护物资，中心自购相关物品在充分应急、尽量做好防护的同时，做到精位对账，物尽其用。

落实"后勤保障"。由办公室统一

做好必要加班物资保障，如泡面和面包，暖宝和护膝，开水和茶水。同时利用好企业、各界爱心人士捐赠的物资，让医务人员感受到来自各界的关爱。

落实"消毒防护到位"。落实专职人员检查指导各科室各岗位所有医务人员、后勤人员等对感染控制和防护工作的落实，分层次、分类别进行全员感染控制培训，对于预检、诊台、流调等一线医务人员及上级要求落实防护措施。

**"服务+签约"，织好防控网底**

推进统一部署，形成"每日疫情日报"制，梳理道口、居家、集中隔离点重点事件和数据汇报，对问题早发现、早处理、早解决，形成"每日工作提示"落实制度，对工作要求时时讨论、时时落实。

抓好日常诊疗，对开展疫情期间的各科室开放时间重新进行公示，同时推行实名制就诊、延长门诊慢性病患者的处方用量、开启隔离期病人就诊专室、继续提供PICC导管维护等日常工作。

推进家庭签约。疫情期间家庭医

生主动跨前，应用电话、微信等多种途径主动关心了解签约居民的健康状况，对签约居民提出的健康咨询进行第一时间解答，按规定落实长处方、延伸处方等政策。

**"疏导+宣传"，护好防控心灵**

做好"心理疏导"。随着新冠疫情防控工作的深入开展，为居家隔离人员、集中隔离人员消除在防控期间出现的恐慌、焦虑、压抑等情绪，在健康宣教中缓解被隔离人员的紧张心理，稳定其情绪，坚定信心打赢疫情防控攻坚战。

做好"宣传指导"。充分利用微信、短信、滚动屏等现有条件，加强疫情防控正面引导，并加强对群众和职工"多开窗、勤洗手、戴口罩、少出门、分餐吃、一米遥"等知识宣传。规范医务人员正确的舆论引导和氛围。

做好"典型引领"。大力宣传在疫情防控工作中的正能量，加强疫情典型事例宣传，用身边人的故事引导，用细小的身边事引导，让每个人看得见、摸得着、学得到。

青浦区卫健委

---

### 黄浦区人口中心指导疫情防控期间药具工作

为切实做好新冠肺炎疫情防控期间的免费避孕药具发放工作，近日，黄浦区人口和计生发指导中心为全区各街道居委药具干部统一配备了一批特殊的工作包，内含一盒乳胶手套、一包消毒湿巾。中心要求全区各级药具干部在确保自身安全的前提下，对自取网点进行清洁消毒，并确保免费避孕药具正常供应。

同时，为响应疫情防控期间少出门的号召，进一步推广"互联网+药具"，中心还制作了"爱的礼物"药具线上配送二维码贴纸分发到基层，指导药具干部们将二维码贴纸粘贴于各网点的统一位置。今后，有需求的群众只需要拿出手机扫一扫贴纸上的二维码，进入小程序即可体验"安心宅家、药具到家"的线上无接触配送服务，进一步拓宽育龄群众领取免费避孕药具的新途径。

### 小东门街道疫情期间开展网点维护工作

近日，大量流动人口陆续返沪复工，疫情防控工作已进入关键阶段。为彻底打赢这场疫情防控阻击战，小东门街道药具干部在做好自身防护的基础上积极保障广大人民群众在这一特殊时期的药具需求，确保所有服务网点药具正常发放，药具干部们对辖区内所有的服务网点尤其是智能发放机的按钮、取货口等关键部位进行消杀工作，阻断病毒传播，同时加大"爱的礼物盲盒版"药具线上无接触配送方式的宣传力度，为广大育龄群众增添领取我具新渠道，确保广大育龄群众能够及时、安心地领取国家免费避孕药具。

---

**履行社会责任 助力打浦防疫战**

近日，上海医博肛泰医院院长林芳一行，带着当前社区机关和居民区（居委会）干部以及社工志愿者们所急需的一批医用帽子、外科口罩、薄膜手套、消毒酒精等抗击疫情防护用品捐赠给打浦桥街道，同时就有关使用常识、规范和自我防护与社区防控要点等，与街道领导和街道总工会工作人员进行了交流。

街道党工委副书记、办事处主任沙尧杰，街道党工委副书记、总工会主席王静代表街道接受了捐赠。沙尧杰和王静在街道六楼会议室向现场表示：衷心感谢驻区单位对社区抗击疫情的关注与社会责任心，同时并向林芳一行介绍了打浦桥街道抗击疫情和社区上下同心勠力打赢防疫战机制与举措，以及对捐赠物品的管理使用办法。

林芳在捐赠现场表示：上海医博肛泰医院作为现代化专科医院，在本次抗击疫情中一定积极履行社会责任，全心全意做好服务职工群众的健康工作。

捐赠仪式结束后，打浦桥街道总工会有关负责人与林芳院长就企业工会建设与服务保障职工群众等话题进行了充分交流。

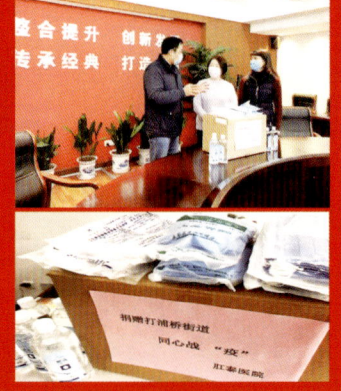

---

# 照顾百岁老伯 他们比亲人还要亲

在这场没有硝烟的疫情防控战中，一场爱心接力让我们感到了这个城市的温度。

这是一个真实的故事，发生在上海静安区宝山路某站某基地，让人同情感动。同时，照顾王老伯完美的代代传承，爱心善行的处处接力。

这家动迁基地位于止园路，房屋破旧不堪，环境杂乱无章。在里生活了整整101岁长期瘫痪在床的王老伯。王老伯是企业的一名普通工人，早年退休后，命运多舛，老婆和儿女都先他相继去世了，留下他孤零零一人，独居在简陋的房屋内。

在王老伯的隔壁，住着一家善良的邻居，他们有鄱釜之缘的一念。户主也是一位朴实的老工人，儿子则是一个聋哑人。见王老伯无人照顾，在街道居委会等干部的见证下，于上世纪

九十年代初，全家人就主动承担起照料王老伯的义务。虽然他们只是邻居本不是一家人，可近三十年来也对王老伯比亲人还要亲。就像《红灯记》里的三代人一样，结成了一家亲。

时光荏苒。后来，照顾王老伯的邻居老人家老体弱，不幸在2011年去世了。他的儿子聋哑人一家，继续着老父亲的爱心，又主动挑起照顾王老伯的重担。每逢一年，照顾王老伯的是位残疾人，已60多岁了，却在长达八年多的时间里，戴着助听器尽己所能来服侍一位非瘫痪难的老伯，这是多么尽力而为多么呀！他把王老伯当成自己的"亲爹"，老伯想吃啥他买啥，老伯看病，他和妻子推轮椅或踩黄鱼车送到医院，配药、喂药，无微不至地服侍。老汉的饮食起居都由这位朴实的残疾人和他的妻子一起包下了。

屋漏偏遭连夜雨。随着王老伯年岁渐老，一次脑梗让他彻底丧失了行动自由，瘫痪在床，同时长期卧床的病人需付出更大的努力和心血，而且还是一位过九旬老汉，那就更艰辛了。凡是料理过卧床病人的人都知道，稍有不慎，孤独残年的病人就会离世而去。年复一年，不仅要洗衣喂饭，还要帮助老人擦身、翻身、喂药，细心服侍老汉成为大妇日常生活中的"头等大事"。

帮帮朋，献爱心。几十年的爱心接力多么不容易，这事深深打动了上海房地产估价师事务所有限公司施平的心。他是一名共产党员，专业估价师，他在实地勘查中，深深体察到困难家庭的疾苦和无奈，但他们的心地非常善良。当签收工作完成后，他想用爱心

去接力爱心。因此他主动在年前捐款给王老伯和邻居等二十户困难家庭，希望他们能过上一个愉快的新年。

疫情暴发期间，施平还打电话问了居民代表何敏："百岁老人现在怎么样？新老人还要为老者人配药，他们有没有防疫用品？"他一直挂念心带深刻的那位躺在床上的百岁老人和那位残疾人。小何告诉他："动迁居民大多高龄，这位残疾夫妇也已带着王老伯搬到暂租的新地方。施平问询到新地，为了让他们能顺利度过疫情期，他特意四处筹集了口罩、温度计和消毒液等，用快递形式送到他们的租赁房那里，方便老人一家外出配药和自我检测之用，让他们安享平安喜乐。"

真所谓：人间处处有爱心，团结互助显真情。等到阴霾消散日，共贺胜利喜事相庆！

通讯员 成城

---

新冠病毒疫情发生以来，崇明区庙镇南星村从"三严""三实"入手，深入、细致、全面地开展疫情防控工作。

南星村在书记林进高的带领下，对全村范围内在册的1130户村民、3个企业及小商店等六小行业的返新务工人员进行全面登记造册，重点了解返新人员的始发地、途径地、抵靠时间等关键信息，在此基础上，因人施策实施隔离（居家观察）措施，并对隔离、居家观察期满人员实施回访，确保防疫工作取得实效。

结合南星村实际，在本村村民中招募8名志愿者，组建临时志愿者队伍，与庙南村两村联动，对入村主干道路口进行24小时监控管理，为两村村民发放车辆临时出入证、做好外来车辆的登记、司乘人员的问询和体温测量等工作，协同做好道口检查防控，把好两村防疫的"入口关"。

对接村民切身需求，做好口罩申领登记工作，同时，为防范年领口罩引起的人员集聚行为，由南星村村民委员会结合日常巡访工作，开展送口罩上门服务；对接志愿者工作需求，及时配送口罩、热水袋、暖宝宝、手套等防疫物资，保障志愿者防疫工作有序开展。

为做好防护工作，在全村范围内进行广泛宣传，构建良好的防疫氛围，提高村民对疫情的认识，进一步将村民的思想统一到防疫的要求来。同时，向村民发放《张文宏教授支招防治新冠状病毒》一书，进一步提升村民防范疫情的能力。

做好村民思想工作的前提下，在南星村近江开心农场设置集中隔离点，严格按照隔离要求对该开心农场进行改造改造，该农场目前可容纳15个家庭同时入住，以实际行动服务防疫大局，助力全区阻断疫情传播。

通讯员 苏文

### 崇明区庙镇南星村："三严""三实"做好防控工作

# 带着百岁孤老 重建温馨"新家"

## ——好邻居一家两代人20多年照顾老伯

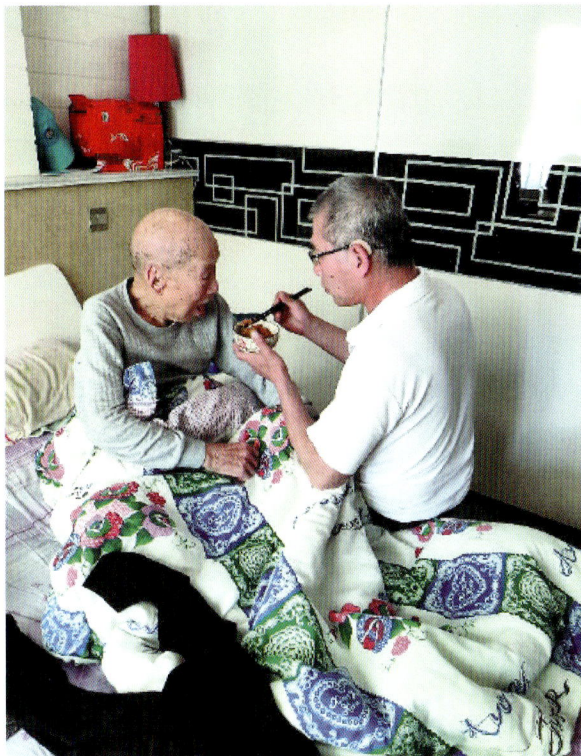

施永新在给病榻上的"爸爸"王开文喂饭 鲍珊 摄

五一假期里，闵行区沪闵路某小区的一户居民家，来了几位特殊的客人，他们都是社会爱心人士，专程赶来看望刚搬到这里居住的101岁孤老王开文老伯，以及他的"儿子、女儿、孙子"。

去年，当时还住在静安区宝山路街道的王老伯，因为旧区改造，需要另觅他处安身。今年1月，20多年来一直照顾王老伯的邻居施永新、陆琴夫妻和儿子，在闵行区租了一套三室一厅装修房暂住的同时，像对待自己的亲爸一样，将王老伯一起带上，安排他住在一间朝南的大房子里。祖孙三代"四口之家"在一起其乐融融，王老伯又拥有了一个温馨的"新家"。

### 烧红烧肉成拿手菜

王老伯原是一名普通工人，几十年来居住在宝山路街道一处简陋的房屋内。王老伯早年退休后，命运多舛，妻子和一儿一女都相继去世，留下他孤零零一个人独居。宝山路街道、居委会等，经常上门看望老人，送这送那。

在王老伯的隔壁，住着善良的邻居施永新一家，施永新的爸爸也是一位朴实的老工人，从20世纪90年代开始，施永新全家承担起了照料王老伯的义务，施永新夫妻成为王老伯的"儿子、女儿"，包下了王老伯一天3顿饭，还有家务、洗衣服等饮食起居的活。

施永新的爸爸离开人世后，施永新夫妻对王老伯的照顾依然继续着。王老伯想吃啥，施永新就买啥、做啥，陆琴烧红烧肉最拿手，因为这是王老伯很喜欢吃的一道菜，她隔三岔五就烧给他品尝。王老伯要外出转转，施永新小心翼翼地挽着老人的手，走在大街小巷。

去年8月，夫妻俩在饭店里为王老伯举办了百岁生日宴，王老伯退休前所在单位制作了"王开文百岁生日寿"的大红喜报。生日宴上，大家纷纷举杯，祝老人越活越年轻。

## 6次病危次次脱险

王老伯年老多病，每次去医院看病，都是施永新和妻子推轮椅或踩黄鱼车，将他送到医院，配药、喂药、陪夜……

2009年，王老伯突发脑梗，瘫痪在床，医院发了病危通知书。服侍长期卧床的病人，耐心、细致是必不可少的。施永新和妻子每天帮老人擦身、翻身、喂药，不让老人因长期卧床生褥疮，这成了他们日常生活中的"头等大事"。奇迹发生了，王老伯在床上躺了几个月后，竟然能起床走路了，身体也慢慢康复。

从2016年到2018年的3年里，王老伯因为脑梗后遗症，3次不慎摔跤，每次医院都发了病危通知书，其中2017年那次最为凶险，由于后脑着地，王老伯昏迷不醒，施永新和妻子天天陪护在旁，一遍又一遍地呼唤着"爸爸"……后经医院全力抢救，王老伯终于转危为安。施永新和妻子在医院陪护了一个多月，施永新甚至辞掉了工作。

几年来，老人6次病危，次次脱险，有人说王老伯"命真大"，他却表示："这要归功于宝山路街道、儿子女儿和好心人对我的好！"

施平、居民代表何欲等一起探望王老伯　　施平、居民代表何欲、作家成莫愁探望王老伯

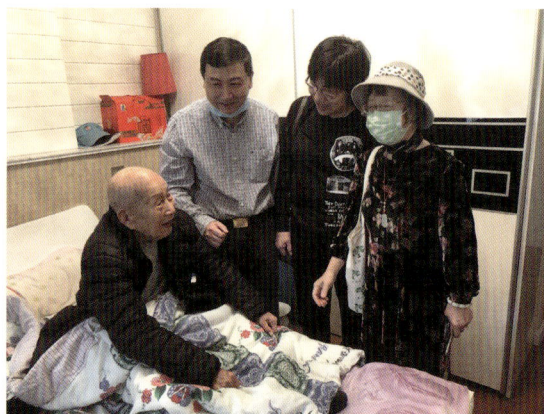

## 节日上门送上爱心

王老伯说的好心人还有不少，上海房地产估价师事务所有限公司估价师施平就是其中一位。一次，施平在宝山路街道旧区改造实地勘查中，听到施永新一家20多年关爱王老伯的故事，深受感动，决定加入奉献爱心的行列中。

2019年底，施平捐款给王老伯和邻居等20户困难家庭。疫情防控期间，施平又筹集了口罩、温度计和消毒液等，用快递送到王老伯等人手中。5月5日上午，一直惦念着王老伯的施平和作家成莫愁、老邻居代表等来到王老伯家，送上节日慰问品。握着老人的手，施平说："我也是您的一个晚辈，以后会经常来看望您，您有什么困难随时找我，希望您日子越过越好！"

（摘自《新民晚报》2020年5月16日 第4版　江跃中报道）

4 新民晚报

◀扫码关注新民晚报官方微博 2020年5月16日/星期六 本版编辑/谢继青 视觉设计/戚黎明 24小时读者热线：962555 编辑邮箱：xmywb@xmwb.com.cn 读者来信：dzlx@xmwb.com.cn

综合新闻

# 带着百岁孤老 重建温馨"新家"

## 好邻居一家两代人20多年照顾老伯

### 新凡人歌

#### 烧红烧肉成拿手菜

王老伯原是一名普通工人，几十年来居住在宝山路街道一处简陋的房屋内。王老伯早年退休后，命运多舛，妻子和一儿一女都相继离去，留下他孤零零一个人独居。王老伯邻居施永新一家，就承担起了照料王老伯的义务。

在王老伯的隔壁，住着善良的邻居施永新一家，施永新的爸爸也是一位朴实的老工人，从上世纪90年代开始，施永新全家承担起了照料王老伯的义务，施永新夫妻成为王老伯的"儿子、女儿"，包下了王老伯一天3顿的粥，还有家务、洗衣服等饮食起居的活。

施永新的爸爸离世后，施永新夫妻对王老伯的照顾依然继续着。王老伯想吃啥，施永新就去买，做肴，陆琴琴烧得很拿手，因为这是王老伯很喜欢吃的一道菜，她属三点五就起床烧给他尝。王老伯要外出转转，施永新小心翼翼地搀着老人的手，走在大街小巷。

去年8月，夫妻俩在饭店里为王老伯举办了个百岁生日宴，王老

五一假期里，闵行区沪闵路某小区的一户居民家，来了几位特殊的客人，他们都是社会爱心人士，专程赶来看望刚搬到这里居住的101岁孤老王开文老伯，以及他的"儿子、女儿、孙子"。

去年，当时还住在静安区宝山路街道的王老伯，因为旧区改造，需要另觅栖身处安身。今年1月，20多年来一直照顾王老伯的邻居施永新、陆琴琴夫妻和儿子，在闵行区租了一套三室一厅装修房暂住的同时，像对待自己的亲爸一样，将王老伯一起带上，安排他住在一间朝南的大房子里。祖孙三代"四口之家"在一起其乐融融，王老伯又拥有了一个温馨的"新家"。

施永新在给病榻上的"爸爸"王开文喂饭

鲍场 摄

伯退休前所在单位制作了"王开文百岁生日寿"的大红喜帐。生日宴上，大家纷纷举杯，祝老人越活越年轻。

#### 6次病危次次脱险

王老伯年老多病，每次去医院看病，都是施永新和妻子推轮椅或

蹬黄鱼车，将他送到医院，配药、喂药、陪夜……

2009年，王老伯突发脑梗，瘫痪在床，医院发了病危通知书。服侍长期卧床的病人，耐心、细致是必不可少的。施永新和妻子每天帮老人擦身、翻身、喂药，不让老人因长期卧床生褥疮，这成了他们日常生活

中的"头等大事"。奇迹发生了，王老伯在床上躺了几个月后，竟然能起床走起路了，身体也慢慢康复。

从2016年到2018年的3年里，王老伯两为脑梗后遗症，3次不慎摔跤，每次医院都发了病危通知书，其中2017年那次最为凶险，由于脑部硬膜下淤血，王老伯昏迷不醒，施永

新和妻子天天陪护在旁，一遍又一遍地呼唤着"爸爸"……后经医院全力抢救，王老伯终于转危为安。施永新和妻子在医院陪护了一个多月，施永新甚至辞掉了工作。

几年来，老人6次病危，次次脱险，有人说王老伯"命真大"，他却表示："这要归功于宝山路街道、儿子女儿和好心人对我的好！"

#### 节日上门送上爱心

王老伯说的好心人还有不少，上海房地产估价师事务所有限公司估价师施平就是其中一位。一次，施平在宝山路街道旧区改造实地勘查中，听到施永新一家20多年关爱王老伯的故事，深受感动，决定加入到奉献爱心的行列中。

2019年底，施平把捐给王老伯和邻居等20户困难家庭。疫情期间，施平又筹集了口罩、温度计和消毒液等，用快递送到王老伯等人手中。5月5日上午，一直惦念着王老伯的施永平和所在家成莫愁、老郭居代表来到王老伯家，送上节日慰问品。握着老人的手，施平说："我也是您的一个晚辈，以后会经常来看看您，您有什么困难随时找我，希望您日子越过越好！"

本报记者 江跃中

---

借物述史展新中国建设成就

「追梦前行——共和国现代化之路」展览今开幕

本报讯（记者 李一能）新中国历史上的第一根铁轨、第一根无缝钢管、第一张博士毕业证书、航天员杨利伟的飞行日志、袁隆平的显微镜……这些见证新中国发展历程的重要展品今起正式亮相与市民见面。上午10时，"追梦前行——共和国现代化之路"展览开幕式在奉贤区博物馆举办。

展览借物述史，讲述了新中国成立70多年来历史性飞跃和发展。本次展览展出了166件(套)文物、艺术品和模型，246张照片及精彩视频，从现代化进程、经济发展、教育科技、文化体育、社会民生五个方面，生动展现共和国走向现代化的战略抉择、发展进程和建设成就。一件一件文物和照片背后，都蕴藏着丰富的历史故事、深厚的历史意义，既有珍贵的一级文物，也有曾与百姓生活息息相关的生活用品。

在展览中，除了众多"高大上"的展品外，也不乏许多观众熟悉的生活物件，包括粮票、股票被称为"三转一响"的缝纫机、自行车、手表、收音机等。此外，还有一个类似"爆米花机"的红色圆筒，居然是一台国产手摇洗衣机，让观众啧啧称奇。一位年轻母亲告诉记者，今天特意带着孩子来看展，是为了让他能有机会去了解国家的发展历程和如今幸福生活的来之不易。

展览于5月16日至8月16日在奉贤区博物馆举行。

---

# 张文宏发首条微博立即上热搜

本报讯（记者 左妍）今天一早，华山医院感染科主任张文宏在注册微博5天后，发出第一条微博。

他解释了开设微博的原因：看到很多以张文宏名义写的疫情分析或者名言警句，似乎合情似乎不合科学道理，也就是说合情而不合理，恐会产生误导。鉴于此，开设本

人微博，传播第一手的信息与观点。本人在上海本地抗疫100余天，而今复鄂兄弟姐妹成建制100%返沪。

他还透露，"今天下午在上海市医学会主持下，由徐建光会长亲任主席，遍请上海各大医院抗疫专家，回望这场惊心动魄的战役，得以从

武汉乃至全国视野深度考察，虽是纯学术会议，但将会最真实地反映这场战役的残酷、伟大、壮烈与悲烈。相信大家通过这场多维度直播，一定会明白上海这座城市，不仅仅是医生、护士，乃至居委会干部、民众、警察、海关、道口，是无数的抗疫民众组成的免疫屏障，阻挡了疾病

的蔓延。每个人都是战士，都是英雄，这才是真正的群体免疫。"

张文宏5月11日开通微博，并非网络流传的"护士节当天"，目前粉丝已有15万余人。截至记者发稿，第一条微博已有超过1.2万评论，超过16.5万点赞，已经上了热搜。

在此之前，张文宏已在"抖音"、"今日头条"等平台开设了个人账号。在这些平台上，他主要宣传健康知识，传播医学正能量，也给粉丝们一个直接沟通的平台。

### 渔村上演 "水幕灯光秀"

近日，金山区山阳镇金山嘴渔村尝试"水幕灯光秀"，祥鱼湖音乐喷泉给渔村的傍晚增添了别样的浪漫。"水幕灯光秀"包括"一柱擎天""冷雾雾森""时代旋律""夜颜荧螺"等十几个特色主题喷泉演绎，现场市民可以感受到声、光、水、雾上的艺术美。音乐喷泉将在每周双休日和节假日的晚上7时到8时之间开放。图为5月12日晚，祥鱼湖音乐喷泉隆重开放，吸引众多市民流连忘返。

特约通讯员 庄毅 摄影报道

---

## 昨新增确诊病例8例

国家卫健委16日通报，5月15日0-24时，31个省（自治区、直辖市）和新疆生产建设兵团报告新增新冠肺炎确诊病例8例，其中境外输入病例6例（上海5例，海南1例），本土病例2例（均在吉林）；无新增死亡病例；新增疑似病例2例，均为境外输入病例（均在

上海）。

当日新增治愈出院病例10例，解除医学观察的密切接触者745人，重症病例无变化。

境外输入现有确诊病例46例（含重症病例3例），现有疑似病例3例。累计确诊病例1698例，累计治愈出院病例1652例，无死亡病例。

据新华社

疫情通报

## 上海昨新增5例境外输入病例

本报讯（记者 左妍）5月15日0-24时，通过口岸联防联控机制，报告5例境外输入性新冠肺炎确诊病例。新增治愈出院2例，均来自俄罗斯。

病例1-病例4均为中国籍，是邮轮工作人员，5月13日自日本出发，当日抵达上海浦东国际机场，入关后即被隔离观察，其间出现症状。综合流

综合流行病学史、临床症状、实验室检测和影像学检查结果等，诊断为确诊病例。

病例5为中国籍，在阿联酋旅行，5月2日自阿联酋出发，当日抵达上海浦东国际机场，入关后即被隔离观察，其间出现症状。综合流行病学史、临床症状、实验室检测和影像学检查结果等，诊断为确诊病例。

"新民晚报"主任记者江跃中与施平合影

张园保护性改造，是我们肩负的责任和担当，估价师施平在征收过程中公平公正公开的估价功不可没。

**周惠珍** 静安区南京西路街道党工委书记、南西街道张园地块旧区改造专项分指挥部总指挥

用真心与真情，助力城市更新，用勤奋与刻苦，做好估价工作。

**朱　峥** 上海光启置业有限公司总经理、上海市徐汇第二房屋征收服务事务所有限公司总经理

估价师施平用真情告白，说出了他的励志故事，同时也表白了一个共产党员在职场上敬业精神。

**莫继林** 上海市长宁第三房屋征收服务事务所有限公司原副总经理

估价平衡，是一种能力，更是一种智慧。

**赵　韫** 长宁第一房屋征收服务事务所有限公司副总经理

施平、方豪在静安257基地对加油站单位进行
复估价格答疑

施平、方豪在康桥征收基地办公室听取被征收方
律师团队（李大军律师、徐新建律师等）的价格
申述并进行价格答疑

施平、方豪在康桥征收基地和李大军律师、
徐新建律师现场沟通答疑

施平、方豪在"延安西路古北路西南侧公共绿
地"项目对单位业主代表进行复估价格答疑

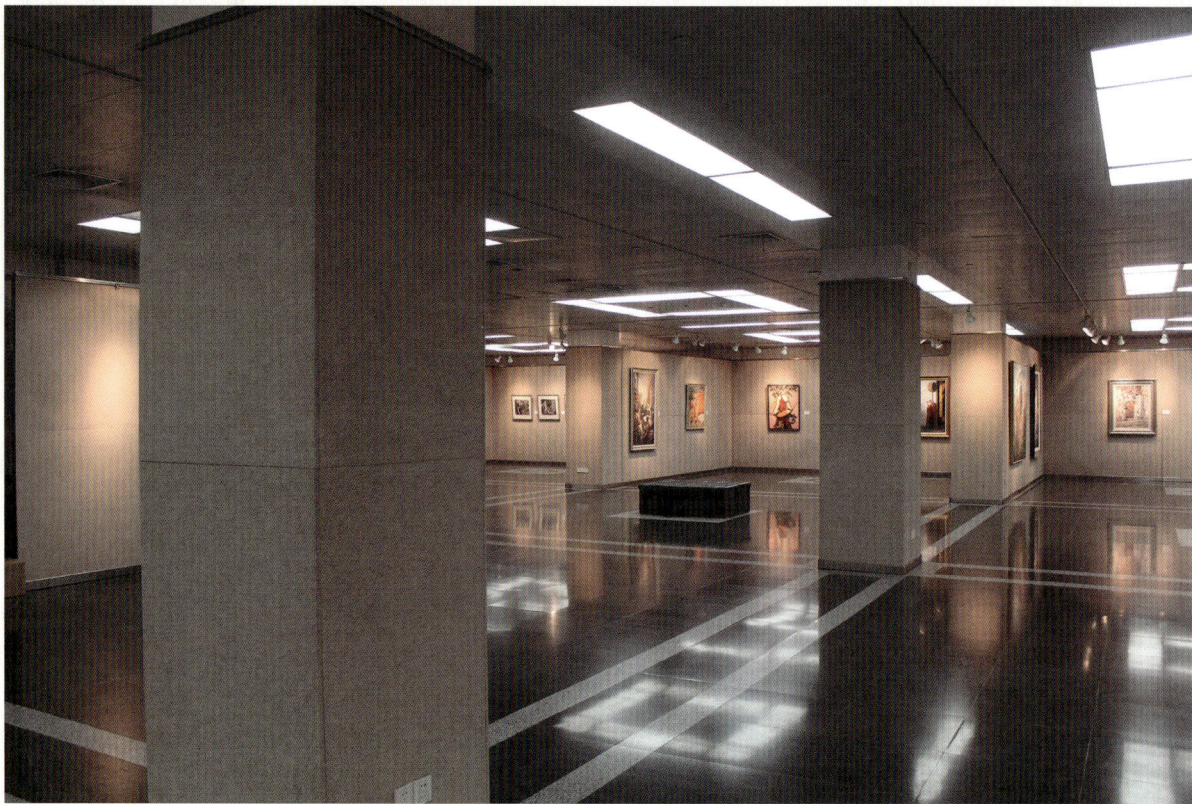
上海图书馆艺术展厅2楼

# 第四部分

# 估价，让城市更加美好

　　——当估价成为一种职业，估价无处不在。它可以是房产估价，能让城市更加美好；它也可以是艺术估价，让艺术为城市添彩！

　　张园的估价。张园是上海城市不可缺失的一张名片，是上海石库门文化之根。那么石库门文化、弄文化、巷文化到底又是怎么样形成与传播的？这里，曾经居住和进出过的有谁？人们又为什么会说在百年的上海，张园是一个让人充满传奇的地方？百年张园的文化品味，使我感到，用传统的估价法有失偏颇。对于张园来说，需要加上文化含金量。

# 城市更新与城市文化的潜能和魅力

在当下城市更新、此起彼伏的大规模的旧城区拆建与改造进程中，作为上房估价的一员老兵，几十年来，我深知城市更新、旧区改造于城市生活、平民百姓的重要与迫切，我也为上海地区的城乡风貌更新、居民生活条件改善、欣欣向荣的街巷里弄、"青山绿水"的建设感到由衷的高兴和自豪！但也非常担心在这一些地区、街区的改造在城市更新的过程中，受到时间、经济等各种因素的影响，阻碍或消失了的这一地区的历史文脉或文化的延续和发展，使其"文化森林"受到断层或断脉，这显然是违背城市更新、旧区改造的城市精神与街区历史文化的生态活力的初衷的，会非常令人心疼与惋惜。

源于十多年前的城市更新，留影添彩的《海派书画　百强经典》的一书出版。中国书画界的泰斗、海上书画的领袖人物陈佩秋为书题名。陈佩秋是"画坛巨擘汇山川毓秀鉴古开今，丹霞筑艺林丰碑环宇高华；修行集善以宽人律己慧眼后生，共进颂奇气清华标韵千秋"。她曾笑着对我说："房产估价"与"艺术鉴定"有相似之处"，都是有意义的工作。她知道我的职业是上房的一名估价师后，所以每一次见到我的话总要问问我上海的城市更新、旧区改造的最新的情况，这本《估价真金》的书名也是她欣然提笔亲自题写的，因此在这本的书中，我们将她在百忙之中为这座城市所题写一些字句都将之放在其中，希望让更多的人与我们一起分享陈佩秋先生对于我们这座城市旧区改造、街区建设的关心支持。

怎样去描绘上海这座城市发展与更新，怎样去留住或传播动迁街区的景象与动感？岁月流逝、时光交替，我们借助华东师范大学强大的文化底蕴，做起文化传播。起始于华东师大夏娃河畔一次书画展览，继而2013年的"虹桥机场JC艺术长廊"，通过城市更新多元化的艺术作品的展示，既丰富了中外旅客路途见闻，又彰显了海派文化的"艺术之窗"。在与华东师大汉语教育基地共同举办数次海派名家画上海的书画展："墨香丽娃"华东师大校庆60周年、改革开放四十年，海派名家画上海的"美丽上海·海上风情"等书画展；在上海图书馆、大世界、上海虹桥当代艺术馆等地举办的"名家艺海、百强传承"等各类画展，都是在上海这座大城市的街区旧坊的大更新、大发展的背景下创新聚力——展开文化发力的。

随着城市更新、旧区改造的日新月异，城市或街区在更新和改造的过程中，会加速这一地区历史文化及街区文化同质化新的形成。由我主编并出版了《书画投资与鉴赏—海派书画百强经典》《上海画上饶》等书。上饶与上海同姓，上饶以富饶为名。怎样来借助或借鉴有关城市的"青山绿水"的建设，来重塑我们城市的街巷更新、旧区改造，用先进的经验来克服、来防止一些地区的历史风貌、景观的流失，通过街巷改造的功能互换，将这一地区的文脉资源源源不断地激活或延续城市文脉的传承及发展，激活城市文脉的更多潜能和魅力，用城际交流的方式最终在凸显各自城市多样性、精神风貌的核心点来彰显和理性的来看待各市更新危房改造的好方法和好经验，也是为未来的城际交流、城市更新提供了最鲜活的好思路与好路径，因此在本书中出现的《一城一市·艺术先行》与《上海画上饶》这本书成功面世，在很大程度上也说明了城际文化的传播和交流，其形式的更新、重要或不可或缺，在书中由画家精心描绘和摘录的一些有关城际交流的物象和文字，其实都是海派画家精心之作，充满着时代的真实和活力，实现了"城市，让生活更美好"思想理念。

文化是城市的灵魂，旧区街坊里的一砖一瓦，无一不铭刻着岁月的光华、人心的冷暖，如何保留和挖掘城市文化的亮点，寻找城市更新与城市文化相融合的方法和途径，其实在每一处动迁毛地的历史文化的遗存，都是我们城市或人类最珍贵的精神财富之一，城市历史的空间和环境始终承载着我们城市的与记忆的希望，为了更好的留住记忆为上海的这座城市留影刻痕，由此，我在十年前携手海派百强的画家共同前行，希望能借助海派画家的力量来更好的添彩海派城市光辉，为海派城市的更新与改造服务。

过去的四十年，中国经历了人类历史上最大的城市化改造与更新，但是怎样站在更广义的定义上来看待一座城市的改造与更新，在城市的更新改造之中，怎样来保护和挖掘文化的潜能来重新的构建这座城市的广度和深度，这不仅仅是这座城市的容量和规模的改变，更是这座城市的思想或精神，由此我们努力的去这样做了，谨以此为备，真心地感谢这个伟大的时代，感谢上海这座城市的飞速地在更新和改造。

华东师范大学国际汉语教师研修基地

# 特别观察——高校与城市的一"艺"相承

　　我国房地产估价业经过二十多年的发展已初具规模，取得了辉煌的成就，我在近二十年的估价工作中，将估价工作的"真金"与高校的文化、城市的艺术紧紧相连，数十年来，我们在美丽的丽娃河畔，以海派百强的艺术成就为引领，实施以海派"艺术"为主体的创作思维模式，成功地挖掘、推出、保护、传承和发扬了一大批江南文化、海派文化、红色文化在城乡、在水乡、在梦乡的千年乡愁和百年芳泽，以一个"估价师"的特别方式，深入海派艺术的文化传承、人脉渊源及其相关的艺术表达，受到了业内外同行的普遍赞扬。

# "墨香丽娃"校庆60周年海上名家献庆画展开幕

　　《墨香丽娃》华东师范大学60周年校庆暨澳中在线海上名家献庆画展，10月12日在优美的民乐声中隆重拉开帷幕。上海市原副市长、上海市现代服务业联合会会长周禹鹏，华东师大原校长俞立中，副校长任友群，上海美术家协会海墨中国画工作委员会会长应鹤光，上海吴昌硕纪念馆执行馆长吴越，上海澳中在线文化发展有限公司董事长施平参观画展。画展开幕式由基地执行副主任张建民主持。

　　任友群在致辞中回顾了学校六十年的发展历程，简单介绍了校庆系列活动和基地的发展，阐述了画展在学校，尤其是在基地举办的意义，并感谢企业和社会各界对华东师范大学的支持。

　　施平认为企业文化与学校文化应该交相辉映，校企联合，搭建平台展示国粹，并表示会为教育事业的发展做出更大贡献。

　　应鹤光在随后的讲话中介绍了画展整个筹备和展出过程，肯定了此次画展的意义，认为此次画展艺术形式多样、展示内容丰富，既继承了传统文化，又发展了海派文化。

　　在开幕式剪彩之后，任友群代表我校为向我校六十周年校庆捐献《祝寿图》的周根宝、蔡筱明、刘汇茗、奚文渊、张志严等五位画家颁发了捐赠证书。

　　海上名家"墨香丽娃"画展是我校校庆系列活动之一，所赠《祝寿图》是18位画家笔会的精选之作，画展后将藏于我校档案馆。

　　适值华东师大建校六十周年，上海澳中在线文化发展有限公司特邀上海知名画家举办"沪上名家画展"庆祝华东师大建校六十华诞。师大首任校长孟宪承先生说："大学的理想实在就含孕着关于人类和文化的最高理想。"

　　澳中在线董事长施平正是本着这样的理念，追求者这样的理想，通过校企联合，让澳中企业文化与华师大的校园文化交相辉映。将整合集团资源，推出画家，让社会和更多的企业家了解画家，传播和弘扬艺术文化。给画家搭建一个展示的平台，就是为了扩大和提

任友群、刘汇茗、周禹鹏、施平、张建民

闭幕式大奖得主与施平、刘汇茗合影

高画家的知名度,使之能够融入世界主流文化圈。

"十二五"国家把文化产业作为优先扶持产业,文化产业必将受到社会越来越多的关注和重视。澳中在线会把握机会,以国家政策为导向,顺势而发,积极协调各种关系,一定会把文化产业做大做强。澳中强大的文化产业是丰腴肥沃的大地,画家们就是这大地上的一棵棵高大繁茂的大树。

用画家们饱蘸深情与激情的浓墨重彩再祝华东师范大学建校六十周年华诞!凤舞龙飞六十年,丰腴无语耸南天。呕心作烛燃薪火,沥血成章启教鞭。后优新骄争奋发,前贤宿典喜蹁跹。一流名校光华著,更起风雷展续篇。

(海上画家艺术网记者 郑嬿)

施平与现场艺术家们合影

施平、应鹤光

施平与华师大党委原副书记罗国振

施平与全国人大常委会原副委员长许嘉璐

施平与上海市原副市长周禹鹏

华东师大原副校长任友群、华东师大原校长俞立中、上海市原副市长周禹鹏、施平

155

# 首届"丽娃之春"海上名家艺术展

　　由华东师范大学和上海澳中在线文化发展有限公司联合举办的"首届丽娃之春海上名家艺术展"在经历了2个月的精心筹备之后，终于于2012年5月26日在华东师范大学国际汉语教师研修基地展览中心与大家见面了，此次画展我们诚邀了汪志杰、龚继先、苏春生、金正惠、王劼音、卢象太、刘小晴、陈逸鸣、车鹏飞、刘汇茗、任耀义、朱杰军等沪上十二位著名画家精心绘制的40余幅作品参展，为沪上的艺术爱好者与收藏家们带来一场专业的艺术精品盛宴。

　　整个画展就像一首交响乐，不同画种，风格各异的画派，共同奏响同一主题：自然之美，人心之善，时代之和。

　　汪志杰先生是新中国早期的油画家，他画布上的人物呈现的是一种祥和、从容、安定的平静状态，有着极强的艺术感染力。龚继先先生师从李苦禅、李可染等大师，他的水墨花鸟空灵、干净、大气、浑然天成，有着超人的想象力。苏春生先生出生名门，自幼受其父影响，故他画里的飞瀑泉流、云山雾水仿佛是得到了佛性的供养，引领着观者进入佛国仙境。金正惠先生的花，色彩相宜、神奇瑰丽、晶莹剔透、自然秀美，淡淡地弥漫着一种"幻"的感觉。王劼音先生的画不见宋元的"飘逸"、明清的"雅致"，而开笔就骨力奋张、刀劈火燎，在"无中生有"之间，平添了一种浩然之气、王者之尊。卢象太先生的画运用了诗歌的隐喻，创造了自己的绘画语境，颠覆了传统，提升了当代审美意味。刘小晴先生师从钱瘦铁、应野平、书善楷、行，画工山水。他的楷书端庄秀雅，如锥画沙，他的行书疾缓有序、墨韵飘逸。陈逸鸣先生笔下的"依春""金丝鸟"与"美人靠"里的"凤额、秀帘、冷烟、寒雨"等，给人留下了不可磨灭的印痕。车鹏飞先生的山水画笔势纵横，浓淡如云，远山近水，分明有序，高人韵士，悠闲散淡，笔底仿佛沉淀了千年的诗意与墨彩。刘汇茗先生是华东师范大学60周年校庆澳中在线海上名家画展主题画作者，长期潜心于中西绘画形式及民族文化形成的探索和研究。作品以抒情为主，色彩追求响亮、明快、厚重。任耀义先生山水山水、花鸟、人物都很擅长，是个多面手，近年来他的牛画颇具影响，他画牛的写生稿就有上千张，他笔下的牛憨厚却有气势、耿直但灵气十足。朱杰军先生他善于打破常规，他的作品诡异却现实、冷峻又华美，大多不在乎作品的形式、细节的真实，而赋予作品内在一种精

活动现场剪彩仪式

钱基春、陈逸鸣、施平

神，让人去感受去咀嚼。

　　如果此次画展能给美丽的丽娃河边平添一抹春色，能给大众带来精神上的愉悦，那我们所愿已足。以后我们会不断地举办各种不同类型的艺术大展，营造出更多更好的艺术空间以飨广大艺术爱好者。

施平、朱杰军、苏春生、卢象太

施平、汪志杰及施平家人们

苏春生、卢象太、施平、汪志杰、朱杰军

施平与现场艺术家们合影

当成功的企业家施平先生热心文化事业跨界投入艺术策展等领域时，人们对他很多"外行"做法并不看好。

办画展搞了个"百强"——圈内有人嬉笑："推出画家太多，画种太杂。"在每天有数万人流的机场候机大厅里设画廊——画家中有人质疑："乘客匆匆而过，会有人看吗？"在有百年历史的游乐中心"大世界"举办多个文艺讲座——有学者认为："这不是学术研讨的合适地方。"组织上海、上饶二地画家交流——"自家人也说不清，有何收益？"邀请众多艺术家参与弘扬海派文化"张园"的改建——行家担心："工作量太大，时间太长！"所有这些令人咋舌的扎根群众文化的活动，在十年中逐渐获得社会各界的赞许，电视台、报刊媒体也广泛报道。施平在十年中成为沪上知名的艺术策展人、文化生活的社会活动家。

他终于从外行成为内行！

**卢象太**　曾任华东师范大学艺术教育系油画教研组长、华东师范大学环境艺术研究所所长、教授、上海美学学会常务理事、上海国际交流画会常务理事

华东师大是教师的摇篮，也培养灵魂工程师。施平在丽娃河畔策展、办展，亲眼目睹了他为之的付出与辛苦！

**苏春生**　海派百强名家，华东师范大学艺术教育系原主任、教授

# "改革开放四十周年·海派名家画上海"
# 艺术展在华师大隆重开幕

  2018年9月28日上午十点半，"改革开放四十周年·海派名家画上海"艺术展在华东师范大学国际汉语教师研修基地一楼盛大开幕。

  上海纽约大学校长俞立中、华东师范大学党委常委、宣传部长顾红亮、上海市各地在沪企业（商会）联合会党委书记胡雅龙、上海市文联前党组书记、前主席李伦新、著名策展人施平及海派百强名家乐震文、韩伍、陆亨、苏春生、周根宝、张淳、吴超、赵葆康、齐铁偕、刘汇茗、王大宙、李辉、李存馀、平龙、朱杰军参与开幕。开幕式由华东师范大学国际汉语文化学院院长张建民主持。

  上海作为中国的"标杆城市"，勇立潮头，开放的环境让上海的文化、教育等事业迎来了春天。上海纽约大学校长俞立中在开幕式中叙述了改革开放给上海城市面貌带来了巨大的变化，也为艺术家提供展现自己才华的大环境，这两者的融合，很好的体现了上海的城市发展与上海的艺术环境，并强调人的思想、思想观念是人类进步的动力，此次展览中各位书画家通过自己的艺术作品来展示思想，故而在参与艺术展中题词《思想者》。

  华东师范大学党委常委、宣传部长顾红亮则代表华东师范大学欢迎各位嘉宾与艺术家的到来，并提出此次艺术展的成功举行不仅为华东师范大学营造了更加浓厚的校园艺术氛围，同时也衬托出华东师范大学艺术学科发展的蓬勃和良好趋势。

  紧接着，上海市各地在沪企业（商会）联合会党委书记胡雅龙介绍，"海派名家画上海"是"上海画上饶"活动的延续，"上海文化"品牌的建设不仅需要在座老师、艺术家，也需要社会各界共同参与，贡献力量，并表示期待日后的多交流、多合作与多学习。

  作为书画家代表发言的是海派百强名家乐震文先生，他表示，此次展览是在策展人施平先生的助推下完成的，是向改革开放40周年的一次致敬。中国的艺术家实现真正的自主是改革开放带来的福音与成果，呼吁艺术名家们共同为社会文化事业做贡献。

丁筱芳、牛犇、施平

乐震文代表画家致开幕词

顾红亮、俞立中、施平

施平、王大宙、俞立中

　　李伦新文联老书记则强调海派文化是一种标志与符号，他作为海派文化研究中心的发起人，参与出版书籍33册、研讨会60余场，希望大家对海派文化有所了解、更加期待，让海派文化特色更加鲜明。

　　施平先生作为本次的策展人，则回忆起七年之前在此地举办的"丽娃之春""墨香丽娃"等展览，表明澳中在线就是依托华东师大丰厚的人文底蕴，在这里起程。不忘初心，秉持匠心，表明澳中在线将为传统文化扎根时代、扎根人民而竭尽全力。

　　书画捐赠环节将开幕式推向了新的高潮。顾红亮部长为此次展览捐赠的书画家吴超、吴越先生颁发证书，吴超先生的书法作品《志不立、天下无可成之事》、吴越先生的国画作品《巨桃献寿》被华东师范大学永久收藏，获得了现场观众的欢呼喝彩。

　　上海纽约大学校长俞立中、华东师范大学党委常委、宣传部长顾红亮、上海市各地在沪企业（商会）联合会党委书记胡雅龙、书画家代表乐震文、上海市文联前党组书记、前主席李伦新与著名策展人施平上台剪彩，主持人宣布开幕式圆满成功，随后邀请各位领导前往展厅观展。

　　"海派名家画上海"艺术展由海派大师陈佩秋题字并作序："海派书画，砥砺奋进，走向全国，融入世界"。此次展览共展出40位海派百强名家的50余幅书画精品，囊括油画、国画、水彩、书法等不同种类。

　　展览分为三大部分。步入主题展厅，首入眼帘的是海上画坛艺术伉俪赵葆康与李辉合作的《思想者——上海纽约大学》，右边是上海作家武佩珧赋诗一首《思想者》。上纽大校长俞立中、华师大校长钱旭红分别为展览题字《思想者》《改变思维》，由海派百强名家王大宙、车鹏飞书写，《勤思》是由海派百强名家俞晓夫书写，均从教育的视角诠释改革开放四十年的成果——中国教育向国际化迈步；其次是海派百强名家刘汇茗创作的《老牛入党再出发》，以牛犇同志的形象与事迹为题材，从小人物的身上折射出时代的大情怀、大担当与大信仰，向建党97周年致敬。

　　第二部分在艺术展厅的长廊里，是"改革开放四十周年"上海十件大事系列作品，彩墨画作均由海派名家刘汇茗创作，画作题名由十位名家书写，其中海派大师陈佩秋、方增先和车鹏飞、乐震文、苏春生、周根宝等分别为上海世博会、浦东发展、上海地铁、洋山港、崇明岛、上海证券交易所等题写《城市，让生活更美好》《中国龙》《通向都市新生活》《世纪之港——洋山港》《东方绿岛——崇明岛》《上海证券》等，通过艺术的形式将上海40年来时代缩影定格在画面中，供观众欣赏，唤醒城市记忆，继续领航新征程。

第三部分为海派百强名家书画作品。海派百强名家陈逸鸣、袁淡如、方世聪、魏景山、卢象太、齐铁偕、张弛、丁筱芳、平龙、朱杰军等创作的均与上海近年发展息息相关的作品，从一景一物中勾勒出上海今昔风貌；名家后裔刘蟾、陆亨、程多多、唐逸览、陶为浤、王克文、王守中、吴超、吴越，海上画坛三兄弟韩敏、韩伍、韩硕及三姐妹张迪平、张雷平、张淳等的参与是海派文脉相承，风骨相承的见证；此次参展的书法名家周志高、戴小京、丁申阳、李存馀创作的作品均摘选自《习近平用典》（人民日报评论部/著）中的经典语句，为传统国学赋予新时代价值与意义，成为展览中的一大亮点。

（海上画家艺术网记者 樊夏夏）

施平在华东师大策划的展览，体现了改革开放四十年对于上海这座城市带来的变化，不仅是物质层面的巨大变化，更有精神、思想层面的巨大变化。

**俞立中** 上海纽约大学名誉校长、上海纽约大学原校长、华东师范大学原校长

2017年书展上施平组织的在上海展览中心友谊大堂签名售书，他邀请我也参加。在翰墨书香中，让我更觉读书的重要性，读万卷书方可行万里路。

**龚心瀚** 原中国共产党中央委员会宣传部常务副部长、中国人民政治协商会议全国委员会常委、全国政协文史资料委员会副主任

施平组织一班人马来我小区拍纪录片，请我谈谈如何传承传统文化。我大力支持并积极配合，让传统文化更为发扬光大！

**李伦新** 上海市文联前党组书记、前主席

非常感谢施平先生让我为华东师大《改革开放四十年》画展中创作的大幅油画《上海纽约大学》，我认为这幅画其所担当的历史及现实意义十分巨大，让博大精深的中国文化和教育真正地与世界的文化和教育相融合、去呼应或共享世界高等研究的教育，尤其是对国际化教育的创导所肩负的时代责任和历史担当不但是现实的，而且是真实的。

**赵葆康** 中国美术家协会上海会员、中国舞台美术家协会会员、上海华东师范大学艺术系客座教授

魏景山、施平

施平、杜明

施平、俞立中

黄卫斌、平龙、俞立中、施平

俞立中、张淳、施平

俞立中、苏春生、张强

著名策展人施平与海派百强名家合影

施平、俞立中与艺术家们合影

# 影视艺术家，牛犇

**牛犇**，1935 年出生于天津一个普通工人家庭。好可怜的他年幼时失去了父母。六岁时跟随哥哥到北京生活。11 岁时一次偶然在影片《圣城记》中饰演村童小牛子，之后又在《清宫秘史》和《火葬》剧中扮演儿童角色。几年后很幸运成为了上海电影制片厂的一名专业演员。

他从艺六十多年来，在舞台上塑造了不同类型的人物形象，参与了上百部影视作品的拍摄。最让他高兴的是两件事，第一就是多次荣获最佳男配角奖。第二就是牛犇已经 76 岁还争着有人抢，签约于华谊凯旋文化传媒有限公司，成为该公司旗下的艺人。

由牛犇演绎的银幕形象逼真动人，每个年代都有它的经典作品。其中 20 世纪 40 年代的《天桥》，50 年代的《龙须沟》，60 年代的《红色娘子军》，80 年代的《牧马人》，90 年代的《活着》等。也可以说这些作品陪伴我们几十年，带给我们的是感动和快乐。尤其是近年来出演的电影《铜雀台》和《远山的土楼》备受观众欢迎和青睐。

牛犇在书展签售现场

牛犇在书展签售现场

牛犇、施平

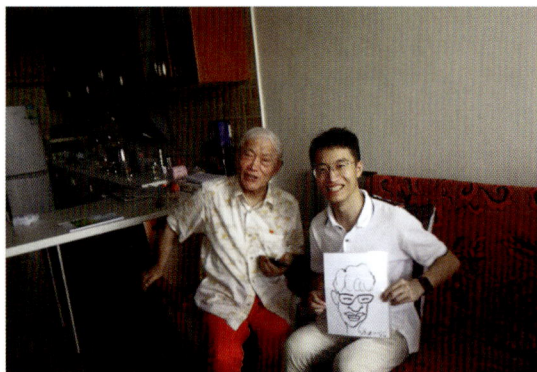

牛犇、施启帆

# 英雄城市　学习英雄

## 牛犇

　　三月,天气乍暖还寒。我们受邀参加澳中在线、海上画家艺术网举办的"上海画上饶"采风艺术行活动,与沪上十位书画家、两位作家同游上饶,不仅饱览婺源田野的自然风光,还在心灵上受到一次强烈的震撼,接受一次爱国主义的教育。这样具有规模的艺术采风活动在沪上都不常见,实属不易,同行有幸。

　　江西作为革命根据地,是名副其实的革命摇篮。井冈山在这里,方志敏在这里,上饶集中营在这里,有太多革命烈士在这片土地上英勇牺牲,也有太多革命勇士从这里诞生,走向全国。这是一座热血的城市,这也是一座英雄的城市。

　　上饶集中营是皖南事变后设立的,是法西斯式的人间地狱。里面陈列着部分刑具,麻绳、老虎凳、皮鞭、镣铐等,这些暴行如今只能在电视上才能看见,让人心悸!而当时的叶挺、新四军排级以上的干部都被关押在这里,难以想象他们是以革命的意志接受酷刑的考验。我在影视创作中曾"体验过"老虎凳,双腿绷直,腰身绑在十字架上,一次次垫高砖头,膝盖骨咯咯响,真的很难忍受!而烈士们在酷刑下,膝盖骨都断了,仍坚贞不屈。敌人的暴戾程度令人发指!我看到同行的年轻人,他们没有经历过那种腥风血雨,对这些刑具不知晓,只是走马观花看了一圈。我这里并无责怪年轻人的意思,他们不了解当年斗争的残酷。我只是希望上饶这样的英雄城市多对外开放,多多宣传,让年轻一代也了解新中国的来之不易,让他们的下一代人也能够铭记历史,学习英雄,记住我们的红色江山正是无数英雄抛头颅、洒鲜血而换来的。

　　方志敏纪念馆,陈列介绍方志敏烈士参加江西地方党团组织创建、领导江西农民运动闹革命、创建闽浙赣根据地和红十军团、狱中斗争的事迹。在参观时,我情不自禁脱帽致敬,中国正是因为有许多这样的烈士,才有了新中国的诞生。方志敏著作《可爱的中国》《清贫》等二十多万的文字,成为中国薪火相传的精神财富,正是有这样的烈士,将革命的星星火种,燎原中华。这不仅是上饶人民的骄傲,也是中国人的自豪。

刘汇茗、施平、牛犇、丁筱芳、周志高、刘蟾

武佩珧、刘汇茗、牛犇、施平、成莫愁

武佩珧、牛犇、施平、刘汇茗

朱杰军、牛犇、施平、赵毅

上饶行的艺术家们

刘汇茗书写《龟峰》

　　我对同行的人说，我们从沪上来上饶，参加艺术行活动，千万不要高看自己，要庆幸自己来到上乘富饶之地，感受质朴的乡风乡俗，感受为革命流血献身的英雄精神，他们都是我们要学习的对象。我们不能以经济的发达高低来定夺位置的高低。上饶近些年的建设与发展也在日新月异，高铁枢纽，大美上饶，上饶地理位置的优越尤为凸显。上饶市区高楼的林立，三清山机场的新建，婺源最美乡村的规划，无一不体现上乘富饶的新变化。

　　我们来上饶学习，接受爱国主义教育基地的洗礼去端正态度，力避私心杂念，才能看到这里的红山绿水，去瞻仰烈士英雄。脚踏实地向老区人民学习，为可爱的中国去奋斗。

　　方志敏曾在《可爱的中国》里呐喊"亲爱的朋友们，不要悲观，不要畏馁，要奋斗！为了我们伟大的可爱的中国，持久的、艰苦的奋斗吧"！愿我们在中国的建设年代，方志敏的声音仍在耳边响起来。我们每个人都应成为为中国的信息化时代而奋斗的一分子！

（摘自《上海画上饶》一书）

今天我看施平先生在华东师大举办的"改革开放四十年"画展办得还是不错的，特别是《上海纽约大学》这幅画画得不错，浦东是中国改革开放的热土，上海纽约大学在上海浦东的创建，她能带给我们许多思想上的东西，对我国的高等教育和通过什么样的形式与热情来弘扬海派的文化和艺术是有意义和价值的。

**牛　犇**　中国内地男演员、国家一级演员，中共党员，中国影协第五届理事

丁筱芳、牛犇、刘汇茗

牛犇和参与上饶艺术行的艺术家们

牛犇、任友群

牛犇、施平

牛犇、王大宙、周志高、丁筱芳

牛犇在上饶

# 众手捧书香，牛犇无傲气

成莫愁

我来到上海书展友谊大厅。下午五时光景，金碧辉煌的大厅一改昔日宁静，人声鼎沸。2017年书展《上海画上饶》一书开始了签售。

观众早已排成了长龙。坐在第一排的是上海与上饶一些著名书画家，他们都是该书的作者或是被采访者，是这场签售的主力军。书的主编、著名策展人施平先生主持签售，他捧着由陈佩秋大师题写书名并也签了名的《上海画上饶》一书，穿梭在人流里。

老领导龚心瀚来了，百老讲师团团长戚泉木来了，老艺术家牛犇也来了。牛犇头戴一顶白色鸭舌帽，身着浅色的夹克衫，露出招牌式的和蔼微笑。他一来到书展签售会上，立即被一批观众围住了，抢着要他签名与合影。

此情景，与春暖花开期间与牛犇老师同去上饶参观、采风多么相似！在上饶集中营瞻仰烈士时，牛犇表情肃然，他情不自禁地脱帽向英烈们致敬。书中一文他写道："希望上饶这样的英雄城市多对外开放，多多宣传，让年轻一代也了解新中国的来之不易。"去婺源采风，我和他分在同一组。他头上戴着油菜花编织的花环，活像个老小孩，与我们拉家常，谈笑风生，无半点大牌明星的架子。村民们见到牛犇欢叫起来，要求合影；众多游客也围着他，他竟然笑嘻嘻地与每个人合影、握手，不拒绝任何人。我们怕他累着劝他歇歇，牛犇笑得灿烂，风趣地说："我不能脱离群众！"……此刻，签售现场又出现了如同在婺源时的动人情景。请牛犇签名的队伍排得很长。正巧有位领导来了，工作人员忙拿着书请牛犇先给领导签一下，竟被牛犇婉拒了。他指着排队的群众说："他们都等着呢，一个个来吧。"

多么鲜明的性格，这就是可爱可敬的牛犇！这位曾获得金鸡奖终身成就奖的老演员，在做人从艺上树立了表率。牛犇新近入了党，习近平总书记给他写信，让他带动更多文艺工作者做有信仰有情怀有担当的人。牛犇住在浦东养老院里，当我们看望时，画家刘汇茗希望看看习总书记亲笔签名的信，牛犇捧出那只崭新的鞋盒，里面藏着他人生足迹——一些重要家庭档案、文件，那封珍贵的信放在最里层。他小心翼翼地取出信来，双眼闪动着盈盈泪光……

《上海画上饶》这本书是上海艺术家去大美上饶采风活动的结集。诚如著名油画家方世聪在书中写道："艺术是人类的灵魂之光，理性精神出上品，灵感思维出神品。我来到婺源，不仅感受到山美、水美、田美，更主要的是人美。"从上海到上饶工作挂职副市长的任友群也欣然作"跋"，他写道："'艺术是凝固的风景'，通过艺术的描绘，对于妆点现代城市和点缀秀美乡村将起到举足轻重的作用。同时'艺术是无声的语言'，通过艺术的展示，对于提升城市形象和加大城市推广将起到出奇制胜的效果。"作家武佩珧以诗抒怀："是我们的英雄把黑暗嚼碎了，太阳才升了起来。"精雅的诗句，扣动了读诗人的心弦。有言道："为物要能入画，为人要能入诗"。一本书一个人写，可以写得很优秀；而一队人写，高手云集，再加上为人亲和无傲气的老艺术家牛犇参与，众人捧书香，人人诗情入画，也为上海书展添了一道美丽的风景。

（摘自《新民晚报》2018年8月16日 第18版）

## 给我一首歌的时间

红孩

西安女孩王洁给我打来电话，说她刚从太白山下的一所希望小学回来。我问她什么去了，难道为我的散文电影风吹吧麦浪》去选外景了？王洁说，她是专程去的，目的只有一个，就是送书。我问，送的什么书？王洁说，就是我们喜欢的各种书，有200多本呢。

王洁是省广播电视公司的负责人，去年夏天，在陕西凤县采风时，我们相识了。在一路的交流中，我发现这个女孩对文学很痴迷。我问她是什么专业的？王洁说，她从小在农村长大，高中毕业考上第四军医大学，毕业后在一家部队医院。干了几年，一个偶然的机会，她弃医从商，专门做房地产销售，几年后便有了自己的车子、房子。在很多工薪阶层眼里，这些三十几岁的女孩算得上是成功人士了。可是，王洁却觉得自己的内心空落落的，每当夜晚来临，她便感到这世界变得陌生。思来想去，她想到了自己的许多童年往事。

王洁的父亲在省城工。

比真实尺寸大几倍的物体有一种令人恐惧的诱惑力。我小时候看过一幅叫做《怪物的画——海边，一群�不知在何时间停脚了动作，仰起头看天边的云形成的巨大魔怪——他顶天立地，高视阔步地踩踏着跟孩子们同一水平线的海滩。也许他就是云，只是形状恰好符合了孩子们对魔怪的想像。

奇诡的景象常常出现在海边。海的开阔辽远，天的明净碧朗，就算是沙的的得它现身的最佳背景。芳芳他们过了波士顿，开车到一个不太顺风的海边，赶上那里正在举办一个沙雕节，观者如潮。那摊巨细加此海盗的大船吸引了不少人，芳芳给它拍的照片也最多，船头尾各站着一个海盗，其中一个长胡子，可是没鼻子，戴顶大帽子，独立在白云蓝天下——这是艺术家在发挥他童年的余兴吧，另一个腰扎武装带，束头巾，外貌与船神那像但下一这是艺术家在表达他的理解：你以为海盗中诞生何个是思维实下。

我最喜欢的是这个，一对男女，离得很近地相对而立。他们都是老年了，男人还保持着刚毅的表情，但的人已经有点钩漉地牵着围住下半身的浴袍，女人也是垂着眼，在边脖子僵硬地雄下半

### 沙雕
蔡小容

她对母亲的记忆就是母亲始终戴着那顶大草帽。在一个孩子的眼里，草帽在哪里，母亲就在哪里。等她玩累了，再看那麦田，却发现草帽不见了。她光着身大喊妈妈，她寻找母亲，从一个草帽又一个草帽开始，此刻，她多么怕再也找不到草帽下那张熟悉的脸庞啊！

或许对童年的记忆太深刻了，作为同为母亲的王洁对孩子有着非同一般的感情。她近年一直关注失学、贫困、留守儿童，她每年都要拿出一部分钱捐给那些认识或者不认识的孩子。她甚至潜心正在写一部关于留守儿童的小说。每次去村里、学校回来，她都会心潮起伏，她嵌到，自己当初如果不是通过考学走出农门，说不定自己也是那群孩子中的那个童鬼。

王洁此次捐完图书后，告诉我，她想以我的名义建一个"红孩爱心书屋"，为孩子们捐书。我说，这个善举我完全支持，不过你得具体操作。王洁说没问题，她说她在文学圈里发倡议，让文学界都来为孩子们捐书。

我老以为口汉堡的美国人诞生不了诗人，以为他们国家的景色也是，漂亮得很，然而缺乏诗意和气韵，对着这么一样的景物我不相信他们会写诗。而这个埋头雕沙，我看不见他脸的年轻人让我想到，他们的国家他们的人，原来他们的心称赞中国画家凌叔华那种"朗通的心境"上和杜，不闻杂声喧嚣，一心，他是无形的沙。

结果获奖作品就是这对对立的男女，而不是被很多人看好的，造型宏大精工细刻的加勒比海盗。我奇怪我的眼光这同毕委主流是对了，跟评审团的眼光一致。我并不懂得沙雕，它不像雕塑是"减去多余的部分"——石头里藏着一个人，将多余的部分削去，使他显现——它是放的叠加。怎样把沙砌起来，怎样使沙立起来？这些等各于水的灵魂的人儿，它是沙吗？

而只须轻轻一拍，它们就会重新化为尘沙。他们隐喻着我们这些有真实呼吸的，却同样不堪一击的生命。

### 泾川人家（中国画）石峰

某公司，让公司的员工分门别类包装好，最后一起送给希望小学。

我本来以为，王洁的这个倡议也是找几十人响应，哪想，信以发出后，全国几百个作家纷纷把自己的或者有作家的书捐给孩子们，有的作家还让你在单位或，其出版社也一下就捐一千册。开始的几天，我以为不会有什么，一周以后，呼啦啦上万册图书接踵而至，这下我真不好意思了，常常干到深夜。王洁告诉我，有两个快递小哥，看到我怎么回事，后来快件越寄越多，关键是图书太沉，小哥真的有点儿搬着一捆捆图书不容易呀，每每看到他们搬着一捆捆图书进来，我都想好好地拥抱他们一下。此刻，我拥抱的正是在播放周杰伦演唱的《给我一首歌的时间》，我随即对王洁说，你要用抱，就拥抱他们一下，这就是歌的内容啊。

刘，其中一个小哥说，你小家里的才这么做，今天看你们这么说，我们也想表示表示，我们没有书捐，就每人捐100块钱。麻烦你们把钱捐给孩子们买几本他们喜欢的书呢。

小刘把快递小哥的事讲给王洁听听，王洁感动得买了。她想，这些年轻人也不知念了多少回书，特别是那两个快递小哥，每每看到别人搬东西他们都要上前帮忙，这是何等的好品质啊。几天后，当快递小哥知道王洁、小刘他们在自发组织向希望小学义务捐书活动后，他们被感动了，每人拿出100元钱交给小

我来到上海书展友谊大厅。下午五时光景，金碧辉煌的大厅一改昔日宁静，人声鼎沸。2017年书展《上海画上饶》一书时开始了签售。

### 众手捧书香 牛犇无傲气
成莫悲

我来到上海书展友谊大厅。下午五时光景，金碧辉煌的大厅一改昔日宁静，人声鼎沸。2017年书展《上海画上饶》一书时开始了签售。

观众早已排成了长龙。坐在第一排是上海与上饶一些著名画家，他们都是这套书的作者或是被采访者，是这场签售的主力军。书的主编、著名策展人施平先生主持签售，他捧着由陈佩秋大师题写书名并在签了名的《上海画上饶》一书，穿梭在人流里。老领导赵心澜来了，百名讲师团团长臧晟承水来了，老艺术家牛犇来了。牛犇头戴一顶白色鸭舌帽，身着浅色的皆克衫，露出招牌式的大蝴蝶。他一来到书展签售会台，立即围绕一大观众围住了，抢着要他签名。

此情景，与春暖花开期间与牛犇老师同去上饶参观、采风多么相似！那时，正好有位领导来了，工作人员忙着着请牛犇先去领导签名伴着成长。正巧有位领导来了，工作人员忙着看请牛犇先去领导签名。牛犇笑着说："他们都等着呢，一个一个来吧"。

的英雄城市多对外开放，多多宣传，让年轻一代也了解新中国这个不易"。去整面采风，我和他分在同一组。他头上戴着油菜花编织的花环，活像个老小孩，无半点大牌明星的架子。村民们见到牛犇都叫起来，要求合影；众多游客也围着要和他合影、握手，不拒绝任何一个人。我们怕他累着劝他歇歇，牛犇笑得灿烂，风趣地说："我不能脱离群众！"

多么鲜明的性格，这就是可爱可敬的牛犇！这位曾获金鸡奖终身成就奖的表演艺术家，在做人处世上树立了表率。牛犇新近入了党，习近平总书记给他写信，希望他把更多文艺工作者做有信仰有情怀有担当的人。牛犇信在浦东荣老院里，当我们看望时，画家刘汇艺希望着习总书记

笔签名的信，牛犇捧出那只崭新的笔盒，里面藏着他人生足迹——一些重要家庭档案、文件，那封珍贵的信放在其间的最显著位置。我来到婺源，不仅感受到山美、水美、田美，更主要的是人美。"从上海到上饶挂职副市长工作的任友群也欣然作"被"。"艺术是凝固的风景"，通过艺术的描绘，对于妆点现代城市和点缀秀美的背景。同时即"艺术是无声的语言"，通过艺术的融合，对于提升城市形象和加大城市推广将起到非常的效果。"作家武疆珧以诗抒怀："是我们的英雄把那暗哪记，精雕的诗句，叩动了读诗人的心弦。

有言道："为物要能入画，入画要入诗"。一本书一个人写，可算得很优秀；而一队人写，高手云集，再加上为人众多美与无傲气的老艺术家牛犇参与，众人捧书香，入入诗情入画，也为上海书展添了一道美丽的风景。

### 十日谈

毫不老人情系上海书展，请看明日本栏。

本版责编：郭影

蛤蟆和狐狸

有一天，蛤蟆在池塘边对其他动物大声宣扬说，我是个医生，会治所有的毛病，以后不管你们谁得了什么病，都可以找我。

狐狸听见后笑了，对蛤蟆说，你自己脚跟的毛病还没有医治好，什么还不来治别人的病呢？蛤蟆说，你这话可真没道理呀，谁规定自己身上有病，就不能给别人治毛病？你看到过有，我隔壁诊所那个戴着假发着的医生，自己掉光了头发，照样给人家看脱发，生意还来得好，这就是证明呀！狐狸不服气地说，那是这些人的聪明不好，你看出这个医生戴着假发套。蛤蟆笑了起来：你以为这就算是的呀！在他眼睛不好的人到处都是，又有什么关系呢，谁像你老人家总眯着眼睛盯着人家横着竖着，样样要琢磨个透，难怪不招人嫌呀！

### 新伊索寓言
徐慧芬

**看天不看地**

一位天文学家，每天晚上都要出去观察天上的星星。有一天他到郊外去，一心一意地朝天上看，脚步慢慢移动着，谁知一不小心掉到井里落入了……忽然听到人大声呼喊：救命！救命呀！附近的人听到他的呼喊声，赶了过来，问明情况后对他说，朋友，你用心观察天空的时候，怎么不看一下地上呢？

唉！天文学家叹了一口气，这也是我们搞事业的人，常常面临的难处呀，你想要成就一番事业，如果身心不专注，老是瞻前顾后，精力就会分散掉，最后就有可能一事无成。你若心无旁骛，全身心投入，最后就有可能成功，但也有可能会出现另一种结果，那就是在你走向成功的路，半道上已身不由己跌入七陷阱而不能自拔，这其中的得与失，实在与环境有关呀！

**公牛和车轴**

一头众牛拉着沉重的车，车轴吱吱嘎吱嘎吱的响声，公牛对车轴说，朋友，我吃力地拉着车走不叫你没花力气，为什么你叫得这么响呢？车轴说，说我没花力气，那是冤枉我了，只是没有你花的力气多罢了，难道你没听说过"会哭的孩子有奶吃"这句话吗？不信着瞧瞧。

果然到了目的地，主人听到车轴不停地叫，就拿了一桶油喂给了它，而公牛却没得到东西。公牛很不过，想起了"会哭的孩子有奶吃"，也就叫了起来。主人诧异了，对公牛说，平常你一向不叫的，今天连反呃，看样子要教训你一下了，于是挥起了鞭子，向公牛身上抽去。公牛挨了揍，只得忍着疼往它叫唤。主人走后，公牛想，以后还是乖点吧，谁叫我们一向老实惯了呢，这样多少可以不挨鞭子呀！

（转第版后的）

### 大学里的小黑屋
袁念琦

在海德堡大学，有个"学生监狱"，亦称"小黑屋"，它是全球唯一由大学主管和操办的学生监狱。

大学进围墙，小黑屋在奥古斯丁胡同2号，走之骑士酒店去走，只要十来分钟。它不是栋独立房屋，而是混迹于一排南北向三层民居中。这里有"牢房"5间，多配铁床，也有木床，四方小桌和靠背椅等，还有冬天取暖的火炉。有的是靠窗放小桌，桌两旁各一铁床。那钉立生间无抽水马桶用，长木板上只一桶。

小黑屋出现在海德堡大学建校437年后的1823年。进门就是楼梯，攀缘有粗糙拉起的简易扶手。关禁闭在二三楼，在第一款等平台有铁栅栏门。由此"入狱"的学生个个无例外，在此，此由进入涂鸦世界，涂满门厅、墙壁，上至天花板下至台阶

反面，唯有地板和楼梯留白。

涂鸦五彩缤纷，有字有画。黑颜料装地放料，天花板的黑色用蜡烛的灯照熏过，画上黑色用烛烟熏，其他颜色从外带来。画得最多是戴帽穿校服的半身像，有不少是肖像像，像像旁身注关押期，月份都用罗马数字，而年日用阿拉伯数字。有的只写年用，且有齐的，其中一位是1895年7月16至18日。为消磨禁闭的日子，学生除打牌、刻名于木等，都多的还是干墙上涂鸦、写诗作画。因墙面有限，涂鸦层层覆盖。

大学建小黑屋，因它在建校后的500年里，享有学生自主管辖权。对那些违反校规和破坏社会公共秩序的学生，因未触及法律吃不到官司，本国那时又无工读学校。于是，只能出此招，依"照行"轻重监禁2天至4周不等关24小时。吃4周重罚的，都因喝酒、每晚吵吵过度。轻轻的是：夜间狂欢或大声喧哗，在公共场合醉酒、斗殴、打碎路灯、品行不端……此外，参加兄弟会的同学，每次决斗后，都被判入狱"。

"学生监狱"毕竟不是真监狱，白天可"出狱"上课。进来前两天，只能吃面包和水。吃过"杀威棒"后，可吃外面餐馆或店家，朋友送来的食物，还能喝酒。在里面可串门，还能接待访友。小黑屋成了聚会乐园，谈天说地、结交朋友、饮酒作乐，甚至是大吃大喝。不少人仍然牢记能坐黑屋的日子，也因这进来后的言行加重，祸结结结连。无疑也是个难逃脱，到后来，一些学生故意意愿是非引入小黑屋，把校归打一次就是正式关押的。

没进小黑屋算不下，一跷名文生的科尔总理、作家凯勒舒曼和纳粹宣传部长戈培尔；他们中进过小黑屋的，小黑屋已不存在。

"一战"爆发，有九十历史的小黑屋于1914年关闭。有数据显示，小黑屋没开门以来，国内外学子奔向海德堡大学，截至2017年统计，在该大学读书、毕业、任教及研究过的人中，有56位获诺贝尔奖和19位获奖金奖，遥远高于其它欧洲大学，为当今世界最高科学奖项之一的莱布尼茨奖。

# 《改革开放四十周年·海派名家画上海》
# 十大事件

车鹏飞《通向都市新生活》（书法）
刘汇茗《上海交通建设》（国画）
合作　46cm×60cm

陈佩秋《城市让生活更美好》（书法）
刘汇茗《上海世界博览会》（国画）
合作　46cm×60cm

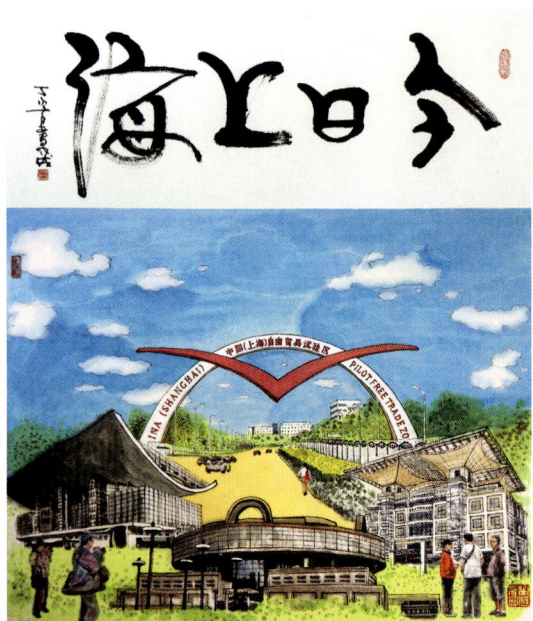

丁筱芳《今日上海》（书法）　24cm×70cm
刘汇茗《中国上海自由贸易试验区》（国画）　46cm×60cm

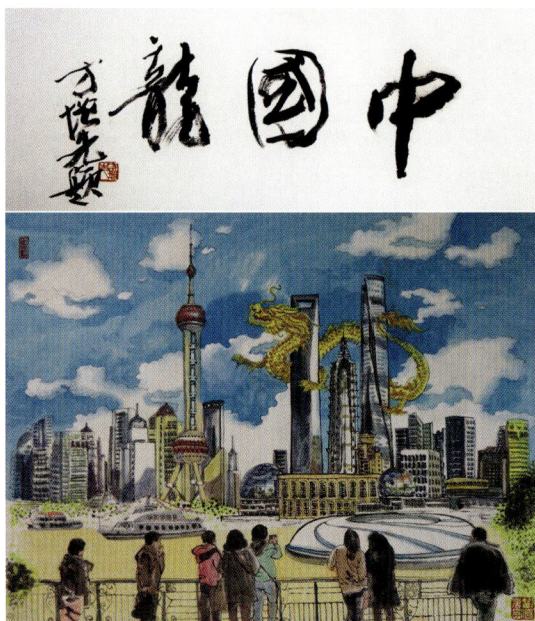

方增先《中国龙》（书法）　24cm×70cm
刘汇茗《浦东发展》（国画）　46cm×60cm

韩伍《欢乐世界》（书法） 24cm×70cm
刘汇茗《上海迪士尼》（国画） 46cm×60cm

乐震文《世纪之港—洋山港》（书法） 24cm×70cm
刘汇茗《上海洋山港》（国画） 46cm×60cm

苏春生《东方绿岛——崇明岛》（书法） 24cm×70cm
刘汇茗《崇明世界级生态岛》（国画） 46cm×60cm

王大宙《智慧城市》（书法） 24cm×70cm
刘汇茗《5G时代》（国画） 46cm×60cm

周根宝《上海证券》（书法）　24cm×70cm
刘汇茗《上海证券交易所》（国画）　46cm×60cm

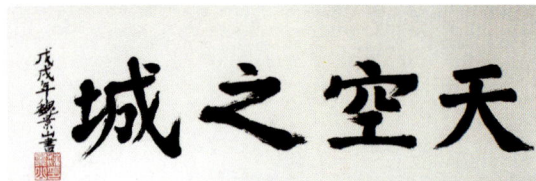

魏景山《天空之城》（书法）　24cm×70cm
刘汇茗《C919大飞机》（国画）　46cm×60cm

施平、王大宙、俞立中

施平、任友群、张建民

范军、施平、陈群

赵葆康、施平、俞立中

170

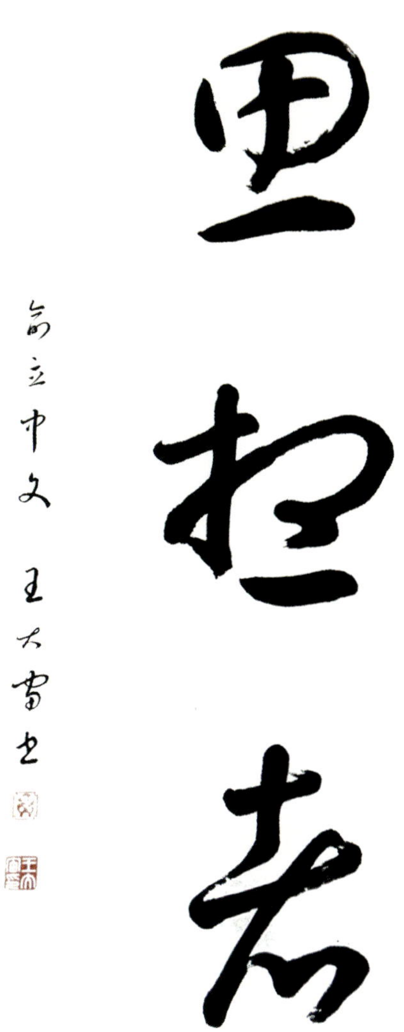

改变思维

思想者

俞立中 文　王大宙 书
《思想者》

钱旭红 文　车鹏飞 书
《改变思维》

# 情怀·信仰·担当

## 关于《老牛入党再出发》油画创作题材的文化及社会思考

刘汇茗 《老牛入党再出发》 120cm×180cm

### 一、关于习近平写给牛犇的信

  时代的车轮隆隆向前，十九大以来，中国共产党人的初心和使命，不仅激活了中国历史的思想进程、夯实了中国人的精神坐标，而且又一次地点燃或凝聚了国家或民族的梦想和希望。因此，牛犇的入党和习近平总书记勉励他的信才让无数人为之动容、感动，而这种动容和感动又与中国五千年来的发愤图强、砥砺奋进的历程是一脉相承又与时俱进的，因此，她对人心的震撼才是真实的，她对未来的影响才是深刻的。

  砥砺情怀、坚守信仰、勇于担当，为国家与民族的梦想描绘更加伟大和光明的未来，让艺术与文化担当起更大的社会责任和思想号召，正像牛犇所说："习总书记的这份勉励和教导，不只是给我个人的，也是给大家的，是给我们新时代的所有文艺工作者的。"实际上，牛犇的入党和习总书记的信，已经清晰地指明了国家或民族的梦想与当代社会人们对于情怀、信仰、担当的认识和重视，这二者相互的关联与作用，因此我们认为，油画《老牛入党再出发》的文化思考不仅就是艺术的呈现，溢于艺术层面更多的应该是对于社会的思考和对于未来的展望。

## 二、关于中国当前社会的情怀、信仰、担当的思考

作为一个从旧社会走过来的艺术家，牛犇在他一生的演艺生涯中，扮演的大都是小人物和小角色，但是，像牛犇这样一辈子矢志不渝地跟党走，几十年如一日的始终践行、坚定着的一种人心的向往和真诚，在一个又一个的小人物、小角色的身上淋漓尽致又身体力行地演绎出一个又一个的大情怀、大信仰、大担当，而这一种的情怀、信仰和担当，我们认为正是我们的这个社会所努力倡导和急切希望的。

认真领会习近平总书记写给牛犇信中的有关情怀、信仰、担当的勉励精神，让更多的人在牛犇的身上感受到国家的情怀、社会的信仰、民族的担当，始终把党和人民的事业放在第一位，更加自觉地像牛犇一样的听党话，跟党走，我们认为油画《老牛入党再出发》是有利于国家层面的大情怀、大信仰、大担当在能够在更广大、更普通的小人物、小百姓的身上再生根、再体现、再发扬的。

## 三、关于牛犇的人

牛犇他83岁入党不是一件简单的事，他生于民国，所历无数，所经无数，所看也无数，直到老了他毅然的还要入党，就他而言，没有一个坚定的人生信仰、没有一个坚定的初心品格，没有一个坚定的思想过程，没有一个对于我们这个伟大国家、伟大时代、伟大民族苦难辉煌的深切感受，他就不会在人至晚年仍向党捧出了一颗火热的心来，入党宣誓，你看他的双眼布满泪花，他的语音铿锵哽咽，他的面容恳切庄重，这是中国的一位老人唱给中国共产党的一首最美、最新的赞美之歌，如果没有对中国共产党执着追求和衷心爱戴，是很难做到这一点的。

这是一个有着丰富阅历的老人对于中国未来的选择和希望，也是一个有情怀、有信仰、有担当的艺术家面对人民所做出的庄严承诺，我们相信，他的这一行为不但会凝聚广大文艺工作者的思想、意志和热情，更大层面的会深刻到整个社会对于祖国的未来梦想的期许和实现。

## 四、关于油画《老牛入党再出发》创作主题思想的解读

### 1.创作主题思想

(1)迎接新时代　向信仰致敬

信仰，是人之精神的一种高贵、是人之品格的一种追求、是生死之间的一种坚信。

而出生于旧社会的文艺工作者牛犇，几十年来一直把中国共产党作为母亲，勤勤恳恳、矢志不渝，始终捧着一颗火热的心，像泥土一般的爱党、爱国家、爱人民、爱生活。更有习总书记在他新近入党后，在给他的信中说："希望你发挥好党员先锋模范作用，继续在从艺做人上作表率，带动更多文艺工作者做有信仰、有情怀、有担当的人，为繁荣发展社会主义文艺贡献力量"。信中的殷殷之意、淳淳之嘱，读后更是让无数人为之动容，所以我们觉得，在这个新时代，我们应该向这一位年逾八旬老人的信仰致敬，因为他的信仰让我们坚定了理想并为未来指示着方向。

(2)谱写新时代　向情怀致敬

"我志愿加入中国共产党！"在今年的6月6日下午，上海影城一号大厅，著名电影表演艺术家、年逾八旬的牛犇举起右手、握紧拳头，向中国共产党党旗庄严宣誓。现场有近千名

173

参加2018年度上海"电影党课"启动仪式的党员为他见证了这个光辉时刻。牛犇说："我人生中最重要的时刻，就是今天！"是的，共产党的思想体系，是推动人类进步、发展，近百年来已被证实的最辉煌、最先进、最美好的一种革命实践。面对如此珍贵一刻，我们认为，牛犇用他一生的信仰谱写新时代，我们也应该向这一位年逾八旬老人的情怀致敬，因为他情怀不但赋予了我们这个时代的骄傲，也更加重了我们这个时代的责任。

(3)守望新时代，向担当致敬

八一电影制片厂厂长柳建伟谈道，"牛犇几十年如一日矢志追随共产党终于如愿。习近平总书记在信中勉励全国的文艺工作者要有信仰、有情怀、有担当，是有极强的针对性和现实意义的"。牛犇说："我今年已经八十三岁了，就是不睡觉，可用的时间也不多了，但革命者永远年轻，只有跟着党，才能把有限的生命活的更有意义"，是的，党的十九大报告提出，没有文化的繁荣兴盛就没有中华民族的伟大复兴。而文化的繁荣、兴盛则一定要靠我们每一个人共同的努力和担当来加以完成和创造的。所以我们认为在这个坚定理想、谱写和守望初心的新时代，应该向这位老人精神和担当致敬，因为要繁荣或继续我们这个伟大的时代，我们应该拥有千百万向这位老人一样的信仰、情怀和担当。

**2.油画《老牛入党再出发》主题思想的画面解读**

(1)画面构建：

"牛犇入党再出发"真实入党宣誓影像的艺术再现

"一大会址"万众仰望的精神向往

艺术历程的影像铺展

强烈的视觉形象

燃烧的革命热情

互为烘托的时代精神

由此及彼的动感情景

由此尽可能地表现出这幅油画热烈的时代精神、炽热的精神光辉。

油画尺寸：120cm×180cm

(2)画家 刘汇茗

(3)其他说明：

施平、牛犇、龚心瀚与艺术家们合影

174

# 关于油画《上海纽约大学》
# 创作思想的解读

赵葆康&李辉《思想者——上海纽约大学》　180cm×180cm　油画　2018年

## 一、创作主题：

　　十八大以来，新一届的中央领导集体，带领全党全国人民积极应对前进道路上的困难和挑战，大力推进国家文化、教育治理体系的现代化建设，习总书记说："历史表明，社会大变革的时代，一定是哲学社会科学大发展的时代。当代中国正经历着我国历史上最为广泛而深刻的社会变革，也正在进行着人类历史上最为宏大而独特的实践创新。这种前无古人的伟大实践，必将给理论创造、学术繁荣提供强大动力和广阔空间。"

位于中国上海浦东世纪大道中心段北侧的上海纽约大学，她生根于世界东西方教育的大融合，即与中国五千年的传统教育血脉相连，又与国际化、现代化的教育理念息息相关，她的创世、应时而生，应对的正是中国教育从未有过、出现的大发展和新时代。

## 二、创作背景：

习总书记在中国文联十大、中国作协九大开幕式上说："一个时代有一个时代的文艺，一个时代有一个时代的精神。""实现中华民族伟大复兴是中华民族近代以来最伟大的梦想。"而上海纽约大学的横空出世，就是中国特色社会主义道路自信、理论自信、制度自信、文化自信在上海的体现。直面当代教育，唤醒城市活力，创建现代意识，要破解中国教育的短板、讲好中国教育的故事、传播中国教育世界性的价值，为中国的国际化高等教育或中国特色的高等教育改革提供示范田、试验区，构筑起具有国际化强力支撑的国家战略教育优势。因此，《上海纽约大学》所担当的历史及现实意义十分巨大，尤其对国际化教育的创导和影响所肩负的时代责任和历史担当不但是真实的，而且极具深远、直达未来。

## 三、创作目的

在文化脱离教育，教育被地域化、城市化、差异化隔离愈来愈严重的今天，怎样让世界感受到中国教育的传统化、国际化和现代化？怎样借助国际教育的新理念、新思想、新研究来铸就中国国际化教育的核心力量，让博大精深的中国文化和教育真正地与世界的文化和教育相融合、相呼应，去满足或共享世界高等研究教育"传承、创新、合作、发展"的新成果、新坐标，"上海纽约大学最具教育意义或有价值的地方，就是培养了学生学会了选择"。其实，上海纽约大学交给学生的不仅就是研究或是选择，还有国际化教育在上海的真实体现，更是中国实现"两个一百年"民族复兴教育梦的重要举措，国家文化大发展、大繁荣的盛世之举，文化、道路、教育自信的强国之念。

## 四、创作意义

浦东是中国改革开放的热土，上海纽约大学在上海浦东的创建，无疑是我国高等教育在上海为未来、为21世纪人类文化、教育的探索和造就贡献出了自己的力量，也是深刻理解"四个自信"在上海的重要体现，用海派文化的艺术来赞美"中国第一所中美合作办学、国际化大学"的创建成就，来传播"世界第一流研究型大学、国际性城市大学"的多元理念，来聚焦"全球第一家位于美国曼哈顿、上海陆家嘴金融、经济最集中发达地区""紫色联盟"在中国、在上海的高等教育学府，由此表现出上海文化、海派艺术注入中国教育的精气神，用艺术来更进一步引领、服务好城市的教育和发展，是具有海派文化独特的现实性和历史性的，是具有非同寻常的文化和艺术价值的。

## 五、油画《上海纽约大学》思想、主题及意义画面解读

1、画面形态：二重画，主要描写画中的人像与学校及其他的关系、想象、心境。

2、尺寸：180cm×180cm

3、画面设计：整图着重于表现虚与实、近与远、人与景、静与动的构图技法，画面的视觉语言为情感、信仰、想象，其中的画面影像特征元素为：

A.小女孩代表现在这个快速发展、生动、鲜活的城市或时代对于未来的想象和思考

B.黄浦江为地域

C.浦东代表这个时代

D.船体现繁忙

E.海鸥代表生动

F.画面主体为上海纽约大学仰视图：凝重、高大，负有神圣感

G.画面主体右下华师大门楼寓意为上海纽约大学之根

H.最远处的城市影像为曼哈顿，寓意画面主体、上海华师大、纽约大学的相互关联

I.画面主体的上海纽约大学墙棱最高处的光影代表灯光，指示人类教育的方向

J.置上海纽约大学于上海与曼哈顿之间，寓意学校与城市共同成长、Make The World Your Major（让世界成为你的课堂）的大学校训

## 六、油画《上海纽约大学》主创

主创单位：上海澳中在线文化传媒有限公司

项目策划：施 平

油画创作名家：赵葆康、李 辉

施平、俞立中与艺术家们合影

# 思想者

## ——致油画《上海纽约大学》

武佩珧

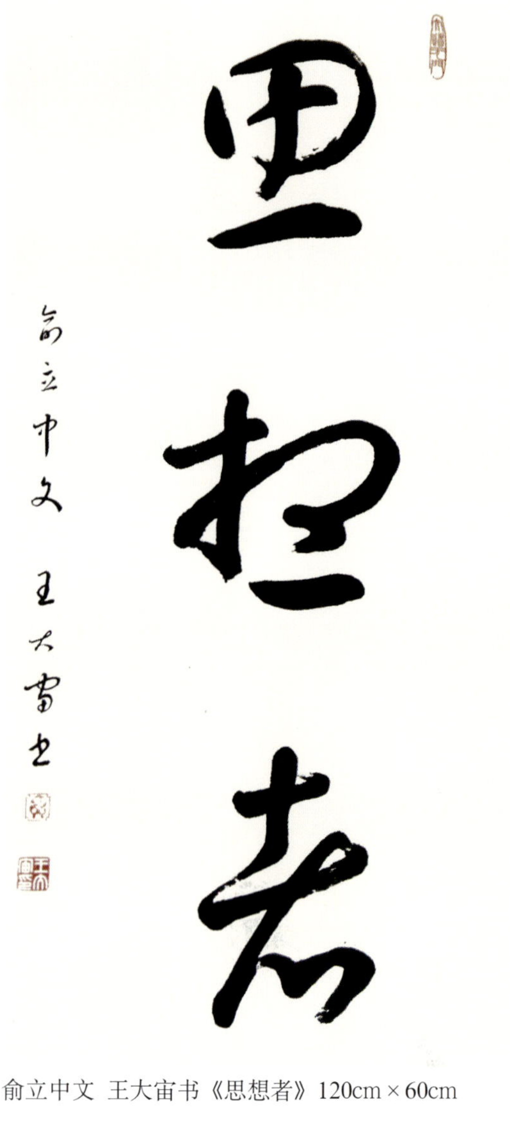

俞立中文 王大宙书《思想者》120cm×60cm

一

与高楼对视的
是江右、是浦西、是上海
是美至惊鸿、静如流体最年轻的
人或时间
就像一颗种子
她，想种下了另一颗种子

二

从哪里来，又要
向何处去
江水将人类切割成高原
平川乃至家乡
除了地幔，还有青铜
旭日东升，其色必赤

三

血，缘于思想的奔腾
她尽量地想把身体靠近远方
江水起伏
无数不同的理念、世界和课堂
追问着——来去
必求其上、立不易方

## 四

是的，远方是你的
田野、田园和花也是你的
选择和思想
心痛过一个个别样的灵魂
因为梦想着天空
所以要长出风一样的翅膀

## 五

一生只为一件事
寻找思想的力量
让五千年的光阴再一次地邂逅
年轻
创世的持灯者
紫罗兰——正在高处盛开

朱杰军、施平、俞立中、齐铁偕、王大宙

## 六

我在浦西的江右
看见了这个女孩
她问起了江东的学校，就像一颗芽儿
我终于知道近年的麦田
为什么抽叶、灌浆和结粒的速度
会如此迅烈，如爆

施平先生对于海派艺术的追求和推广是认真的，无论是他在大世界举办的海派文化的艺术讲堂或在华东师大汉语基地深耕的"一城一市　艺术先行"的城际交流新平台，都首创了海派艺术文化传播的新模式和新方式，这是有助于海派文化与周边在地文化的传播与合作的，对于进一步地弘扬海派文化、艺术其他城市的融合和链接也是有极具意义的。

**王大宙**　受邀筹备创建了华东师范大学设计学院，并被聘为首任院长，终身名誉院长，教授、研究生导师

海派书画·百强大展现场

# 书画同城——海派文化、艺术的最美表达

　　海派文化发源已久，如何将海派文化发扬光大？如何让海派艺术不断传承？又如何能让海派文化随着时代发展进步？城市因书画而更加精彩，书画因城市而迸发灵感与激情。二者相辅相成，缺一不可。我们所策划举办的"百年大世界·百强画传承"海派百强名家携百余幅书画精品庆祝百年大世界，将书画与城市牢牢相连，为人们传递艺术的魅力。除此之外，《美丽上海·海上风情》书画精品展、《海派书画百强大展》等等一系列展览，无一不是在推动着城市与书画相互融合。

# 《美丽上海·海上风情》书画精品展

"海"这个字，在中国所有的城市中与之最有关联的是上海，不但城市的名称中有"海"，而且在上海的别名中也有"海"。专家、学者在谈论上海的文化艺术时喜爱将上海称为"海上"，而近代在上海诞生的艺术流派被称为"海派"，已成为国人的共识。这次书画展以"美丽上海·海上风情·名家艺海"为题，可谓是集"海"之大成，主办方以"海"的名义汇集了一批活跃于中国画、油画、水彩画、版画等领域的艺术家的精品力作，从上海的地域特色出发，来展现这座现代化国际大都市的文化脉动与时代气息，从中透露出艺术家们海纳百川、追求卓越的艺术创造精神。

海上书画界著名艺术家陈佩秋、林曦明、韩敏、方增先、汪志杰、韩伍、李朝政、陆亨、苏春生、梁洪涛、杭英、卢象太、许艺城、周志高、韩硕、周根宝、马明玉、方广泓、程多多、卢治平、武国强、何承爵、何承锡、刘蟾、金义安、周长江、施大畏、成莫愁、黄阿忠、吴超、刘汇著、宋建社、谭根雄、丁申阳、吴越、李存徐、陈睿韬、朱杰军等悉数拿出各自的作品参展。从参展者的年龄来看，60岁以上的占据了参展人数的近80%，这意味着在各个艺术领域取得相当成就和积累了丰富创作经验的老艺术家成为这次书画展的主力。诚然也不乏在画坛上崭露头角的后起之秀。这样的一个艺术家阵营奠定了这是一个高层次的艺术展。38位书画家的130件作品以各具特色的艺术面貌集聚于一堂，使得这个"海"味横溢的艺术展呈现出各种美妙的色彩。

书画精品展开幕式活动现场

很难用简洁的词语来概括这个书画展的艺术特点，如果要找出些共同点的话，那就是他们在作品中都真诚地用自己的修养与技艺来表达自己的心声。我在碰到多时不见的画友时，常会习惯性的问一句，"最近在忙什么？"得到的回答几乎是一致的："我不画画还能干什么？"艺术创作一旦达到了这种与生命共存的境界，便会少了许多对艺术以外的东西的考虑，而成为艺术家生活中一个不可或缺的组成部分。他们的作品，无论是写意的，还是写实的，甚至是抽象的，其实都有两个参照物，一个是自然的，还有一个是自己心里

朱国荣与施平

丁申阳致开幕词

的。所以每一位艺术家画出来的作品应该是不同的，即便描绘的是同一个对象，由于每个艺术家的人生经历、生活体验和创作经验都不相同，所以他们在作品中表达的思想感情，乃至诗意、乐感、哲学、伦理等等都是不同的，而海派书画更崇尚艺术的独创性。观赏者在这样的作品面前获得的感受也就会多样而丰富起来。

　　"美丽上海·海上风情·名家艺海"书画展由"澳中在线"、海上画家艺术网与上海虹桥当代艺术馆联合举办，这是一种新型的举办画展的方式，将网上的传媒与艺术馆的展览实体结合起来。联想到近年来电子商务对实体商家在营销上的冲击，画展主办方的这一做法具有可借鉴的意义。虽然网上传媒不等同于电商，艺术馆与画廊在功能上也有所不同，但是当网上网下联合起来共同举办一个画展时，在对艺术家的推介、艺术作品的推广与营销上想必是能够起到一个共赢的积极作用的。这种做法亦将会推动传统艺术市场模式的创新，而更有利于艺术品面向爱好者和广大平民百姓。

　　由此来看，"美丽上海·海上风情·名家艺海"书画展既担负着弘扬海派艺术的社会效应，也有将优秀的艺术作品推介给市民的商业考虑。有人说，艺术是人类追求生活的最高境界。在倡导艺术生活化，生活艺术化的今天，让名家的书画艺术作品走进市民的家庭，一直是书画家的美好愿望，也是艺术品经销商的追求目标。"让更多的平民百姓知道艺术"，这对于提高市民的艺术欣赏水平，激发他们在艺术品收藏上的兴趣和热情，提升社区乃至整个社会的艺术素养，是有百利而无一害的。正因为此，九十多岁的陈佩秋和八十多岁的方增先两位老画家欣然同意为本次书画展书写题言和题词。

　　"美丽上海"这个曾被我误以为是表现上海的主题艺术展，实际上是一个综合性的艺术展览，它以其艺术的理想来丰富上海的文化内涵、增添上海的生活美愉度，使上海变得更加美丽。我有理由期待本次画展能够在上海的艺术展示与艺术营销上留下精彩的一笔。

书画精品展展览现场

书画精品展参展观众看画

方广泓、施平、卢象太、谭根雄

方广泓、卢象太、谭根雄、施平

马明玉、施平

何承锡、施平

刘汇茗、施平

施平、杭英

谭根雄接受采访

施平和何承爵何承锡夫妇合影

周长江致开幕词

施平与展览艺术家合影

# 名家艺海·海派书画百强大展
# 大美术　大融合　大文化

方增先　题字　《海派书画百强经典大展》

　　自改革开放之后，上海美术文化事业在不断发展，各类美术展会此起彼伏，传承整个中华文化中的文脉与文化精神。中华民族不仅创造了源远流长的中华文化，也创造出中华文化新的辉煌。

　　由"澳中在线"、海上画家艺术网和《上海艺术家》杂志等单位在上海图书馆举办"海派书画·百强大展"，阵容强大、内容丰富，汇百位画家中国画、油画、版画、水彩、书法等为一体，为沪上展览一大创举。方增先先生为"海派书画·百强大展"的题字将海派书画提升到一个新的高度。本次画展，相对于长期以来人们认为画展仅仅是美术作品的展览而言，是一次观念上的挑战。将各门类、画种、专业等美术作品置身于一个平台，又以纸质媒介出版书籍，每位画家有几分钟的"微电影"亮相，形成综合性的大美术；画家作品既可互相借鉴、吸收，又可彼此交叉、渗透，更是一次中西间的大融合；大美术、大融合究其核心，是让人们改变观念，更新视线，传承中华民族古而有之、继往开来的大文化。

　　这个平台内涵就是能容乃大，流派纷呈，体现海派文化与海派精神。我由衷期待海派书画能走出上海，面向全国，引起更多的关注；更期待海派书画能走出国门，走向世界，展示民族更为灿烂的辉煌！

　　祝画展圆满成功！

展览现场

上海图书馆艺术展厅现场

毛威主持开幕式

开幕式现场策展人施平致词

俞晓夫致开幕词

赖礼庠、施平

方世聪、施平

陈燮君、施平

金纪发、施平

施平、徐伟德

车鹏飞、施平

张雷平、施平

上海市美术家协会主席、
文联副主席郑辛遥与施平

施平、上海中国画院副院长陈翔

施平、汤哲明

施平先生联合多家单位，在上海图书馆举办"海派书画·百强大展"，共聚集海上画坛100位书画名家，规模之大，阵容之强，画家俊豪之多是有始来百不一见的，显示了上海城市文脉的传承性、包容性和前瞻性。

**陈燮君**　上海市文化广播影视管理局原党委书记，上海市文物管理委员会原常务副主任、上海博物馆原馆长，上海市文物博物馆学会理事长，上海市美术家协会理事，上海市书法家协会原常务理事，上海市第十三届人大代表，上海市政协委员。

施平多次上门拜访并请记者采访我。作为一位老画家，我对施平敬畏艺术，敬重画家，由衷赞赏！

**林曦明**　中国美协会员、中国剪纸学会名誉会长、上海当代书画院名誉院长、上海水乡画研究院院长、海上水墨画院院长、上海中国画院一级画师、上海大学教授、当代中国画大师、现代剪纸艺术家等。

欣闻施平同志出版《估价真金》一书，特此祝贺！几年前，施平先生曾在上海图书馆策划"高铁枢纽·大美上饶"——"上海画上饶"联谊展，扩大海派书画的影响，这次又通过几项业务工作和平时的艺术积累挖掘文化题材，让文化渗透和融入在平时的工作和生活中，这既是文化的根本，也是文化发展的方向。

**楼　赟**　上海图书馆（上海科学技术研究所）党委书记。

# 名家艺海·海派百强名家

陈佩秋

方增先

施大畏

周慧珺

袁淡如

张自申

邱陶峰

韩　伍

李朝政

王宣明

杭　英

陶为浤

韩天衡

徐文华

卢象太

刘小晴

万福堂

杨正新

赵　豫

金纪发

杨秋宝

邱瑞敏

周志高

韩　硕

张雷平

# 书画大展参展艺术家

高式熊

林曦明

韩　敏

汪观清

王克文

陆　亨

胡振郎

苏春生

金正惠

梁洪涛

方世聪

丁荣魁

许艺城

张迪平

唐逸览

张玉迎

魏景山

陈世中

应鹤光

夏葆元

马明玉

周根宝

方广泓

龙纯立

程多多

卢治平　　　　徐纯中　　　　董之一　　　　何承锡　　　　何承爵

朱忠明　　　　胡震国　　　　王守中　　　　俞晓夫　　　　夏予冰

赵抗卫　　　　马金龙　　　　黄阿忠　　　　吴　超　　　　陈燮君

齐铁偕　　　　张伟生　　　　刘汇茗　　　　王大宙　　　　宋建社

丁筱芳　　　　吴　越　　　　陈　琪　　　　朱鹏高　　　　李存馀

张　淳

夏　天

刘　蟾

江　宏

金义安

周长江

成莫愁

车鹏飞

陈逸鸣

徐伟德

戴小京

汪大伟

吴申耀

赵葆康

竹　军

乐震文

谭根雄

丁申阳

李　辉

张　弛

彭鸣亮

陈　翔

平　龙

朱杰军

王　曦

# 《书画投资与鉴赏·海派书画百强经典》跋

施 平

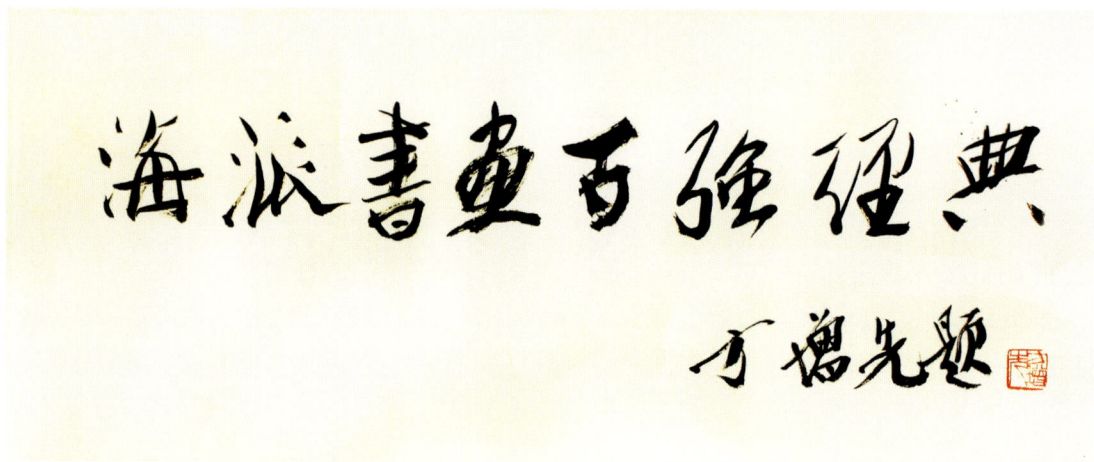

方增先题字 《海派书画百强经典》

## 忆梦

当有人问我，你的梦想是什么？曾经在孩童年代，我的梦想是当一名建筑师，在中国大地上建造许多许多漂亮的房子，犹如童话里的宫殿，让天下老百姓能住进去。房子里摆放着许多许多艺术品，包括许多许多色彩斑斓、构图精美的原创书画作品。美丽中国，美丽梦想。习近平总书记说："实现中华民族的伟大梦想，就是中华民族近代以来最伟大的梦想。"每个人也都有自己的梦想，人生只有一次，为了实现童年的梦想，做自己喜欢的事，我常常像飞蛾般身不由己执着而不放弃地扑向梦想的光明。

有位哲人说得好：每个人都有选择梦想和开始梦想的权利。

## 筑梦

丈量梦想与现实的距离，不断地脚踏实地去前行，需要付出艰辛和真诚、热爱与努力。梦，也要靠一砖一瓦来构筑。

作为策展人、"澳中在线"董事长，本着让高雅艺术走进大众的理念和追求，我从一位房地产的估价师，开始关心研究估价中国的书画艺术品，用心来打造海派书画的艺术平台，用求真、鉴今和专注去办艺术展览、艺术笔会、艺术推荐、艺术鉴赏、艺术评介、艺术传播等。依托华东师大深厚的人文底蕴和艺术文脉，潜入大海深处采集海派书画珍珠，发掘海派画家珍品。2011年为华东师大六十周年校庆举办了"墨香丽娃"笔会和画展，全国人大常委会原副委员长许嘉璐、上海市原副市长周禹鹏、上海纽约大学校长俞立中、华东师大校长陈群、副校长任友群参观了画展并给予高度评价；2012年"丽娃之春"艺术展汇集名家经典书画，《新民晚报》整版刊登；2014年在"虹桥当代艺术馆"集聚沪上38位书画名家举办了"名家艺海"书画展，沪上《新民晚报》等相关媒体相继报道；云洲古玩城"海上画坛·情系徐汇"画展和大型笔会每年举办五六次，让普通百姓也能收藏书画艺术作品；创办《海上画坛》杂志留给城市新的记忆和艺术风景，同时创办"名家艺海画报"，创办海上画家艺术网，展示表述画家的个人档案、专家点评、画家视频、作品信息和媒体相关报道；《纸上展厅》则以《中银尊享》杂志、精美台历、画册、拍卖图录等多形式、多渠道、全方位来展现画家的艺术才华、色彩符号。

上海虹桥机场艺术长廊"美丽上海·海上风情"精品画展则打破传统设限，在机场人流量超高的地方展示名家作品，与观众近距离接触。画展由著名画家陈佩秋先生题写"名家艺海"、著名画家方增先先生为画展题写"美丽上海·海上风情"，展出海上画坛元老汪志杰和著名画家卢象太、徐纯中、谭根雄、方广泓、方世聪（按时间顺序）等一系列精彩作品，引领中、西方绘画艺术与新潮艺术在融合与交汇中，开辟一条新的文化航线。

2013年1月，《解放日报》刊登我们组织的海上28位书画名家谈中国梦。韩敏先生说："如果有梦，就是'好好学习，天天向上'"。汪志杰先生说"如果说梦，我就想在每一幅画中，留下些更加美好的东西……"。陈燮君先生说："艺术家们在新一年里都能够快乐地画画，智慧地画画"。苏春生先生说："我的任务是把山水画的优良传统给继承下来，传播出去，继承、守护、创新。"他们说得多好！传播、继承、守护、创新，我的梦与画家的梦不约而合。

国际经济形势的好转，国内股市升温，使一些人赚了钱关注起艺术品的投资。与房地产投资、股票投资一样，艺术品投资也方兴未艾。在艺术品投资中，海派书画的投资不容小觑。艺术品和房地产一样成为资产已经是一个不争的事实。有不少参与者将艺术品视为投资工具，将收益作为主要目标，艺术品市场上也存在着大量的追求"短平快"的投机资金。

一次，在德国著名画家杨起画展研讨会上，遇到了《上海艺术家》杂志社总编周兵，聊起海派书画等得到他的共鸣。在欧美艺术品市场上，购买者将艺术品文化内涵和精神收益的收藏价值放在首位，购买艺术品的主要目的不是为了追逐短期的资金回报，而是长久的拥有。海派书画发源于上海，如何让海派书画作品更好地融入人们的生活？我们商议共同主办"海派书画·百强大展"，并出版一本《书画投资与鉴赏——海派书画·百强经典》一书。企业需要有百强，市场需要百强，海派书画也需要百强。

投资、收藏，要强调品质与性价比。要帮助书画爱好者和投资者进行前瞻性收藏，

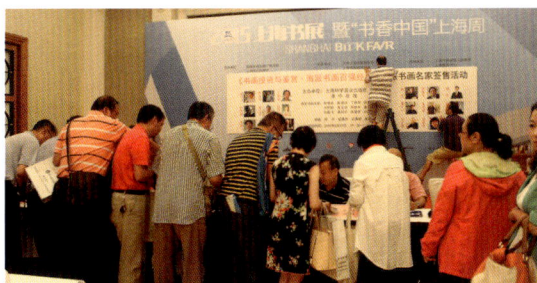

上海展览中心签售现场之一                    上海展览中心签售现场之二

把握收藏良机，发现别人暂时没发现的价值，买到真品、良品和物有所值的放心书画艺术品，既有收藏价值，又有消费价值，同时还有保值增值的功能。如何让百位书画家的书画作品与收藏投资人零距离地观赏，对接？如何让藏家和书画爱好者收藏到良品、真品和价廉物美、性价比、均衡性都较高的海派书画作品？成为我们举办百强画展的共同目的。

这是一项极其艰苦和烦琐的工作。我们没有按类似举办普通画展的方法征集书画作品。海派书画百强经典中的书画家，大部分通过画廊、拍卖行、大专院校、各画院、协会等资深名家的介绍、推荐，在选择上以点及面，又在面上多次遴选。以学术、技法、市场综合定位，我们选择学术上有特殊贡献的，未来有潜力和热点的，教学上有丰富经验有品质的，百姓中有口碑有市场的……综合各种因素，将当今书画家群中有突出成就或特殊才能的强者入围。我们将一些杰出的海派代表书画家请进来，还吸收一些强烈个性艺术特色的画家，同时，也吸纳一些"官衔"不大，不是地方或全国美协会员，但他们有一技之长，有潜在实力，在未来市场可能就是一匹黑马的书画家。艺术上的潜力股更是我们投资和收藏家们共同关注的。

我们的意愿得到了前辈元老的支持。我们先拜访了著名画家陈佩秋先生，她曾经用钢笔题写"名家艺海"，过了几天又让我们去拿用毛笔题写的"名家艺海"，我们将它作为"镇展之宝"。后来我们又特意去拜访著名画家方增先先生，原来想请他题"海上画坛·百强大展"，方先生特意指出："海派文化少不了书法"，他题写了"海派书画·百强大展"，接着又题写："海派书画·百强经典"。前辈的鼓励和支持使我们信心倍增，百强之梦得以延续。

我们的梦想也得到了画家的支持。在画展中可观赏到海派名家后裔从"艺"的特别现象，刘海粟的女儿刘蟾、陆俨少的儿子陆亨、程十发的儿子程多多、王康乐的儿子王克文、陶冷月的儿子陶为浤、苏渊雷的儿子苏春生、董天野的儿子董之一、吴昌硕的孙辈吴超、吴越等；还有兄弟联，韩家三兄弟韩敏、韩伍、韩硕，卢家两兄弟卢象太、卢治平；姐妹花，张迪平、张雷平、张淳；父子兵有汪观清、汪大伟；双胞胎何承锡、何承爵；还有……本书收录一百位书画名家，能让读者从多方面了解他们的作品和个性，了解他们的艺术经历和艺术特色，他们的唯一性和他们的亲情故事，既能提供参考，又让投资人智慧的投资，智慧的收藏。回避风险，寻找"原始股"，挖掘"潜力股"，使投资资产不失误，是所有爱好书画投资的收藏家所关心的，所需要的。

我期待和梦想着我们百强中能出现一个或几个如毕加索、凡·高、吴昌硕、齐白石等一样举世闻名的大师……

读者抢先阅读新书

读者排队购书

上海书城签售现场

上海书城艺术名家现场签售

## 追梦

岁月如梦。

作为追梦人，作为集广告、网络、杂志、画报、视频、展示、设计为一体的文化传媒公司掌门人，我将永远以真诚、专业、创新、分享作为我们的宗旨，让传统文化进入家庭，让高雅艺术进入公共空间、让"小众艺术真正走进大众生活"。为传承海派书画，让更多百姓进入收藏领域，让海派书画作品融入人们的生活，艺术品不再是人们心目中的"天价数字"，我们将提供更多更好的平台，以"互联网+"等多种跨界产业模式，关注海派书画家个人文化品牌的推广和展示，对海派文化进行区域性的开发和运作，多方面、多渠道地为书画家和投资人搭起沟通和互惠的桥梁。

我们将以专业和职业的专长让海派书画进入长久跑道，使投资收藏者长久拥有而不是以换手频率高，图一时新鲜而购买。如齐白石的作品，解放初期投入，而收藏到现在已是天价数字了。

中国艺术品市场已进入了国际视野。没经过几年已成为世界第二大艺术市场。海派书画的空间很大，海派书画新人辈出。市场资金在股市、房市和艺术市场轮动。股市套利，艺市抄底也将成为一部分投资人的选择。

陈启伟先生说得好："绵延至今，海派绘画已经形成了自己的风格，它是一面旗帜，具有独特的艺术精神，那就是：海纳百川，兼容并蓄；艺术生活化，生活艺术化。"

梦，不会仅仅是梦，是现实生活的开始。

愿这本书能对大家了解和投资海派书画作品有所帮助、有所收益。

愿人人都能美梦成真！

上海书城签售现场艺术家合影

虹桥机场JC-99艺术空间

# 城市窗口——每一座城市的荣光和胎记

　　每一座城市都有每一座城市的荣光，每一座城市都有每一座城市的胎记，如何打造海派文化的城市窗口，如何聚焦城市窗口文化温度，十多年来，我们怀揣着海派文化对于这座城市的梦想与热情，非常辛苦地实践着海派文化的宣传与传播，无论是策展：虹桥机场（美丽上海·海上风情）艺术长廊、大世界城市舞台特别是在《张园看世界》活动中组织的画展，还是在拍摄、制作《海通证券》的企业宣传片、《海通企业歌》过程中，我们都想真诚通过"城市窗口"的这一平台，努力地把海派文化在"城市窗口"的这一平台上去完成画家与画品的等待，城市与文化的造就。

# 虹桥机场JC-99艺术长廊

**以文化引领成就**

**以思想造就卓越**

陈佩秋

方增先

汪志杰

韩　敏

陈逸鸣

卢象太

林曦明

徐纯中

汪志杰《金华山记忆》80cm×60cm 1999年

人文之子　自然之美
时代画报　天下玉家
瓷都精藏　缤纷世界
文化精品　艺术精华

徐纯中《印第安少女》60cm×50cm

汪志杰《红宫堞墙上的历史伤痕》
纸本水彩　45cm×72cm　2012年5月

虹桥机场JC-99艺术长廊

# 虹桥机场JC-99艺术空间参展艺术家

**汪志杰**，1931 年 4 月 1 日出生于中国北平市，1953 年中国北京中央美术学院第一届绘画系本科毕业，1955 年中央美术学院第一届研究生毕业。1981 年奉命创办上海华东师范大学艺术系、出任第一届系主任、教授。1994 年游历欧亚大陆及部分非洲国家，1997 年回国定居作画。2012 年被评选为最具学术价值的十大"海上画家"。

**苏渊雷**（1908—1995），字仲翔，晚署钵翁。为当代著名文史学者、诗人、书画家。曾任华东师范大学教授，中国韵文学会顾问、中华诗词学会顾问、中国孔子基金会理事、中国佛教协会常务理事、上海佛教协会副会长、上海楹联学会会长、上海书法家协会名誉理事等。有"苏渊雷全集"（五卷）、"苏渊雷诗文书画集"问世。

|  |  |  |  |
|---|---|---|---|
| 卢象太 | 徐纯中 | 方广泓 | 谭根雄 |

|  |  |  |  |
|---|---|---|---|
| 方世聪 | 黄阿忠 | 王大宙 | 徐文华 |

万福堂

龙纯立

朱杰军

徐伟德

齐铁偕

平 龙

吴 超

袁淡如

韩 敏

程多多

夏予冰

陆亨

刘 蟾

吴 越

车鹏飞

苏春生

陶为泓

邱陶峰

何承爵

马明玉

周根宝

丁申阳

戴小京

李存馀

刘汇茗

何承锡

朱忠明

竹军

# 上海，是文人的客厅
# 机场，是梦想的客栈

美丽上海·海上风情

方增先《美丽上海·海上风情》 题词

　　《美丽上海·海上风情》海派文化艺术展，是近百年来虹桥机场为中外游客和专业人士带来的一场十分难得的海派文化的艺术盛宴。向人们展示的徐悲鸿、谢稚柳、汪志杰等海派著名画家，有的是"海派文化"的水墨之子，有的是华夏文化的丹青之魂，有的是当、现代或未来的海派大师、艺术名家，尽管他们的艺术成就如日月交汇、星像恢宏，代表着的是上海，但是它们的艺术指向代表着中国乃至世界艺术精品中最为美丽、生动，最富生机的那一部分，就此而言是毋庸置疑的。

　　海派文化历史悠久，海派书画星空灿烂。

　　作为中国文化发展的重镇，在机场的跑道上打造属于我们上海自己的文化绿洲，通过用海派文化艺术展的形式，来进一步地充分勾勒当下海派艺术、海上画坛的引领者和后来人，展示当、现代"美丽上海·海上风情"的人文艺术和人文景观，可以更好地体现出海派书画的前沿性、多元性和广阔性，让世界更多地了解海派书画，让海派艺术更快、更好地融入世界，实现海派文化的伟大复兴，这正是我们澳中在线、海上画家艺术网、JC-99艺术空间的梦想和希望。

施平、卢象太、汪志杰，袁顺周

施平与展览工作人员合影

施平、方世聪

施平与黄阿忠及其女儿合影

《美丽上海·海上风情》落户于得天独厚的虹桥机场艺术长廊，长期高品质、全景式、艺术性地再现当代海派一流画家的风采，从汪志杰、卢象太精品展到徐纯中油画个展，半年内30多幅作品先后与公众近距离接触，或历史深邃扳度写实，或唯美多情充满哲思，无论主题、风格如何嬗变，不变的是我们对独特性、对人文美、对学术价值的追求，始终如一。

谭根雄是一位学术修养深厚的先锋艺术家、著名文艺理论家。以个性说话，冷静、敏锐、特立独行的卓越的写实才华和多幅涉及历史题材的巨制，让他在油画界享有盛誉。《解放者》《破冰——中美<上海公报>》等先后被上海历史博物馆、中华艺术宫收藏，那些耗尽他20多年心血，极具收藏价值的《紫禁城系列》作品，让我们看到了现代语境下游走在混沌与秩序间的东方之心。

方广泓旅居巴西数十年，非凡的艺术才华，使其成为继张大千后巴西国家艺术馆馆长破例为华侨画家举办个展的第一人，曾获巴西国家文化艺术勋章。他的布画油画具有收藏价值，专注于撷取人生旅途的自然风景和心情，淡定讲述着真实的人性故事。《巴西渔港、《瓶花》感性浪漫，色彩奔放，却又本真地游弋于抽象与具象之间，流畅自如，能激起不同心路观赏者的共鸣水花。

这次"谭根雄、方广泓油画联展"，一个以历史凝思未来，一个用欢乐承接现世，融贯东西差异互补，又不约而同地将语境指向本土、指向当代，他们以充足的思想、发自内心的语汇和精彩创新的作品向世界发出声音：东方艺术，也有立于世界艺术之林的理由，油画不仅属于世界，也属东方！

羊年的上海五彩纷呈，羊年的画坛五谷丰登。本期的《美丽上海·海上风情》艺术长廊继中国著名实力派画家汪志杰、卢象太、徐纯中、谭根雄、方广泓之后，向各位隆重推出的是在法国被誉为继赵无极、朱德群之后的中国杰出油画家方世聪先生，我们从他身上看到了一种倔强的求索精神，和他所钟爱执迷的绘画世界。

方世聪擅长人物肖像。他在画人物形象时，经常被所画的对象感动，与对象一起创作，捕捉种种神韵、色彩和形象之美。他不但要描绘看得见的人，还要表现看不见的生命、宇宙、人和宇宙的关系、生命变化过程。方世聪学识渊博、铄古切今，是一位对中西方文化有着深刻研究和非凡建树的学者和画家，他的画在中华文明中获得创新灵魂，表现出山野间的一种平淡禅意和东方精神。这一切，缘于他几十年深受佛教文化和西方实践精神的影响，因此，他的画大自山水，小到人物，及其新的"宇宙人生系列"等等，观赏后都令人肃然起敬。比如就像这次油画展示中的《赵朴老》《沂蒙山小花》《大河细语》等等，自然天成物化万象，是一曲生命的赞歌，以具象来表现抽象的意义，开了"心象"派文人油画的先河。

　　JC-99艺术空间位于上海虹桥国际机场2号航站楼，是澳中在线携手海上画家艺术网、上海虹桥国际机场共同打造的一个让海派人文走向世界，海派艺术高品质展示的独特、稀有的平台，是高雅艺术进入公共空间的全新模式。它融合世界文化、精细本土文化、弘扬华夏文化，充分提升和发展了海派艺术的正能量。陈佩秋题词"名家艺海"，方增先题词"美丽上海·海上风情"，为上海虹桥机场JC-99艺术空间定下基本格调：海派文化博大精深，海派书画星空璀璨，弘扬海派人文，进入大众视野。

施平组织的虹桥机场画展，充分体现了上海精神，就是开放和多元，使我们走出上海走出中国，让更多的旅客能够感受到我们虹桥机场最具人性化服务的这种体验。

**景逸鸣**　上海机场（集团）有限公司原总裁

城市载道，繁复严密，郁茂而不迫塞。
施平平台，书画载道，用心细致，为让城市更美好！

**黄阿忠**　中国美术家协会会员、上海美术家协会常务理事、上海美协油画艺委会副主任、上海作家协会会员、上海大学美术学院教授、博士生导师

我有幸参加了施平组织的虹桥机场和大世界等一系列展览。水彩画也是画种中不可缺少的一部分。感谢施平对水彩画的重视！

**平　龙**　中国美术家协会会员，上海市美术家协会常务理事，上海市美术家协会水彩、粉画艺委会副主任，上海中外文化艺术交流协会水彩专业委员会会长，上海工程技术大学硕士生导师

施平接受电视采访

参展艺术家与施平合影之一

参展艺术家与施平合影之二

施平、徐伟德、朱杰军与记者合影

# 上海大世界

"大世界"位于西藏南路、延安东路交叉口。始建于1917年，创办人是黄楚九。以游艺杂耍和南北戏曲、曲艺为其特色，12面哈哈镜成了"大世界"独有的吸引物。新中国成立后曾改名"人民游乐场"，1958年恢复原名，1974年改名"上海市青年宫"，1981年1月25日大世界复业，定名为"大世界游乐中心"，同时保留青年宫建制和职能。"大世界"是上海最大的室内游乐场，素以游艺、杂耍和南北戏剧、曲艺为特色。从2008年起，为了修缮，大世界闭门谢客。2017年是上海大世界的建成100周年，上海市人民政府决定于2016年11月26日重新对外开放。

"大世界"曾经是旧上海最吸引市民的娱乐场所，里面设有许多小型戏台，轮番上演各种戏曲、曲艺、歌舞和游艺杂耍等，中间有露天的空中环游飞船，还设有电影院、商场、小吃摊和中西餐馆等，游客在游乐场可玩上一整天。

"大世界"的建筑颇具特色。它由12根圆柱支撑的多层六角形奶黄色尖塔构成。主楼分别由3幢4层高的建筑群体合璧相连，另有两幢附属建筑，大世界游乐中心由"游乐世界""博览世界""竞技世界""美食世界"四部分组成，推出了八大系列的游乐项目。特别是"竞技世界"中的"大世界擂台"及吉尼斯记录擂台赛引来了全国各地身怀绝技的高人。

刘汇茗《兴旺大世界》　136cm×68cm

# 百年大世界·百强画传承

## ——沁心春雨诉心言 百强百岁百年新

陈佩秋题《百年大世界》

都说"春雨贵如油"，2018年的岁首，淅淅沥沥的春雨在连绵不断地叙说百年大世界发生了一件从来没有过的事情，也就是前所未有，前所未有，前所未有。

书画艺术研讨首次进入大世界。

历经百年风雨的大世界，以崭新的面貌在雨中迎来了首批有着家学渊源、有着声名远播、有着不同凡响的大咖级画家，他们一一入座在大世界二楼戏曲茶馆舞台上，展开"谈艺论百年"，研讨畅叙大世界今昔，展示中华传统书画的国粹，和来宾交流东方艺术的经典、脉络、界定和百强画家的艺术信仰，以及百岁老人对大世界的真心话。

真是：好雨知时节，当春乃发生！

百强画家，百岁老人，百年大世界，串起了一个又一个艺术甘霖滋润和打动场内与场外各路来宾的故事。

第一场：重温父辈之路，再续艺术情怀

——"谈艺论百年"名家后裔专题研讨

首场亮相的是名家后裔，他们都是家学渊源的"画二代"。他们的父辈，用上海话来说，都是"PANG PANG响"的人物：吴昌硕、刘海粟、陆俨少、陶冷月，百年海派画坛上的一代书画大师。

在宽阔的舞台大屏幕上，轮番滚动播出海派百强名家的照片。两边柱子上，小型屏幕正在播送五位名家后裔的简介，在海上画坛，他们代表着新一代名家后裔发声。

父辈在风风雨雨中撑起了海派书画大旗，以传统的继承和发展为轴心，在现代多重审美的意识下，他们接过了父辈手中的画笔，将接力棒一代代传下去。

陆俨少大师的儿子陆亨先生首先作开场白。

他声音洪亮但不失深情地讲述了小时候父亲陆俨少带他去大世界游玩的往事，那是在1948年。他受父亲的熏陶，也爱上了京剧、昆曲。

作为大师后代，陆亨不能忘记父辈的艰辛和对艺术的不倦追求。他感谢这次活动的组织者，让他们能再到大世界来，谈艺论道，让中国书画艺术发扬光大。中国的文化艺术博大精深，五千年的文明培育了中国的书画大师，他们为祖国文化艺术做出了不可磨灭的杰出贡献。国家富强了，中国书画也敢与外国人"叫板"，一展中国书画的无比灿烂。

他说："我的父亲还有一句'四三三'艺术名言，意思是四分读书，三分书法，三分绘画。融合绘画、书法、诗文为一体。书画创作需要研讨的东西实在太多，活到老要学到老。"

陆亨先生在山水画创作中尤为重视传统的技法技巧。他运用父亲陆俨少所创设的"留白""墨块""流水"等技法，并通过自身学习研修以及生活的阅历，将作品中的生活气息表现得更为浓郁。"

接着陶冷月大师之子陶为浤拿起话筒，他是冷月画派嫡系传人。陶先生家学渊远，自幼父亲传授画技，后师从刘海粟、张大壮习山水、花鸟画，又向陈巨来、钱君匋习篆刻。他在艺术的道路上不断探索与创新，逐渐青出于蓝而胜于蓝。

听了陆亨先生发言，陶为浤先生以软糯的吴语缓缓道来："在我很小的时候，我的父亲曾经收过两三个书画学徒，然而他没有收我为徒。我曾三番五次恳请父亲教我，他便与我约法三章，如果学习书画的话必须听从他的教导。每次父亲教我画时，我都临摹十遍以上，不然他就不再教我了。父亲最先教我画梅花，梅花画了近三年。起先不理解，后来才知道父亲的良苦用心。只要学会了梅花，桃花、梨花也就自然学会了，原来画花都有相通之处。"

他还说，中国画与戏曲（特别是昆曲）异途同归，程十发先生就是喜欢唱昆曲。大世界当年定位是大众化的娱乐场所，今天论坛所在戏曲舞台，当年是曲艺名家的摇篮，不少成名演员都是从这里走向上海滩，闻名全国的。他和吴双艺的儿子曾在一次活动中遇见，吴双艺的儿子也有同感。陶先生建议，各街道、社区文化馆都有很好的戏曲人才，应该加以采纳，充分利用此资源，让他们到大世界一展身手。

话音刚落，海派大师刘海粟之女刘蟾女士接着说："大世界一个有历史意义的地方。大世界曾经是游乐中心，对于上海人来说具有非凡的意义，现在重新定位，从传统中发扬创新。这些经历让我想到我的父亲，他传承了传统的艺术，又融入了创新的理念。我父亲曾将把中国的艺术介绍到欧洲去，欧洲人见证了我们人文艺术的深厚底蕴，十分崇拜。我父亲一直说，这就是前辈们留给我们的文化遗产，如今他们在艺术上也留给我们很多东西，我常常在想，我们这一代会留给后人什么？我们很有必要去研究传统的东西，前辈留下的东西，多看、多学，才能更好地传承与创新。"

大世界活动专题背景　　　　　　　　大世界活动专题背景

刘蟾的母亲是上海一代名媛夏伊乔。刘蟾幼承庭训，琴棋书画都有涉猎。后随刘海粟习国画、书法技艺，开启艺术之门。生活中她耳濡目染父亲不屈不挠的艺术精神，影响颇深。

吴超、吴越两位先生为同胞兄弟。他们都是吴昌硕大师四世孙，吴超自幼从祖父吴东迈、父吴长邺习书法，后拜王个簃习金文、石古文体。1988年他赴日留学，多次在日本各地举办吴昌硕艺术讲座及画展，颇受日本观众好评，同时助力架构中日友谊之桥。

海派百强名家吴超接受上海电视台采访时说，祖上也一定来过大世界，大世界是一个海派文化的缩影。上海大世界容纳了许多文化，现在，他是吴昌硕文化艺术基金会理事长。他说，这次在党的十九大精神鼓舞下，根据习总书记的讲话精神，我们要把中国的文化传承和发扬，传播到全世界去。

吴超先生讲述了后一代如何传承和发扬光大老一辈的艺术特色，做艺术路上的播种人和耕耘者。

吴越先生为吴昌硕纪念馆馆长。他为首场开幕式剪彩。高高个子的他，在艺术上也追求高标创新。这位吴昌硕的曾孙，幼年受父辈祖辈亲传嫡授画技，后师从吴缶传人王个簃、曹简楼，专攻吴昌硕艺术，留学日本后，大力传授吴昌硕书画技法与艺品人品，为中日文化的交流。不竭努力。近年来，他一直在研究与传承祖辈的艺术。

他发言："在我们党的十九大号召下，我们的大世界重建竟然变得如此焕然一新，就像是一个'新世界'。这次专题研讨本质上是在弘扬我们中国的传统文化，为我们中华民族文化的复兴奠定基础，非常感谢策展人施平携手大世界举办的活动，我以后也会积极参与。作为上海人，我们对大世界情有独钟，现在我也60岁了，这里承载了我们儿时的记忆，在大世界百年生日之际，衷心祝愿大世界能够越办越好！"

名家后裔的发言佳句连篇，令人欣喜，激起台上台下的精彩互动。诗人武佩珧率先提问："见到名家后裔很感动，请教吴超吴越两位，我想求证你们祖先是否帮助过一代大师齐白石？"

吴超接过话筒说："我的曾祖父很喜欢和年轻人在一起，王个簃先生是我父亲的老师，我和我祖父、曾祖父住在一起，王个簃先生早上教我的父亲，晚上在我曾祖父这学艺。很多北方的派系都是从海派这边分流出去的，吴昌硕的艺术在全国都很有影响。齐白石刚开始画的是小写意，后经朋友建议学习吴昌硕的大写意，齐白石和吴昌硕虽然没有见到面，但齐白石对吴昌硕相当的崇拜，他们的艺术起了承上启下的作用。"

吴越接过吴超的话说："我们国家浙江省建立了第一个吴昌硕纪念馆，后来安吉，余杭，浦东陆家嘴纷纷建立了吴昌硕纪念馆。吴昌硕先生是海派书画的领袖，我们不仅要宣传吴昌硕先生德艺双馨的精神，而且要弘扬吴昌硕先生的爱国精神。我们和日本进行了一系列吴昌硕文化艺术宣传，东京的三个艺术馆同时举办'纪念吴昌硕先生逝世90周年'活动，让中国艺术走出国门，在海外得到弘扬，不仅是要弘扬吴昌硕艺术，还要弘扬中国文化，走出世界各地，这是我们的责任。"

台上台下，融成一片，有提问，有回答，还有引经据典，考证大世界的创始人，上海交通大学的教授与网名江姐的观众等人抢着向台上画家提问，研讨会成为思想上的碰撞与交汇，境界的拓宽与升华。

陆亨、刘蟾分别回答了观众的提问，就传统艺术如何与时俱进？相互引述参照。

刘蟾说："我的父亲刘海粟自幼在上海闯荡，17岁创立上海美专。很多人都推崇我父

施平、陈逸鸣、俞晓夫、卢象太

施平与艺术家合影

亲的画风，但他们都不知道我父亲是在外滩洋书局买画册来临摹油画的，并引进"model"一词，却被当时的风潮认为是"艺术的叛徒"，到后来国画的创作，也运用了以前临摹的基础，西画的技巧等，才创设了自己的画风，达到"洋为中用"，并且"受人尊崇"。

著名策展人施平先生听了大家的一番论述，深感开年第一件事，"谈艺论百年"研讨活动很有必要，办了一件很有意义的事。为了策划书画进大世界，他邀请了海派大师陈佩秋亲自题写主题词"百年大世界"，海派大师方增先亲自为海派百强题写"海派书画·百强经典"。此次活动由澳中在线、上海文化创意产业资源联盟、海上画家艺术网联合举办，将海派书画百强名家与大世界百年诞辰相结合，既契合大世界非遗的定位，又体现百年海派书画的传承。

他说："这次活动也是'上海世界非遗文化城展示展演活动周'一个重要内容。据不完全统计，上海有6万余名书画家，大世界又是上海的一个文化窗口，在大世界宣传海派百强名家，也是宣传海派文化。作为策展人，我期待通过宣传海派百强名家，海派书画能走

用艺术来更进一步引领、服务好城市的教育和发展，是具有海派文化独特的现实性和历史性的，是具有非同寻常的文化和艺术价值的。海派艺术怎样通过我们多元，敬重地心情来加以踏踏实实、认认真真地做好她，施平先生这本在上海科学普及出版社出版的《书画投资与鉴赏》还是写得不错的，对海派百强画家的描述和介绍还是有其独特的视角和理解的，有深度，就此祝贺施平先生。

**俞晓夫**　上海美术学院特聘教授、中国国家画院研究员、上海师范大学美术学院院长、中国美协油画艺委会委员

"艺术本身就是无界限的。在当今世界，其实设计师和艺术家本来就是一体的。任何艺术都离不开现实中的各行各业——"施平先生创办的上海虹桥机场JC-99艺术空间与上海图书馆等有关海派艺术的展示，让海内外人民越来越了解海派文化，让海派文化以更生动、更鲜活的形式走向各地，走向世界。这是一件非常有意义和了不起的好事情。

**陈逸鸣**　上海侨界油画家联谊会负责人、上海工程技术大学、上海视觉艺术学院兼职教授、"亦师亦友——海上画家联展"创始人

出上海，面向全国，引起更多关注。我更期待海派书画能走出国门，昂立在世界之林，展示中国的骄傲!"

上海文化创意产业资源联盟秘书长陈轩、上海市各地在沪企业（商会）联合会副会长兼秘书长黄耀，中国非遗总部常务副总指挥戴齐良等出席开幕式。海派大师吴昌硕曾孙、吴昌硕纪念馆执行馆长吴越作为代表上台参加剪彩仪式。

大世界露天广场上，雨还在不停地下。茶馆内，上海电视台忙着现场拍摄，主持人不失时机提问，整个二楼戏曲大舞台，洋溢着浓浓的学术研讨气氛，那些与大世界有关的故事，那些艺术上的研究与探索，犹如春雨，渗入听众的心田。

"渭城朝雨浥轻尘，客舍青青柳色新"。1月6日下午，修缮一新，致力于非物质文化遗产的"传承、传艺、传习"的大世界，迎来了一批当代百强书画名家。海派大师陈佩秋亲自题写"名家艺海""百年大世界"、方增先题写"海派书画，百强经典"。由澳中在线、上海文化创意产业资源联盟、海上画家艺术网联合举办的"谈艺论百年"书画名家在此展开第二场研讨会。场内与场外，台上与台下，形成以大世界为轴心，谈书画艺术与个人创作为辐射的别具一格的论谈，呈现海上画派的五彩斑斓，个性与传统的契合。

场内，在大世界2楼E区戏曲茶馆，上海电视台的摄像机早已选择好了最佳角度，投入开拍。下午两点整，海派百强名家车鹏飞、乐震文、韩伍、周根宝、丁申阳、刘汇茗及著名策展人施平步入台上。身后背景依旧是一百张百强书画名家的照片，也许，一百年的大世界应记住这一不能忘记的记忆，这里，曾经开过百强书画家研讨会。百强书画名家的代表来到这里，畅谈百年大世界，畅说书画艺术的起源与分合，也畅想未来书画艺术的纽带——如何不忘初心，心系大众，艺术香火不灭。

作为《朵云——中国绘画研究》杂志创始人之一，原上海中国画院副院长、著名画家车鹏飞率先开讲。他曾先后赴加拿大、东京等地举办画展他的"车氏山水"久负盛名，审美层次宽泛。既有文人气息，又游刃有余地化解各种传统，出笔高雅，清气满纸，形成自己独特的令人过目不忘的风格。他的艺术造诣和文学修养在画家中可谓数一数二。近年，他又创作了百幅书画来"画说唐诗"，被出版社专著出版。

海派百强名家车鹏飞接受上海电视台采访，他说话简短，声音十分洪亮，气场很足。他说："今天的大世界以崭新的面貌面对上海市民、全国人民，乃至世界人民，我感受到了新气象，首先它修旧如旧，目前很多场馆有待开展，但依旧能看出它对民间艺术还有传

大世界现场表演

212

研讨会现场

研讨会现场车鹏飞发言

统文化的传播与传承。"

海派百强名家乐震文是上海海事大学徐悲鸿艺术学院院长，原上海书画院执行院长。他从中国传统山水画起步，追寻于李唐、范宽，觅迹于远山、幽谷，他的作品中常见山水的清幽，人文的气息。在国画书法界颇具成就。

他接过话筒回忆道："今天，是我相隔半个世纪再次进入大世界。我小时候来参观过，家离得近，家族团聚的时候会过来玩。那时候，我们这群小孩子每个房间乱窜，看话剧、听评弹，晚上六点的大舞台开始杂技表演，十分热闹。后来因为"文革"，就再也没来过。在参加此活动前，我与朋友谈到大世界，他说大世界给他的记忆也很深刻。以前大世界定位是游乐中心，这里有很多艺术表演形式。我最爱的是评弹，一听就是好几个小时，这些江南的记忆，给我留下很深的印象。现在回想起，我们这些画家除了向海派老先生学习之外，还受到江南的、上海中西杂糅的文化熏陶，所以我们的作品常带有江南细腻的、细致的、变化万千的元素。如今，50年后再来大世界，感慨颇深，表面上看上去很现代，实质上是修旧如旧，令人熟悉，引人回忆。"

他的话令同座韩伍先生也联想起小时候逛大世界的情景。

八十多岁的韩伍，著名画家韩小梅之子，自幼耳濡目染书画技艺，与其兄长韩澄、韩敏、韩山、韩硕四人誉为海上画坛的"韩氏五虎"。早年随钱延康、朱怀新习西画，后随程十发习中国画，在自己的创作中常常融合中西技法，以笔墨来渲染人物造型，清纯活泼，富有文学才情和童真情趣。韩伍笔下的人物形神兼备，跃然纸上，整体画风严谨却又不乏风趣，散发出一种趣味盎然的气息。

韩伍不无动情地说："大概五岁时，我与祖母来过大世界，那时候的大世界每个场所人都很多，十分热闹，节目编排也十分精彩，扬剧、淮剧、评弹、京剧、电影，还有各式各样的杂要。但是今天，现场看上去有点太安静了。"他希望"将来能在新的形势下，能在新的城市建设下，大世界能越办越好，能吸引更多的人来到大世界，也希望我们的海派艺术越来越繁荣。"

周根宝画戏曲人物富有创新意识，了了数笔，富有动感。他毕业于上海美专，是陈逸飞的同学，师从谢之光、程十发、方增先等大家，曾在上海博物馆任职，后调入文化局成为"戏痴"，创作戏曲人物画一发而不可收拾。

周根宝快人快语接着说"今天在大世界举办这样的活动，我想是它建立以来的一个创举。我们上海人常说'白相大世界'，既然如此，绘画、书法是我们中国传统的文化艺术，在这里是一个起点，希望可以传承、发扬下去"。

"作为地道的上海人，我与大世界情感很深厚。我画戏曲人物画也是与大世界密切相关的，因为我所有印象深刻的戏都是从大世界起源的。中国的戏曲博大精深，它集中反映了我们中华民族的哲学、文学、伦理、道德、观念，而且在戏曲里能学到很多东西，例如《锁麟囊》教会了我们'善有善报，恶有恶报'。我们常说'不来大世界，枉来大上海'，那时候确实是十分热闹的。我个人认为大世界的定位应该是全民同乐，全民参与。我们要把传统的东西恢复起来，京、昆、越、淮、沪所有地方戏都可以来唱，欢迎草根来唱，京剧明星王少楼就是从大世界唱出去的，我希望大世界能够成为培养明星的摇篮。"他一口说了许多心里话。

　　海派百强名家丁申阳是上海书法家协会副主席，从楷书入门，以草书见长。曾担任上海电影制片厂高级美术师，为电影《邓小平1928》《走出西柏坡》等主题影片题名，受业界好评，从此声名鹊起。常年来，在实践中临习怀素、黄庭坚碑帖，不仅习得怀素书的左驰右骛，还练就黄庭坚字的温润婉转，且将二者融合，变化万千，才情横溢，在业界颇受佳评。

**海派百强名家丁申阳接受上海电视台采访**

　　他非常感谢施平先生的策划，说："让我们聚集在这里漫谈大世界印象，大世界从建立到现在已经整整一百年，见证了上海的兴衰与起落。1974年，大世界改为青年宫，上中学的我来参观过，很是兴奋，不论是戏曲、杂技还是舞蹈，形式多样。这里的建筑与周围的建筑相得益彰，且离南京路近，成为上海最著名的地标。这次进到大世界里面，门牌与装修等都未曾改变，只是改变了里面的内容。刚进门时，看见小摊上有写字、画画的，个人感觉这与大世界以往品味不同。"他谈了个人看法："大世界并不是大杂烩，我们要的是高雅的艺术走进来，来提高我们广大书画爱好者的鉴赏水平。从书画的角度说起，我们一定要从基础抓起，从传统的抓起，从大世界这个平台推广书画艺术，让大家爱上这门艺术，这也是我们的责任。"

　　刘汇茗是上海师范大学艺术学院研究生，现为职业画家。在国画、油画、水粉、水彩等都有涉猎之后，长期潜心于西方绘画形式与中国传统水墨形成的探索与研究。他最为擅长的是现代彩墨画，追求整体色彩明快、鲜艳，而在表现手法上汲取各领域的营养，书画作品常散发出浓郁的生活气息，此次参展的作品也不例外，用笔墨勾勒出和谐美好的大千世界，享有"艺术的混血儿"之誉。

**海派百强名家刘汇茗接受上海电视台采访**

　　他说："我在学生年代，大世界已经改作青年宫了，这次来看，这里的结构没变，但是不如以往热闹。个人认为大世界消费人群考虑年轻群体，能扩大人流量。大世界作为一个平台，可以聚集一些'草根'来演出，以较少或者零出场费吸引五湖四海的人参与。"

　　他建议："我们在这里办一些书画讲座还是有必要的，做一些公益的讲课，策展人施平拥有百名画家资源，可以考虑一下。"

　　整个研讨会现场氛围活跃融洽，尤其是观众提问环节，更是将整个研讨会推向高潮。诗人金瑜与海派百强名家探讨起大世界在中国近现代史上举足轻重的地位，他说，"我对大世界印象最深刻的是两条，一、不来大世界，枉来大上海。走进大世界，就是百感交集地走入了历史的隧道。非物质文化遗产是大世界的一个闪光的缩影；二、我印象深刻的是

周根宝接受上海电视台采访

丁申阳为现场观众释疑

大世界的哈哈镜。上海，有个别称叫魔都，它魔在哪里？它是上海的文化的缩影，是魔术的，是变形的，是欢乐的。找到第二个自己"。他的话引起了一代人的回忆与思绪。更有关注画家作品、关注书画传承的观众，提出戏曲如何融进艺术，海派名家一一作答。研讨会全程众所畅言，精彩纷迭，发言踊跃，各种思辨和谈资将场内的气氛推向高潮。

著名策展人施平被场内百强名家和热爱艺术的观众深深打动，他说："大世界是传统文化集聚地方，也是上海一个重要的文化窗口。海派书画博大精深，源远流长。我希望今后有更多的海派百强名家走进大世界，集聚大世界，让书画艺术在大世界扎根，开花。也希望百姓能经常走进大世界，成为一种生活习惯，享受艺术的美感。我相信，百姓逛大世界今后一定会逐渐成为接受艺术熏陶的一种生活方式，一种时尚。"

场外，记者采访了百岁画家袁谈如。袁老在1987年由上海市人民政府聘为上海文史馆馆员，他擅长丹青，花鸟、山水、走兽无不精美。那时在上海美术馆卖品部，他画的四季通景等外宾订单频频。如今尽管年届百岁，也一直关心着大世界，想来逛逛大世界。主办方考虑年岁问题，没有完整措施不敢轻易相邀。袁老像孩子般地说："我年轻时来到上海，大世界是我经常去玩的地方。只要买两角门票就能进去。里边看的、听的、吃的都有。我最喜欢在这里听戏了，形式多样，我钟爱听评弹，这种江南韵味十分古朴，与我喜爱的江南风光很契合。日后有机会，我一定要再去白相大世界。"

上海华东医院，一百零六岁的老施平一直惦记着小施平的到来。见到小施平，老施平高兴地坐了起来。

老施平是德高望重的革命老前辈，后担任上海市人大常委会常务副主任，华东师大党委书记。他一直重视教育问题，也十分喜爱书画、摄影艺术。关于在大世界举办海派百强书画名家"谈艺论百年"活动，老施平的儿媳妇杨仲伟说："父亲喜爱书画，他觉得书画艺术应面向老百姓。他曾经在一个偶然的机会参观过大世界。去年九月，我们轮椅推他去中山公园，他还拍了不少菊花呢。如果身体允许的话，他也是想再去大世界看看呢。"

临别时，老施平紧紧握住小施平的手，千方万语都在握手中，有赞许，有期盼，也有鼓励和支持！

场内，有观众向车鹏飞先生提问：怎么将诗意和书画相结合的？

海派百强名家车鹏飞说：

上海是近现代史商业和文化中心，当然商业中心在前头，文化跟着商业走，上海有学艺最好的师资。说到大世界不得不说京剧，京剧不在上海唱响，是走不向全国的。"文革"前有许多画师带学生，"文革"以后就不允许存在了。以前画师收学生十分严格，中国虽然不公开挂画师的牌子，但只要他名望很高，都会有很多学生前来拜学。北京和上海各成立一家画院是有道理的，那时候叫划江而治，的确是网罗了很多江南名家，比如傅抱石、潘天寿，他们曾是上海中国画院副院长。

中国画创作不仅表现眼中所看到的物象，也要表现内心的艺术感受。西洋画家表现的是眼中山水，中国画家表现的是心中山水。依托书法和文学两大利器，书法就强调用笔，比西方强调得更加多些；在文化方面，中国在魏晋时期出现大量的山水诗，这些诗启迪了后面的文化人，宛如身临其境，这样山水画就独立存在于世了。所以依托书法和文学两大利器，还有本来的内在语言，包括三吴一冯都是在上海这块土地修炼出来的。很多文人在租界里继续自己的创作，上海书画、文学、戏曲方方面面，是相对稳定安静的地方，上海文学艺术还是延续的，根基很深。书画家们也很低调，上海人才辈出，拥有广大的受众，可以看到很多东西，上海会继承传统，更好地发展。

观众问乐震文先生：您在绘画过程中做过很多尝试，您在做这些改变时如何表现自己的艺术风格？

海派百强名家乐震文说：

上海的师资很正。"文革"后期，这些老先生被打倒，在家里也没什么事做。老先生家里都不敢去，门口都有人监视着，经过几次抄家，绘画工具都很缺乏，我们这些人带着宣纸毛笔什么的上，老先生也会说一句，要不要我帮你画一张？老先生很久没画了，手痒了，我们学画就在这种气氛中学的。上海是一个比较开放的社会，没那么封建，老先生都是因材施教，现在出来一些画家，没有谁的画是像自己老师的。像车鹏飞的老师陆俨少

施平与著名导演熊问天及其家人

216

胡雅龙、丁申阳、施平

施平、王大宙

先生，车老师也不像他的画风，在学画的同时，发现了自己。我在还是海事大学当老师之前，我是在书画院里工作的，在里面工作6年，上海的画家厌烦自己创作同一风格时，会去找寻另外一个自己，探索不熟悉的东西。

写生，什么叫写生？画不熟悉的叫写生，画熟悉的叫作写熟，去自然界画自己不熟悉的，当心思放到这一点的时候，那就进入了写生状态。我在30岁以前，画江南的风景，我觉得画得很不错，时间久了就觉得一直重复是有问题的。1995年我带美术学院的学生去陕北写生，我看到了没有植被的土地——窑洞，走到哪里画到哪里，我发现这是我喜欢我所追求的东西，就改变了自己的画作风格。过了五六年，我发现有些以前的东西还是可以拿回来用的，所以就不断地来回折腾，形成了自己风格。我最大的展览是和天津的画院做的，很多老师都来了，陈佩秋老师也来了，第一场在上海刘海粟美术馆开的，天津的领导发现天津的画风就两三种，上海人的画每个人一种画风，我听了顿时觉得很欣喜，说明我们上海人表达了自己心中所想。天津的领导就批评了他们的书画院，我觉得我们上海画家走出去，海派风格各树一帜。我们有一批作品原要到山东银座美术馆展出的，后来山东领导听了他们的想法之后，就决定在山东博物馆展览，还引起了轰动，陈佩秋和周慧珺老师也去了，陈佩秋老师开了半天的讲座，座无虚席。

我觉得艺术一定要交流，只有交流产生的火花，才会得到启迪。三年前，我去做海事大学艺术学院的院长，我知道徐悲鸿艺术学院引起了一点小小的轰动，后来就没有声音了，原来，他们将交流看得太轻。海事大学现在和外面经常交流，交流中评出高低，学生也可以拿到奖学金，提高对绘画的热情。上海是面向世界的，我期待上海的独特和优雅能够更加完美的体现出来。

观众问韩伍先生：您和周根宝老师都是京剧爱好者，您们认为中国京剧和绘画艺术如何相通？启发创作？

海派百强名家韩伍先生言简意赅：

我和周根宝先生有一个共同的爱好，就是画戏曲人物画。过去我们看戏不闲着，就拿着一本簿子速写，速写与录像带的定格是不同的，富有动感，所以有很多创作都是从速写簿里来的。

他讲出了画好戏曲人物画的真谛。

海派百强名家周根宝先生说：

217

世界那么大，没有一个国家像中国有那么多戏曲，国外的歌剧《茶花女》就很单一；国画也只有我们中华民族独有的。我在纽约住了18年，国外的人也知道Chinese painting。中国画和戏曲是中国的两朵鲜花。戏剧孕育了我们最良好最优秀的品德。中华民族最优秀的品质就是要做好人，善良的人，这是做人的底线。

通过大世界，有一个广泛的传播。大家一定不知道上海不止有大世界，还有新世界，就是新新公司。就是在新世界看到了美丽的画作，使我走向了绘画的道路。在那个公司的楼上，有许多绘画界人才，他们一起画了《八仙过海》。现在大世界也可以搞这种活动，每个人都可以上来共同娱乐。以前大世界方案，我也提议过，结果被否定了，非遗是可以搞，但不能少了唱戏，比如说举办歌唱比赛、唱沪剧等，我们要把传统延续下去。

周根宝遗憾地说：现在大世界太冷清了，没有大世界的味道了。

观众问丁申阳先生：我想问您在写草书的时候会不会饮酒来助兴？或者是喝喝茶？

海派百强名家丁申阳说：

过去写字是实用之道，就如同现在人们需要写字，书法成为艺术的欣赏，尤其是草书，草书在唐代十分艺术性，作为一种艺术的玩乐样式，流传下来。李白杜甫也在诗句中赞美它，其实写字的时候有些人也会喝酒，也不会喝酒，酒里面也看不出字的好坏。车老师的酒量很厉害，他的作品清雅淡泊，看不出狂野的感觉。楷书和隶书有了相当扎实的基本功，才能写好草书，写草书先是笔法，再是性情，草书更重要的是性情，喝点酒也可以激发自己的灵感。有的时候写书法写得尽兴的时候，甚至一口水都不喝。

观众又问刘汇茗先生：您平时创作靠什么来汲取养分？

海派百强名家刘汇茗说：

我年轻时候，也像大世界一楼摆摊的人一样的。进入大世界，感觉一楼太冷了。我跑到二、三楼，看到有人在画牡丹，还蛮暖和的。一楼的老师认出我，说你是画弥勒佛的，我听后很高兴，他认出了我。大世界我会经常来的，画人物要到人物多的地方去。希望在这个平台今后有更多的合作，跟书画爱好者有更多的互动！

听众意犹未尽，海派百强名家论道、传道、解道、释道，让海派艺术在大世界的舞台上再次焕发不息的光芒！

散场了，天空又下起了春雨。真是柳丝长，春雨足，染就一池心中绿，播散万顷书画路。

热心观众现场提问　　　　　　　　　　乐震文答观众问

第三场：百年大世界 寻脉陈逸飞
——"谈艺论百年"大世界油画名家专题研讨

双休日里好去处，大世界里听谈艺。在春雨中，大世界2楼E区戏曲茶馆，听众手捧一杯茶，围坐着小方桌听油画家们谈艺。1月7日，节气已过了小寒，虽还将经历大寒，但茶馆里是暖暖的，艺术唤醒了春天。

出席此次研讨的海派百强油画家有：俞晓夫、陈逸鸣、卢象太和著名策展人施平，上海电视台主持人潘冬妮主持研讨会。此次研讨会由澳中在线、上海文化创意产业资源联盟、海上画家艺术网共同举办。

海派大师陈佩秋亲自题写"百年大世界"主题词，海派大师方增先为海派百强名家题写"海派书画·百强经典"，通过主舞台的屏幕，点亮了整个会场。

大世界已历经百年的洗礼，从举世闻名的游乐中心到现今的以非物质文化遗产为定位的传承中心，它将如何以海派文化色彩以及现代化气息的文化、娱乐设施，吸引着成千上万的海内外宾客？

为大世界献计，为大世界添彩，为大世界创造新的亮点，著名策展人施平历经多个月的思考与筹备，将海派百强名家三场专题研讨会放在大世界举行，其实是海派艺术文化的一种回归与寻脉。

百年海派艺术，百岁老人，百强画家，百年大世界，根脉在哪里？大世界作为一个新生的文化展示与传承的平台，上海的名片，它的根脉，它的家，需要大家去寻根、寻脉、寻家。海派艺术家在这里的追寻，其实也是在这里寻找回"家"的感觉，寻找艺术的信仰，寻找油画的出路，寻找未来的陈逸飞。

实录研讨会现场发言与提问，以飨读者。

俞晓夫：著名油画家，上海油画雕塑院副院长，现任上海师范大学美术学院院长、教授。1984年，俞晓夫以油画《我轻轻地敲门》震动了整个美术界。一些评论家评论这幅画意味深远，充满了人文精神，敲开了中国新时代美术的大门。1988年赴英国留学。目前在业界好评如潮。

**海派百强名家俞晓夫接受上海电视台采访**

俞晓夫开门见山，说：今天已经是第三天研讨会了，之前已经来了很多著名的书画家，那么我们今天的主题是关于陈逸飞，关于大世界，发言可以交叉进行。

关于陈逸飞，我觉得陈逸鸣更有发言权；关于大世界，它刚刚开张，是非物质文化典型的发源地；这次讨论的是两种文化的融合。陈逸飞的恢宏事迹和大世界的名气旗鼓相当。我和陈逸飞是油画雕塑院的同事，但是我比他小一辈，我和他一起创作、写生了四五年，在他身上汲取了艺术养分。现今大世界恢复了，建筑在保留其原有的结构下，又进行了全新的改善，希望艺术人文情怀既有传承也有发展。

陈逸鸣：著名油画家，教授，中国已故著名画家陈逸飞的胞弟。上海美专毕业后，赴美国，曾在纽约艺术学生联盟研习，之后在美国芝加哥、佛罗里达及法国巴黎的芬得莱画廊举办画展。通过和瓦理·芬德里画廊和哈默画廊的成功合作，在美国获得了广泛的承认。

"今天是一个讨论的氛围，上海的一个发展的过程，我有50多年没来过大世界，今天是改造好后第一次来大世界。"

"这里是上海的一个文化窗口，从老上海到新上海，文化融会贯通，大世界是一个交流的地方，它的发展和上海是紧密相连的。陈逸飞又是海派文化当中非常关键的人物，去年我和一位老师写了一本书叫作《青年陈逸飞》，从60年代陈逸飞进入美专直到80年代赴美留学，这是上海发展比较关键的时期，也是人才辈出的时代，我和我哥哥曾经来过大世界，通过大世界了解世界，大世界对他的艺术生涯和绘画理解、传承有过影响。

现在大世界重新开放，我们很期待。现在大世界和以前不一样，具备传统艺术的传承和发展，但需要进一步提高艺术涵养。"


卢象太：著名油画家，华东师范大学环境艺术研究所所长，教授。教师型艺术家，绘画功力深厚，曾从事环境艺术研究，主持过城市景观和灯光设计等国内外环境艺术项目，视野开阔，给绘画带来更多灵感。他的风景画源于对自然的含情凝视、默思静想，在享受孤独中注入了人文情怀，经过提炼、概括演变成个人的情感表达。

**海派百强名家卢象太接受上海电视台采访**

我和陈逸飞接触比较多的是在他出国前的那段时间，距今也有五十多年的历史，现在回想起来，有很多事情还是觉得很温暖。

前段时间，我看到一篇文章的标题是《商人中最成功的艺术家——陈逸飞》，我感觉这是对陈逸飞最大的中伤，商人提法不当。我觉得陈逸飞是伟大的视觉艺术家，他在国内率先提出"大美术"这个概念，在影视、服装、陶艺、刊物等领域都取得了非凡的、创造性的成就。在"文革"以后，很多行业都凋零了，他凭借自己多方面的才干，助力文化传承的崛起。

我和他接触是从1963年开始的，那时候他在艺术院校里面学习，老师们组织青年美术创作组的成员，看看美术创作，其中就看到了陈逸飞的作品，对我们十分震撼。第一次见到陈逸飞是在国泰电影院的西北边，那里是一堵文化俱乐部的大围墙，聚集了许多文艺创作者，他们画伟人像，用艺术感染世人，借鉴了俄罗斯的表现手法。陈逸飞、夏葆元、魏

陈逸鸣和施平合影

施平、陈逸鸣、俞晓夫、卢象太

220

施平、陈逸鸣、俞晓夫、卢象太

施平、陈逸鸣、俞晓夫、卢象太

景山等青年画家都在场，他们各自在现场进行创作，有许多群众争相观望，那是我第一次见到陈逸飞。后来去油雕院工作，便和陈逸飞有了更多的交流。

海派百强名家卢象太——解析作品：

70年代中期，大家聚在我家里画了很多素描、人像，度过了一段美好的时光。

陈逸飞的这张素描作品，刻画了新疆维吾尔族的一位青年，当时在上海浙江路有个新疆旅馆，这位青年——吉列利作为阿克苏的文化局长，也住在里面。我们好不容易才请到这位模特。这张陈逸飞画的素描照片虽然已经浸过水了，上面水迹斑斑，但弥足珍贵。

陈逸飞的作品，传达的不是商业的东西，而是对美的追求。

**著名策展人施平接受上海电视台采访**

今天我们在大世界畅谈陈逸飞的艺术成就，他的作品诞生过程，主要想向百姓展示陈逸飞身上体现出来与时俱进，百折不挠的海派精神。也是推广宣传弘扬海派文化，让更多的百姓感受海派文化的魅力。

陈逸飞的艺术成就，将引领更多的艺术家和一代又一代的青年人。

通过海派百强名家"谈艺论百年"这些活动，我们老百姓可以近距离接触名家，与名家互动交流。相互碰撞出艺术火花，推动艺术创新活动。

当然，我希望通过我们的寻脉活动，百姓能够从我们的海派百强中发现自己心中未来的陈逸飞。我期待着未来我们的海派百强名家中能出现一个或几个陈逸飞式的艺术大家。

梁宏，籍贯安徽全椒。承蕴阁阁主。澳中在线、海上画家艺术网、名家艺海特邀嘉宾。自幼酷爱书法，诗词，"楷"习颜、欧，"行"学二王、米芾，"草"追张旭、怀素等。诗文多次在全国期刊上发表。其书法作品多次应邀参加各类展览，并被爱好者收藏，名入《上海书画家名典》。

听了现场各位老师对逸飞老师生平介绍及对艺术的渴望、追求后，我深深体会到他的确是一位视觉艺术大家，通过一张张画面让人感受到他对于线条、色彩、结构的把控是如此美妙，令人感动。应该说逸飞老师是我们中国艺术界一位了不起的大师。

逸飞老师身上体现出艺术的4个特征：艺术无价、艺术无界、艺术浩瀚、艺术一致。

艺术无价：陈逸飞老师作为一个艺术家并没有以画作的价值来做主要考量，而是用心将江南水乡描绘出来。

以一幅《双桥》获得了哈默先生的赏识，同时哈默先生以这幅画作赠给小平同志。让人们知道周庄的小桥流水，让世人知道了江南园林的这种美，这种静，给周庄带来了更高的知名度，随之而来的是更多的游客和火热的旅游业，以这幅《双桥》而获得世界目光的关注是在创作时完全没有想到的。

艺术无界：指的是艺术无国界之分，艺术到了一定境界都是相互相通相融的。从逸飞老师的画作中可以感受到把中国画和西洋画完美的切合在一起，将在中国的生活阅历通过油画绘画出来，而在绘画上则是西洋画的写实技巧描绘出了中国画的意境，在种种画面上都描绘出了各处实景。既体现出了中国画上的意境优美，又有西洋画的刚硬线条，将两者完美的结合在一起，表现出自己特有的画面风格。

艺术浩瀚：是指艺术博大精深，无边无际，艺术家表现手法不同，用色不同，角度不同，但什么都可以用画表达心意和思想，抒发情感。同一实物场景，不同大师的画作都可以让人震撼。而且艺术家笔下什么都可以画，什么都愿意尝试，不管什么样的生活、场景，都可以通过艺术家的创作再现出来。

艺术一致：是指人们欣赏好的作品，评鉴作品都一样，只要是好的作品一定会打动人，吸引收藏者，真正懂艺术的人审美标准总是一致的。逸飞先生作品能进美国、英国不同高档画廊，拍出高价，就是最好的证明。

梁宏主任坦言：在场都是艺术的爱好者和艺术大家，希望将来能在上海长宁区设立一个陈逸飞艺术馆，因为当年陈逸飞曾在长宁区古北新区新世纪广场住过，并创作过油画。现在最缺的是各种陈逸飞的作品，艺术馆可以用签约的形式，或者股份的形式进行分成，然后永久性进行展示，这就真正做到了大爱天下。

原大世界副总经理、上海文化创意产业资源联盟副秘书长胡曾荣发言：在座的三位老师介绍了陈逸飞大师的生平，又对这些作品做了鉴赏和揭秘，作为一个门外汉，我听得津津有味。以前的大世界可以说是海派文化的一个集聚地，后改名上海市青年宫。当时有一

陈逸鸣接受采访

施平接受采访

施平在活动上发言

乐震文为现场观众解疑

大批青年艺术家、爱好者，都曾经在这里来学习。陈逸飞老师也曾经在此授课，当时还有很多德高望重的艺术家都在这里授课，传承书画艺术。比如周慧珺，她谈到这个大世界就非常感慨，希望大世界重新开放之后，最好再来此授课一场，甚至把当年的学生也邀请到大世界来，以此回忆那段历史。

那么现在的大世界更适合传承文化，像书画、油画这些艺术家可以在大世界有一个可以传承的地方，我感觉到这才是大世界今后的目标。所以此次文创联盟和澳中在线、大世界进行合作举办了这样三场专场活动。何秘书长在听过这三场后，觉得大世界应该每月，甚至每周举办这样的艺术文化专场，这样才能更好地传承海派文化，体现出上海文化的力量。上海市委书记李强曾提出打响上海四大品牌，上海文化这张品牌要为人民提供精神引领。

大世界是作为上海的文化窗口，海内外的游客都慕名而来。今天听了三位老师讲述，感觉到艺术是需要传承的，更需要名家来精神引领。谢谢老师们！

也许，大家等待的日子不会太久，"百年大世界百强画传承"。散场后，天空又下起了雨，绵绵春雨伴着茶香。经过春雨洗礼的大世界，将变得更加清新靓丽，而大型海派百强名家的画展，也将在春雨过后亮相大世界。

施平组织我们去三清山采风，我仿佛见到父亲画黄山的身影！带着这种精神我创作了三清山，感谢施平给书画家创造了写生的机会。

**刘 蟠** 刘海粟美术馆（上海）艺术评委会副主任，刘海粟美术馆（上海）学术委员会名誉主任，刘海粟美术馆（常州）名誉馆长

施平先生出了一本又一本书，为他感到高兴！多多益善！希望有更多好书问世！

**程多多** 程十发艺术馆名誉馆长，上海中国画院海外画师，上海书画院画师

吴昌硕大师不仅是我的曾祖父，也是海派文化的一代宗师。传送传统文化的"流光溢彩"需要更多有人来参与。感谢施平为海派文化加"薪"。

**吴 越** 上海吴昌硕纪念馆执行馆长，上海市吴昌硕艺术研究协会会员，浦东新区文联副主席

同一个民族根，同一种文化缘。施平用真情告白的形式，同时也说出我们心里话。

**吴 超** 上海吴昌硕艺术研究协会副会长，上海吴昌硕纪念馆副馆长

# "百年大世界 百强画传承"
# 海派百强名家携百余幅书画精品
# 庆祝百年大世界

陈佩秋《大世界你的书画世界》20cm×88cm

7月29日上午10点，百年大世界系列活动"2018大世界艺术名家回娘家"在上海大世界举办，著名艺术家代表王汝刚、李九松、周志高、曹雷、梁波罗、张欢、赵志刚等荣获"大世界艺术成就奖"，刘家祯、韩伍、苏春生、魏景山、刘蟾、刘汇茗、吴越等荣获"大世界艺术名家回娘家"纪念证书。他们投身于艺术的创造与发展，用行动助推非遗文化的传艺与传承。

积极响应百年大世界艺术名家"回娘家"的号召，上海澳中在线文化传媒有限公司与上海文化创意产业资源联盟共同举办"百年大海世界 百强画传承"艺术展，于7月12日正式入驻大世界3C非遗再设计展厅，聚集海派百强名家的百余幅书画精品，集中展示百强名家的艺术传承文脉及海派书画的创新发展。

本次艺术展由著名策展人施平先生全程策划，大胆探索新颖的陈列方式，将油画、国画、水彩、书法等品类的作品呈现的井然有序。一百余幅艺术原作，集中展示了当前实力派画家的创作水准，其中不乏海上画坛著名大师的鼎力协助，陈佩秋先生为艺术展亲笔题写"百年大世界"，并在序言中称赞"当今海上多奇英，推动着海派书画方兴未艾，蒸蒸日上"。

著名策展人施平接受媒体采访时说：大世界是上海的文化窗口，更是上海的一张文化

活动展厅现场

学生参观展厅作品

海派大师陈佩秋亲笔题字

胡雅龙、丁申阳、施平

施平与朱伟、徐连成和与会艺术家合影

施平与杨宏及其家人合影

名片，百年大世界见证了上海的发展和文化变化，我们不少艺术家在大世界都有过一段美好回忆。这次，海派书画百强，拿出百余幅作品，在大世界参加百强艺术展，也是海派文化回归大世界的重要尝试。

我相信百强艺术家，走进大世界、集聚大世界，会给大世界带来更多的艺术氛围，展现海派艺术的魅力。我同样也相信，百强艺术展也会给观众带来更多的艺术享受，更多的市场人气，吸引更多的百姓回归大世界，喜欢大世界，参与大世界。最后，衷心祝愿大世界兴旺发达。

海派百强名家汪观清创作《上海大世界》，通过大世界内外的景观，人山人海，反映出大世界的人头济济，热闹非凡！几百个人物各展其态，可见画作的功力不凡和功夫之深，令人叹为观止值得一看！

海派百强名家刘汇茗年少时曾在大世界（原名上海青年宫）学习，正值是青春焕发、风华正茂的年代，他的绘画事业由此而启航！如今，他带着艺术作品《兴旺大世界》回归，以戊戌年生肖狗为主体，白描大世界为背景，辅以六个欢乐的孩童，并题上"旺"字，祝福大世界兴旺发达，大展宏图！

2018年，是中国改革开放的四十周年，为践行习总书记倡导的"实现中华民族的伟大复兴，就是中华民族近年来最大的梦想"，将"中国梦"融入此次展览中，著名策展人施平先生特邀海派百强名家汪观清、韩伍、方世聪、邱瑞敏、周志高、俞晓夫、车鹏飞、陈逸鸣、魏景山、吴超、王大宙、乐震文、丁申阳13人书写"中国梦·百年大世界"书法作品，作为大世界百年的献礼，此举既呼应大世界百年主题，也成为此次展览的亮点。

海派百强名家作为书画艺术的传承者，为海派人文创造了新的艺术高地，也为大世界迎来了新的人流高峰。琳琅满目的书画作品为整个非遗再设计场馆增添了新的景观。一步一景、一步一"境"。馆内迎来了不少老面孔和新面孔，书画爱好者齐聚这里，享受艺术盛宴；青年学生组团参观，将钟情的作品拍照，带回家作绘画参考，或留作成长纪念，艺术的发扬与传承正悄然无声地熏陶着每一位前来游览的观众。

本次展览为期一个月（7月12日–8月12日），是"百年大世界 百强画传承"系列活动之二，海派书画艺术通过展览的形式重返大世界，传承与发扬并举，非遗与传艺并重，将海派书画艺术融入广大市民的生活之中。

大世界与会艺术家颁奖仪式中现场合影

施平、胡雅龙、周志高、陈轩、胡曾荣

施平与展览艺术名家合影

陈燮君、施平

展览现场

程多多、张自申、施平

施平、夏葆元

施平与展览艺术名家合影

邱瑞敏、施平

施平与展览艺术名家合影

展会现场

展会现场

路漫漫其修远兮，吾将上下而求索。以文化提升城市品位，用文化涵养城市底蕴，施平先生作为一个这样的企业家和文化人永远行进在为城市建设和文化发展的路上，就我而言是感到非常欣慰与踏实的。

**胡雅龙**　上海市各地在沪企业（商会）联合会党委书记，上海文化创意产业资源联盟常务副会长

与施平先生相识相交已有多年，他总结在平凡岗位上做出点点滴滴不平凡的成绩，恰似一桶"真金"，给人以启迪，激人以奋进，价值无限。我们文创联盟的各项活动他都积极参与支持，合作奉献他的"真情"。愿他继续写出人生后半段的精彩！

**胡曾荣**　大世界集团公司原副总经理，现上海文化创意产业资源联盟专职副秘书长

非常佩服施平先生的艺术情怀。施平先生创办了"海上百强"书画活动，无论是在大世界举办的"百年大世界　百强画传承"，还是在张园组织的海派百强画家画张园；无论是带领百强画家走出上海画上饶，还是组织百强画家作品进入华东师大办展览，都在上海引起了很大的关注度，起到了弘扬海派文化的积极作用。
施平先生非常尊重老艺术家，他努力团结海派艺术家的艺德，也令人难以忘怀，所以，就是像陈佩秋这样的德高望重的一代大师都对他爱护有加。施平先生还正当年，衷心希望施平先生在中外文化艺术交流方面做出更大的贡献！

**赵抗卫**　华东师范大学文学博士，上海中外文化艺术交流协会会长，曾任上海大学客座教授、研究生导师

真心估价，助力城市更新，践行城市理想，实现城市价值。

**陈　轩**　上海大世界总经理

我的书法作品被选入施平设计的精致台历，这本台历具有收藏价值。虽然岁月飞驰，但这份感动依然存在。

**张伟舫**　上海市书法家协会会员，黄浦区书法家协会主席，黄浦区司法局党委书记

作为陆氏山水传承人，感谢施平对海派书画的支持！相信海派书画在施平的支持下会更加兴旺！

**陆　亨**　陆俨少艺术院副院长，海派百强名家

# 大世界书法公开课

大世界艺术名家回娘家非遗公开课系列活动之二《书法赏析》，由上海大世界、上海文化创意产业资源联盟和澳中在线共同筹办，特邀上海市书法家协会主席丁申阳、名誉主席周志高等五位上海书法大家领衔授课，与学员零距离互动交流，带您领略中国书法的精髓。通过赏析、习书、点评、辅导，提高学员的书法水平。

五月骄阳，恰逢临近母亲节。场外锣鼓喧天，场内鸦雀无声。由大世界和澳中在线联合主办"艺术名家回娘家"系列活动暨非遗公开课在大世界3E开班。

第一课由中国书协一、二、三届理事、上海书法家协会原主席、上海书法家协会名誉主席周志高担纲主讲。

周志高主席是家喻户晓书法界的领军人物和中华文明使者。他创办了中国第一本书法杂志、组织了全国第一个群众书法大赛、全国第一届书法篆刻展览。全国第一个书学理论研讨会等。这次也是百年大世界非遗公开课第一个艺术名家上台讲书法赏析课。他简短地叙述了与当年文化部部长高占祥的友谊及学艺经历。他说，对书法，是讲"书道"还是"书法"，他请教了复旦大学郭教授，最后认定：两者均可，一个是狭义法，一个是广义法。书法即方法，法无边，具有更宽广的内涵。周志高主席从书法的理论阐述到具体执笔用法，一一施教。要求学生多临帖，掌握正确书写方法。

5月18日下午，"大世界艺术名家回娘家——非遗公开课"书法班第二讲在上海大世界3E如期开课。本期公开课由上海市文联副主席、上海市书法家协会主席、国家一级美术师丁申阳授课，带领学员《走进神秘的草书世界》。

丁申阳主席为学员们从草书的概要、草书的演变及历代经典草书赏析等各方面展开阐述。在介绍草书演变的过程中，将章草、今草、大草的概述、特点和盘托出，更是整理了不同草书的临习范本，便于学员们课下自行有针对性的练习。

杨耀扬老师说：上海，是海派书画的发源地；上海大世界那时叫上海市青年宫，是海派艺术传承中心，当年沈尹默就在这里教学，培育了一代代书法人。

5月25日下午，中国书法家协会楷书专业委员会委员，上海书法家协会楷书和草书委员会副主任、上海市书法家协会常务理事杨耀扬走进上海大世界。在大世界3E传习教室如期举办"大世界艺术名家回娘家——非遗公开课"，杨耀扬主讲《楷书赏析》，从楷书的笔

施平、周志高、大世界副总张雯雯

周志高讲课

丁申阳在讲课

丁申阳、施平

法、楷书的重要性，漫谈到研习楷书的感悟。

上海市书法家协会驻会副主席兼秘书长、教授潘善助主讲《行书赏析》。

潘善助教授率先分析了国内学习书法的现状，目前上海市民艺术修养普遍较高，学习书法的热情高涨，但大都小学、初中学完后开始放弃，书法艺术缺失"活"的循环，他呼吁建设书法专业教育。

随后，潘善助教授主讲《行书赏析》，分析了行书之美，美在和谐的对比。从中锋与侧锋、疾与徐、粗与细、静藏与动露、正与斜、断与连、大与小、疏与密、方与圆、直与曲、明与暗、浓与淡等开启讲述，并找出对应的名帖给供学员们进行对比学习，学员们纷纷点头表示认同。

6月8日是文化和自然遗产日，随着"见人见物见生活"非遗传承理念的深入，大众参与和实践的热情也逐渐高涨。上海大世界作为非遗活态传承中心，集聚各类非遗项目的展现与传习。当天下午，上海市书法家协会副主席张伟生走进大世界3E传习教室，开启非遗公开课第五讲《书法的临摹与创作》。

张伟生副主席率先给课题定了基调，书法的高度取决于对传统古法的继承，而后进入书法临摹与创作的主题。

首先介绍了书法需要临摹的原因，中国书法历史悠久，临帖有益于养料的汲取，如同站在巨人的肩膀上前行，可以少走弯路，并引用了名家韩天衡先生的"临摹传统书帖是入书法的不二法门"，强调书法艺术讲究古法传承。其后介绍了不同字体之间如何临摹，一定要注意各种书体的幻化以及各类名家作品的了解。

鉴于长期从事于编辑出版工作，张伟生副主席对于如何选字帖有自己的独到见解。好的字帖具有以下标准：底本（母本）好；印刷精良；编辑的好（编辑是对字帖的二度开发）；而具体临摹的步骤有读帖→临帖→较帖→默帖，临摹需要抓主要特征，且需要专心、深入，打好基础。

2019年6月15日下午，由上海大世界、澳中在线与上海文化创意产业资源联盟联合举办的"艺术名家回娘家·非遗公开课"书法班迎来了结业课程。

大世界·非遗公开课结业课程由上海市书法家协会副主席、鉴定家、国家一级美术师宣家鑫主讲《隶书的演变与发展》。

宣家鑫副主席从隶书的发展演变的六个阶段，解剖隶书学习的要点。首先隶书的入门要从成熟的碑帖入门，例如《曹全碑》《礼器碑》《石门颂》《张迁碑》等东汉时期的碑帖；其次是学习隶书要学会抓主要特征，例如《曹全碑》机构规整，风格秀逸，《石门颂》采用篆书用笔，浑厚古朴，而且运用了"屋漏痕""折叉股"等高级的用笔方式；最后引用清初名家石涛语录"笔墨当随时代"，鼓励学员们要大胆创新。

在名家点评环节，宣家鑫副主席保持着鉴定家的风范，不论篆、隶、楷、行、草哪种书体，均可精准点评，深入浅出的指出学员创作的不足之处。并指出艺术无限，生命有限，希望学员们学有所专，学有所成。

艺术是人民精神的乐园。此次活动不仅在精神上熏陶人们的艺术涵养，更是让人们切身体验到艺术的乐趣与奥妙之所在。上海大世界副总经理张雯雯、澳中在线董事长、著名策展人施平、文创联盟副秘书长胡曾荣及书法班学员出席书法班结业交流会。文创联盟副秘书长胡曾荣率先介绍此次书法班课程旨在带领大家领略大师风采，感受书法魅力，而后隆重介绍3家主办单位，希望学员们可以后期多交流、多合作。

张雯雯副总经理表示会抱着学习的心态，希望各位学员对此次书法课程多提意见，后期工作一定会积极改进。

著名策展人施平则提出学习书法的定位很重要，不论是兴趣使然，还是方向使然，再或者是助力岗位升级，都希望学员相互交流、师生相互交流。祝愿大家厚德载福！

张伟生讲课

胡曾荣、黄公辉、施平

求真、求善、求美，"澳中在线"、海上画家艺术网和《上海艺术家》杂志连接上海高端文化艺术活动，在上海图书馆举办"名家艺海""海派书画·百强大展"等，用艺术的形象，多视觉、全方位、深层次来传承、普及、弘扬极具生命力的海派文化，施平是做了一件值得崇敬和非常有意义的文化之事。

**丁申阳** 国家一级美术师。中国书法界协会理事、中国书法家协会草书委员会委员、上海市文学艺术界联合会副主席、上海市书法家协会主席、上海美术家协会会员、上海电影家协会会员。

施平是一位房产估价师，他对书画价值的估价也十分精准。为挖掘和宣传张园这一具有地标性的文化名片，他组织了20多位书画家去张园写生。作为嘉宾，我在他的受邀和鼓动下来到张园，触景生情，欣然提笔写下对张园的热爱。

**周志高** 上海市书法家协会名誉主席，上海中国书法院院长

施平、潘善助、胡曾荣

丁申阳讲评学员作品

讲课氛围

宣家鑫在讲课

学员得奖

课前研讨

施平、宣家鑫

施平与现场学员合影

# 张园看世界——海派名家绘张园

丁申阳《海派名家绘张园》33cm×137cm

4月25日下午，"张园看世界"系列活动之海派名家绘张园在威海路590弄77号拉开序幕。本次活动由上海市静安区人民政府南京西路街道街道办事处、上海静安置业（集团）有限公司与上海文化创意产业资源联盟主办，由上海静安城市更新建设公司、上海张园建设投资有限公司、上海澳中在线文化传媒有限公司承办。

本次活动，由著名策展人施平先生担纲策划。作为张园旧改评估工作的一员，他见证了张园保护性征收的必要性；同时作为一位艺术策展人，他觉得有责任呼吁大家一起来为张园做些事情。这次携手的20位海派百强名家，用海派艺术这个载体，传承石库门文化，同时唤醒城市记忆，为这张世界名片添新彩。

特邀海派百强名家丁申阳、周志高、陈逸鸣、车鹏飞、韩伍、卢象太、张玉迎、周根宝、程多多、何承锡、何承爵、刘蟾、成莫愁、刘汇茗、王大宙、丁筱芳、吴越、平龙、朱杰军齐聚张园，共绘张园。

开幕式上，静安区南京西路街道办事处主任王颉鸣、上海市文化创意产业资源联盟常务副主席、上海市各地在沪企业（商会）联合会党委书记胡雅龙为活动致辞。

张园笔会会场

张园大门

海派名家绘张园活动出席嘉宾合影

施平、静安区政协主席陈永弟

主办方南京西路街道办事处主任王颉鸣说张园所在地南京西路街道，区域优势明显，历史底蕴深厚，文化资源独树一帜。从2016年起，街道党工委、办事处推出"张园看世界"文化品牌，聚焦海派文化的保护和传承，让世界关注、关心张园承载的丰厚文化遗产。希望通过今天的盛会使张园这张文化名片再次焕发风采。同时，也希望能看到更多在文化领域的交流活动和深入融合，以文化为引领，为打造文化强区不断做出新的努力！

上海市文化创意产业资源联盟常务副主席、上海市各地在沪企业（商会）联合会党委书记胡雅龙表示：张园是江南文化、海派文化、红色文化深度结合的产物，一百多年来，她凝聚了上海从一个江南小城发展为国际大都市的历史印记。她是上海的，也是中国的，更是世界的。"张园看世界"系列活动主题突出，立意深远；海派书画是具有国际影响力的知名文化品牌，是上海文化品牌建设的重要组成分，相信"海派名家绘张园"活动的启动，会将这两张新的文化名片相得益彰。

澳中在线董事长、著名策展人施平，上海市书法家协会名誉主席周志高，上海师范大学教授、上海中国画院原副院长车鹏飞发言。

著名策展人施平先生说："我对张园有一份特殊的感情，在张园居民的要求下，去年11月我带领着公司的估价师们走进了张园，日夜奋战了3个月，看遍了张园的一景一物，把张园的房地产价格评估了出来。张园的美也感动了我，今天，在主办方的支持下，我邀请了上海的百强艺术名家们走进张园，希望通过艺术家的眼光、智慧和画笔把张园的美画出来，美在张园，美在上海，美在世界，张园看世界，世界看张园，相信"海派名家绘张园"活动一定能成功！张园的美一定会感动世界！"

丁申阳为活动捐献书法主题作品

主办方向丁申阳赠送收藏证书

上海市书法家协会主席丁申阳向主办方赠送张园主题作品《海派名家绘张园》，主办方向海派名家赠送收藏证书。

感谢施平举办这次活动。一个国家一个民族不能没有灵魂，"以精品奉献人民，用明德引领风尚"。我们艺术家要用自己创作的精品奉献人民，彰显上海国际大都市的文化地位。

海派书画源远流长，书画家要深入生活才能找到创作源泉。我走进张园，这里的一切展示了悠久的文化历史和上海石库门弄堂的经典风情，经得起时间和岁月的积淀。我代表书画家，为举办这次活动所有做出贡献的人表示感谢。

同时举办张园印迹老物件清单移交仪式，街道办事处代表和静安（置业）集团代表双方交接。

随后，艺术家们在静安区文史馆原馆长杨继光的带领下，参观张园石库门建筑群，走进里弄住宅，观看居民老照片、老物件，了解居民搬迁前的生活情况，聆听张园今昔。

张园承载了上海人民的记忆，从海上第一名园，到充满市井气息的石库门里弄，张园历经130多年的洗礼，在发展，在重生。张园整体依然存留着近代上海弄堂风貌，参观后的海派名家们自由写生创作，现场泼墨挥毫，刻画张园印象。写生活动持续了一个小时。艺术院校学生及张园书画爱好者们前来参观学习，他们或虚心求教，或拍照留存，见证了一张张笔墨酣畅的书法创作而出；一幅幅意境优美的丹青现于眼前，将印象张园永久定格。

主办方秉持尊重历史，尊重文化的初心，用心守护张园，留存南西印迹。在张园保护性征收工作顺利推进下，以海派名家绘张园的形式，来传扬上海石库门的时代魅力，共同致力海派文化的研究与发展。同时，也为书画艺术家、艺术爱好者们提供一个相互交流、相互学习的氛围与空间，以期达到为书画艺术精品创作、弘扬传统书画艺术的共同目标。推动上海文化品牌建设，助力社会主义文化事业的繁荣与发展。

静安区政协主席陈永弟、静安区政协副主席民盟区委主委王钢、静安区文化局局长陈宏、静安区南京西路街道党工委书记周惠珍、静安区南京西路街道办事处王颉鸣、静安（置业）集团董事长时筠仑、上海文化创意产业资源联盟常务副主席、上海市各地在沪企业（商会）联合会党委书记胡雅龙等出席开幕仪式。

媒体记者、施平、陈逸鸣　　　　　　　　武佩珧、丁申阳、施平

参与活动艺术家及工作人员合影

车鹏飞代表画家致辞

二十年前曾到过三清山，天公不作美，看山没看够。施平组织画家去三清山写生，我看到了三清山和原来风景大不一样，了却了心愿，写照出天地人合一的三清山。

**车鹏飞** 国家一级美术师，上海师范大学教授，中国美术家协会会员，上海美术家协会常务理事

施平将百强书画家请进百年大世界，百年大世界有了书画家的大舞台。

**韩 伍** 中国美协家协会会员，上海美术家协会理事，上海书画院画师

# 百年张园再次成了"画家村"

## ——海上百强书画名家绘张园活动采访实录记

阿庄

今天为什么这么多画家到张园来，因为张园自清末民初以来就是一个"画家村"。百年前的张园作为"海上第一名园"，在清末民初的上海滩上独树一帜，张园早期举办的各类画展，画派云集，佳作甚多，据统计有七百人之多，尤以江浙两地为多。

100年后的今天，百年张园又迎来一支海上百强书画名家大型团队——"张园看世界"系列活动之海派名家绘张园活动。这次活动由著名策展人施平先生担纲策划，携手20位海派百强名家，在他们前辈刘海粟吴昌硕等海上大家曾作画挥毫开画展的地方，用海派艺术这个载体，传承石库门文化，同时唤醒城市记忆，为这张上海名片添新彩。

## 100年前张园就是个"画家村"

今天为什么这么多画家到张园来，因为自清末民初以来张园就是一个"画家村"。

138年前(1882年)，张园建园，依据"不到张园就等于没到上海"的这句名言，张园在沪上成为"海上第一名园"，而在清末民初的上海滩上，张园就一直是当仁不让，首屈一指的市民娱乐"新天地"。张园还见证了上海当时发生的许多大事件，当时的新闻画册《点石斋画报》，就常将张园作为新闻热点报道。

当时的张园还是画家们亮相上海滩的先锋阵地，这里曾举办过法国名画，大日本水彩画展，常规性的还有每年一度的金石书画赛会，还有更多画家将作品放在张园寄卖。

1912年5月27日，吴昌硕的书画作品曾在张园展出过。上海《时报》刊《题襟馆书画金石会在张园助赈志》：昨日星期天放晴，张园会场游人颇众，题襟馆所陈列名人书画如吴昌硕、何诗孙、倪墨耕、黄山寿、赵子云、沈墨仙诸君均聚精会神之作。

1917年，上海最早的月份牌画在张园创始。上海有名的月份牌画创始人，画家郑曼陀1917年曾在张园"安垲第"展览厅里挂起四幅用擦笔水彩画成的时装美女画，当时上海有名的善于经营的大商人黄楚九路过张园，于是将郑曼陀的四幅美女画悉数买下，用来为他的中法大药房做广告。

1917年，中国最早的人体画展也在张园展出。刘海粟在上海张园"安垲第"举办了上海美专的教学成果展，因其中包含学生人体习作，令许多人无法接受。当天，前来赏画者络绎不绝。可作品中有在校学生的人体习作，这在保守的年代里，无疑是伤风败俗之举。一时间，作为校长的刘海粟被推到了风口浪尖上。

## 100年后画家又云集张园石库门博物馆

100年前(1918年)，"海上第一名园"——张园的主人张叔和把张园的土地卖给了28个建造商，张园先后建造起28条石库门弄堂和9幢花园洋房，开启了张园的石库门里弄社区时代。

一百年以来，这片在老张园废墟上盖起了这石库门房屋建筑，仍保存至今，让张园成为上海滩上规模最大、保存最完整、建筑形式最丰富的历史、石库门中博物馆群。

我在采访中发现，100年的后张园又成了一个画家团队云集的"画家村"。近年来，除了沪上青年女画家庄晓璐在张园老洋房办"上海大小姐"个展外，又有三支不同类型的画家团队进张园绘画，一支水彩画家团队，一支写生画家团队，还有一支就是由12位中外墙绘艺术家团队进张园，绘画12生肖涂鸦墙。2019年4月以后，上海最大的石库门博物馆建筑群——张园，进入更新改造阶段。又一支40多人的"速写上海"团队应静安文化旅游局之邀，走进张园，用手中的纸笔留住张园，并创作出一套明信片——《速写张园》，在2019年6月8日"中国文化与自然遗产日"发布。

2019年4月25日，张园里来了一支在国内外影响较大的"海派百强名家团队"，团队成员中不乏海上大家吴昌硕、刘海粟、程十发后人（吴昌硕曾孙吴越、刘海粟之女刘蟾、程十发之子程多多），以及曾在张园拍过电影《人约黄昏后》的大画家陈逸飞之弟陈逸鸣，他们的《海派名家绘张园》让百年张园再一次锦上添花，使张园再次成为沪上的"画家村"。

承蒙著名策展人、澳中在线集团施平董事长的邀请，我作为一家自媒体（阿庄公众号）的从业人员，有幸与中央电视台书画频道摄制组、《人民日报》及上海各大报刊等主流媒体一起参加了《"张园看世界"系列活动之海派名家绘张园》活动报道，还与上海滩百强书画名家有了一次零距离地接触采访。

以下是这次"张园看世界"系列活动之海派名家绘张园活动实录。

4月25日下午，"张园看世界"系列活动之海派名家绘张园在威海路590弄77号拉开序幕。本次活动由上海市静安区人民政府南京西路街道街道办事处、上海静安置业（集团）有限公司与上海文化创意产业资源联盟主办，由上海静安城市更新建设公司、上海张园建设投资有限公司、上海澳中在线文化传媒有限公司承办。

本次大型活动，由著名策展人施平先生担纲策划。作为张园旧改评估工作的一员，他见证了张园保护性征收的必要性；同时作为一位艺术策展人，他觉得有责任呼吁大家一起来为张园做些事情。这次携手20位海派百强名家，用海派艺术这个载体，传承石库门文化，同时唤醒城市记忆，为这张世界名片添新彩。

这次的海派百强名家团队特邀海派百强名家丁申阳、周志高、陈逸鸣、车鹏飞、韩伍、卢象太、张玉迎、周根宝、程多多、何承锡、何承爵、刘蟾、成莫愁、刘汇茗、王大宙、丁筱芳、吴越、平龙、朱杰军齐聚张园，共绘张园。

著名策展人施平先生说："我对张园有一份特殊的感情，在张园居民的要求下，去年11月我带领着公司的估价师们走进了张园，日夜奋战了3个月，看遍了张园的一景一物，把张园的房地产价格评估了出来。张园的美也感动了我，今天，在主办方的支持下，我邀请了上海的百强艺术名家们走进张园，希望通过艺术家的眼光、智慧和画笔把张园的美画出来，美在张园，美在上海，美在世界，张园看世界，世界看张园，相信'海派名家绘张园'活动一定能成功！张园的美一定会感动世界！"

上海市文化创意产业资源联盟常务副主席、上海市各地在沪企业（商会）联合会党委书记胡雅龙表示："张园是江南文化、海派文化、红色文化深度结合的产物，一百多年来，她凝聚了上海从一个江南小城发展为国际大都市的历史印记。她是上海的，也是中国的，更是世界的。相信"海派名家绘张园"活动的启动，会将这两张新的文化名片相得益彰。"

上海市书法家协会主席丁申阳向主办方赠送张园主题作品《海派名家绘张园》，海派百强名家丁申阳介绍了创作理念。主办方静安区政协副主席、民盟区委主席王钢为海派百强名家丁申阳颁发收藏证书。

海派百强名家周志高发言说："感谢施平举办这次活动。一个国家一个民族不能没有灵魂，以精品奉献人民，用明德引领风尚。"

海派百强名家车鹏飞发言："我走进张园，这里的一切展示了悠久的文化历史和上海石库门弄堂的经典风情，经得起时间和岁月的积淀。我代表书画家，为举办这次活动所有做出贡献的人表示感谢。"

会上，同时举办张园印迹老物件清单移交仪式，街道办事处代表和静安（置业）集团代表双方交接。静安区政协主席陈永弟、上海静安（置业）集团有限公司董事长时筠仑、静安区南京西路街道办事处主任王颉鸣莅临指导。

## 海派百强名家参观张园民居

随后，海上百强书画名家们在静安区原文史馆馆长杨继光的带领下，参观张园石库门建筑群，走进里弄住宅，观看居民

老照片、老物件，了解居民搬迁前的生活情况，聆听张园今昔的介绍。

　　从会场出来，第一站就是参观张园的红色文化旅游景点——张园大客堂，张园大客堂是目前张园的标志性建筑物，也是保存完好的一处大型石库门建筑，包括拼花的地面、雕花的石门、精致的吊灯、铜制的装饰品和柜子、海派特色的室内用品，成为沪上石库门文化的一处点睛之笔。

　　杨馆长指着墙上的五个大方石说，这里原先刻着光明私立小学6个字，现在已褪去了，将来是要恢复的。他还介绍说，这里曾开过一家"树群夜校"，这红色夜校里潜伏了40多位地下党人，虽遭日本宪兵队二次冲击，却一直没有暴露，直到40年后才为世人所知。

　　而后，画家团队穿过64弄1号的民居，来到了如意里——张园的海派影视文化景点，就在这条小小的弄堂里曾拍过两部电视剧，一部由黄蜀芹导演，陈道明、吕丽萍主演的电视剧《围城》，另一部是李莉导演、潘虹主演的《走过冬天的女人》。

　　最后杨馆长带我们参观张园的里弄公馆——张园41号，这里曾拍摄过由王安全导演的《团圆》，是两个老戏骨凌峰与卢燕演对手戏的内景屋。

　　当我向著名画家陈逸鸣介绍王安全导演在这里的41号大院曾拍过1个月的电影后，他很感兴趣，马上一个人走进大院拍照，并独自走到41号的五楼大晒台，去看张园全景。

　　陈逸鸣后来从41号出来后说，我还想搜集点41号老房子的素材，将来可能会画一套动迁后的41号，因为这里是张园的制高点，能看到张园的天际线。

　　41号对面的这条小弄堂，就是这次来访的中国著名油画家陈逸鸣的哥哥陈逸飞导演当年拍电影《人约黄昏后》的春阳里，也是拍摄男主角徐记者（梁家辉饰）上班时买早点的地方。

　　杨馆长还带画家们看了许多保留了当年租界的地界碑。至今，这些标志很隐秘，藏在房子的墙角里，不留心参观，很容易忽视。

　　参观后，这些名画家对张园赞不绝口，当听说今天安排的参观地方只有张园的十分之一后，纷纷表示，将来一定要在这座上海最大的石库门建筑博物馆群改建成功后，再来绘出张园新美景。

## 海派百强名家挥毫泼墨赞张园

　　参观张园后，海派名家们自由写生创作，现场泼墨挥毫，留住张园印迹。

　　海派百强名家周志高题《海上第一名园》。

　　海上大家刘海粟女儿、现任刘海粟艺术研究会的副会长刘蟾在张园泼墨挥毫。

　　海上大家吴昌硕曾孙——吴昌硕纪念馆执行馆长吴越为张园挥毫题词《百年传奇海上张园》。

　　海上大家程十发之子——名画家程多多为张园题词《照古论今》时，并接受了中央电视台书画频道采访。

李涧、周志高

中央电视台书画频道记者在现场还采访了中国著名油画家陈逸鸣。

此外，沪上（双胞胎）书画名家何承锡、何承爵在张园共同作画。海上画坛被人尊称为"艺术的混血儿"的著名画家刘汇茗挥毫作画。

著名女画家成莫愁是位曾采访过谢稚柳、吕蒙、王个簃、朱屺瞻、陆俨少、程十发、陈佩秋和沪上300多位画家的著名女作家，现为上海香梅画院副院长、上海牡丹画院画师、"澳中在线"签约画家。她为了画好张园，此次已经是三进张园，她笔下的张园72支弄11号老房子形神兼备。

张园的写生活动持续了一个小时。

艺术院校学生及张园书画爱好者们也前来参观学习，他们或虚心求教，或拍照留存，见证了一张张笔墨酣畅的书法创作而出；一幅幅意境优美的丹青现于眼前，将印象张园永久定格。

## 《海派名家绘张园》将出画册办画展

在《百强名家绘张园》活动结束后，著名策展人、澳中在线公司施平董事长在张园现场接受了我的采访，谈了如何配合静安区政府关于把"张园打造成为上海今后著名的旅游文化景点"的具体设想。

他说："对于张园的过去，我们无法参与，但张园的未来，我们可以一起畅想。"

张园位于"一轴三带"中南京西路沿线，2005年被市政府列为上海市十个历史文化风貌区之一，属南京西路风貌保护区的核心区域。

张园，是近代上海历史文化的见证，也是源远流长的海派文化的一朵奇葩。如何重现这一"海上第一名园"的风采？如何在延续张园历史街区风貌的同时，让一个古典和现代相交融的张园保持绵绵不绝的生机，再现在世界面前。

张园文化是近代上海城市文化的开端之一，作为"海上第一名园"，其发端可以追溯到100多年前。它以成片建设的城市花园和石库门建筑为载体，记录了大批名人足迹和历史典故，承载了丰富的文化遗产，代表了对于中国近代城市文明发展具有深远影响的海派文化。

我们（澳中在线集团）手中有上海海派百强名家团队的丰厚资源，有大世界娱乐公司的合作伙伴，有央视书画频道及上海各大媒体通畅的宣传推广渠道，完全可以和静安区政府主导的让"张园成为上海今后著名的旅游文化景点"，政府搭台，文旅唱戏，用"旅游+文化+经济"三合一的方式把大张园地区打造成静安区南京西路一块新地标。

近期，我们澳中在线文化集团将借助《海派名家绘张园》这个活动的持续发热，拟与静安区政府相关部门搞（出大型画册、办大型巡回展）两个大型活动，为静安区政府的"张园

看世界"文化品牌活动，打响重塑张园第一炮。

第一个大型活动是出一本《海派名家绘张园》的大型画册书，画册书将由四个部分组成。第一部分，政府领导建筑权威谈重塑张园新貌；第二部分，《海派名家绘张园》采风活动报道；第三部分，海派百强名家团队笔下的张园名人故居；第四部分，部分上海名作家写与张园见闻的故事。

第二个大型活动是办一次《海派名家绘张园》的大型巡回画展，在市中心的张园，在人丁兴旺的大世界游乐场，在中外游客进出频繁的虹桥国际机场等人流集中场展出，来展示此次《海派名家绘张园》活动的成果。

阿庄、施平、成莫愁

静安文史馆馆长杨继光
为海派百强名家们讲解张园历史

**庄元强**，笔名阿庄，自1989年起从事记者工作，曾在上海市文汇新民报业联合集团旗下媒体任记者和编辑，现为自由撰稿人。

阿庄是一位30多年研究张园史的张园原住民作者。他自1989年张园文章入选上海人民广播电台《新上海，老上海》征文集后，长年潜身张园写作，跟踪采访张园所有重大事件，并先后在《新民晚报》《劳动报》《党史信息报》、市政协月刊《浦江纵横》《雨花》等报刊副刊上发表了关于张园为主题的文章40多篇，特别是对张园的三家村《画家村》（静安报）《影视村》（劳动报）、《红色传奇故事村》（劳动报）及三个文化的独家报道都有官方媒体先后用整版刊登。

上饶艺术团队在婺源合影

# 城际交流——上饶时代的书画见证

上饶以其厚实的中元古界，丰富的历史人文、灿烂的地缘形态、红色的革命遗存而为华夏山水、江南诗画的溯源之地，也是中国最早、最美、最真实、美丽，以"文"而化之乡野古邑。2017年，我们汇聚了海上几十位书画名家、收藏家、艺术家、影视演员、企业家、记者、作家等，耗时半年，以书画的形式，前后分为两批对"上乘之地、富饶之都"的上饶进行了极富意义的城际文化的交流与采访，不但创新了城际文化交流的形式，更提升、丰富了城际艺术交流的新成果。因此，用海派的笔墨重现上饶山水的荣光和骄傲，用上饶的千里古域加深海派诗画的百年笔墨，情系信州，这不但是《上海画上饶》这本书的愿望，更是我们这两座城共同的责任和担当。

# Shanghai TO Shang Rao

（2017.3.20----3.23）

汪口古镇
3.21下午

江岭
3.21上午

婺源县

上饶集中营
3.20下午

方志敏纪念馆
3.22上午

含珠实业连四纸
3.22下午

上饶

农业展示园
3.23上午

弋阳县

铅山县

龟峰
3.22中午

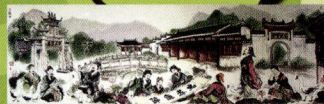

鹅湖书院
3.22下午

244

# Shanghai

## *TO* Shang Rao

（2017.4.17-----4.20）

三清山风景区
4.18中午

大茅山
4.19上午

德兴市

玉山县

山塘村
4.18上午

玉山博物馆
4.17中午

上饶市

欧月园
4.18上午

信江书院
4.20上午

杏花村
4.17下午

丁晓胜，汉族，1967年1月出生，江西新建人。1988年12月加入中国共产党，1989年8月参加工作。大学本科学历，理学学士，工程师。现任中共上饶市委常委、宣传部部长。

# 画不尽大美上饶

一轴画卷渐次打开，上饶，这片古老而文明的土地，从容典雅地向世人走来，展示她熔烁古今之韵、风姿卓绝之美、如诗如歌如画。

这是一座古韵悠悠、文化厚重的城市。自公元210年秦始皇设鄱阳郡起，上饶已走过了1807年的光辉岁月。在历史长河中，中原文化和长江流域诸文化在此碰撞交融，浸润积淀，兼容并蓄，发扬光大。这里，稻作文化亘古悠远。1.2万年前，万年仙人洞的先人们种植出世界第一棵水稻，将世界水稻栽培历史在河姆渡基础上推前5千年以上。这里，书院文化久盛不衰。涌现出信江书院、叠山书院等168所具有一定影响的书院，在学界领一时风气之先。程朱理学与陆王心学在鹅湖书院展开的"鹅湖之辩"，开启了书院会讲的先河，被誉为中国哲学史上堪称典范的"千年之辩"。这里，戏曲文化源远流长。北宋德兴的董颖、元代鄱阳的汪元亨、清代铅山的蒋士铨是中国戏曲史上杰出的戏曲作家。明代四大声腔之首的弋阳腔，是中国高腔的鼻祖和活化石，为川剧高腔、湘剧高腔、麻城高腔，青阳腔、太平腔、四平腔、京腔等高腔的源头。这里，红色文化声名远播。方志敏等革命先辈创建的赣东北革命根据地和闽浙皖赣苏维埃红色政权，被毛泽东誉为"模范苏区"，是红十军的诞生地，在中国革命史上写下浓墨重彩的一笔。2.28万平方公里的土地上，处处闪烁着文明的光华，燃亮四面八方惊羡的目光。

时空转换，沧海巨变。勤劳勇敢的上饶人在市委、市政府的坚强领导下，众志成城，披荆斩棘，掀起一轮又一轮的发展浪潮。在迎接党的十九大顺利召开的喜庆氛围中，在决胜全面小康、打造大美上饶的铿锵步伐里，她又焕彩流光地向世人展示开拓之心、跨越之情、创优之志。上饶正在为我们展现一幅幅洋溢时代风采的壮美画卷。

大美上饶，美在她的山水文化。"江南山水冠天下，上饶山水冠江南。"放眼上饶大地，群山环抱，碧波荡漾，蓝天白云下，小桥流水旁，尽展"一城山色半城水"婀娜姿态，尽显"天光云影共徘徊"美丽画卷。中国优秀旅游城市是她的华丽霓裳，全市开放景区64处，拥有1个世界农业文化遗产、2个世界自然遗产、2个世界地质公园、3个国家5A级景区、5个国家风景名胜区、22个国家4A级景区。东西南北中分别有被习近平总书记誉为"三清天下秀"的三清山，中国最美的淡水湖——鄱阳湖，中国最美的乡村——婺源，华东第一高峰——黄岗山，中国最奇特的丹霞地貌——龟峰。"春到婺源赏花海、夏到龟峰觅清凉、秋到三清探奇峰、冬到鄱湖观候鸟。"上饶，一年四季皆有景，四海游客纷至沓来。

大美上饶，美在她的四通八达。上饶地处赣浙闽皖四省交界区域，是长三角、珠三角、长江经济带和海西经济区的共同腹地，自古就有"豫章第一门户""江东望镇"之美誉。铁路、高速公路四通八达，沪昆、合福两条高铁在这里骑跨式"十字交汇"，形成三纵三横铁路网、两纵三横高速公路网。三清山机场正式通航，上饶从此迈入航空时代，成为名副其实的"海陆空""铁公机"立体式综合交通枢纽。

大美上饶，美在她的发展盛景。决胜全面小康、打造大美上饶的宏伟目标振奋人心，我们正阔步前行，加快实现。新一届市委、市政府坚持以园区、城区、景区、高铁经济试验区、空港新区、物流新区、国际医疗旅游先行区为"主战场"，全力推进光伏、光学、汽车等战略性新兴产业快速发展，积极推动大旅游、大数据、大健康等新兴产业蓬勃兴起，产业发展后劲十足。明日之上饶，必将百般红紫、气象万千。

一轴画卷渐次打开，打开……这是绘就了上饶经济繁荣发展、社会安定有序的画卷，这是饱蘸了七百八十万上饶人民豪情壮志的丹青，浓墨重彩地绘下光华夺目、美不胜收的新景和盛景。

大美上饶，最美在今朝。

丁晓胜

2017年6月30日

施平，丁晓胜，戚全木，胡劲军，叶红艳

**任友群**，汉族，1969年4月出生，江苏苏州人。1991年7月参加工作，1991年4月加入中国共产党。研究生学历，教育学博士，研究员。教育部教师工作司司长，原华东师范大学副校长、党委常务副书记、上饶市委常委、市政府副市长（挂职）。教育部高中信息技术课程标准修订核心专家组组长、教育部教育信息化专家组秘书长、教育部高等学校中学教师培养教学指导委员会副主任委员、教育部高等学校教育技术专业教学指导委员会副主任委员。

# 艺术是凝固的风景

我是2016年3月根据组织安排从上海到上饶来挂职工作的，一年多来深切地感受到这里山清水秀、物华天宝，人民勤劳智慧，干部踏实奉公，赣东北这片热土正进入崭新的腾飞时代。

由于工作分工，我和市委宣传部长丁晓胜同志沟通较多。我们多次谈到随着经济社会的发展，一座城市的文化、教育事业也要顺势而为，乘势而上，特别是上饶的高铁优势，已大大拉近了与长三角的距离，主动与上海等大都市的同行对接、学习，并让上饶城市发展的方方面面积极登陆上海滩、融入长三角，既理所应当也现实可行。因此，晓胜同志也推动了上饶的文宣部门主动走出去，我也陆续邀请了一些上海的文化界、媒体界人士来上饶参观考察，并与本地同行交流互动，寻找合作机会。

认识施平先生，缘于2011年华东师范大学60周年校庆，他策划了"墨香丽娃"艺术画展，邀请了20位沪上知名书画家齐聚华东师范大学，以笔墨贺校庆。当时的策展效果很好，社会影响也较大。此后，我们一直保持联系。去年6月以来，由他策划的"百强经典·山水国画"展首次亮相上海虹桥机场，让中国传统笔墨走进机场、走向国际。我出差较多，每每飞回虹桥机场，走出航站楼时，也会和许多的旅客一样，驻足片刻，欣赏一下沿途的那些由施平先生策划的展览。

施平先生得知我来上饶挂职后，主动提出为上饶做点力所能及的事情。去年底，在他第一次来上饶与我见面后，通过考察和了解上饶的地理区位、自然资源和文化习俗后，表示想策划一期上饶的专题艺术展。后来他还曾多次当天往返于上海上饶之间，与上饶的宣传部门联络和谋划。随后，上饶市委宣传部和澳中在线、上海文化创意产业资源联盟联合举办了以"高铁枢纽、大美上饶"为主题的、由著名艺术家陈佩秋先生题名的"上海画上饶——红山绿水艺术行"（一城一市艺术先行）活动。在今年3月中旬和4月中旬，前后两批沪上知名艺术家来到上饶采风，成员包括著名影视演员牛犇，著名艺术家方世聪、车鹏飞、乐震文、丁申阳、刘蟾、周根宝、刘汇茗等，以及著名作家记者成莫愁、《人民日报》记者赵毅等。活动还得到了胡雅龙、陈轩等上海对外协作界资深人士的大力支持和精心指导。结束采风后，施平先生又忙着将艺术成果进行拍摄、装裱、编辑、宣传和出书等大量的后序工作。

　　"艺术是凝固的风景"，通过艺术的描绘，对于妆点现代城市和点缀秀美乡村将起到举足轻重的作用；通过艺术的挖掘，会让更多的人发现美和认识美。同时"艺术是无声的语言"，通过艺术的展示，对于提升城市形象和加大城市推广将起到出奇制胜的效果。

　　此次策展，众多海派百强艺术名家们用手中的妙笔为上饶的经典山水挥毫泼墨，将上饶好区位、好交通、好山水、好文化、好民风等生动活泼地展现在众人眼前，可以让更多的人认识上饶、知晓上饶、了解上饶，从而走进上饶，或观光旅游或休闲度假或一探究竟。这对于把上饶建设成为"国家全域旅游示范区"和"决胜全面小康、打造大美上饶"将起到积极的推动作用。同时，众多艺术名家们通过来上饶采风，他们获得了精神和艺术的双丰收，上饶画家马松林等也通过多种途径和上海画家进行了深度的交流与探讨，进一步碰撞了思想火花、拓宽了眼界视线、丰富了艺术修养，可以说是起到了一举多得的好效果。

　　这本集子就是近一年来上述各方人士共同努力的结晶。期待这样的活动在上饶越来越多，越来越好。

任友群

2017年6月24日于上饶信江河畔

陈天民、任友群、胡劲军、陈超、施平

249

**叶红艳**，女，江西广丰人，曾任上饶市文联党组书记、主席，现任上饶市委宣传部副部长（正县级）。

# 上饶，以文化的名义欢迎您！

上饶在哪里？

上饶与上海同姓，上饶以富饶为名！一个山川美丽，生态优良，文化厚重，交通便捷，民风淳朴，宜居宜业的好地方！

上饶与上海只有两个半小时的高铁车程。今天，在上饶火车站，南来北往、纵横东西的列车达340趟；其中高铁客车超过260趟，日均客流量4万人次。因此，人们戏称位于赣之东北、与浙西衢州接壤的上饶是上海市的"五环"；以至于无论是上海到上饶挂职工作的任友群常委副市长，还是像施平先生这样的精英商务人士，常常打着"高的"往返于"两上"城际间！

由于工作分工，我有幸直接负责上饶市委宣传部和上海澳中在线、上海文化创意产业联盟联合举办的"上海画上饶——红山绿水艺术行"活动。活动自今年春节启动以来，分别于3月中旬和4月中旬组织了沪上著名的艺术家方世聪、徐纯中、车鹏飞、丁申阳、周根宝、朱杰军、牛犇、刘汇茗等，《人民日报》记者赵毅，上海电视台主持人潘冬妮，上海对外协作界资深专家胡雅龙、陈轩等四十多人来上饶考察、采风和交流。随着活动的推进，活动主题已从最初单纯的文化艺术采风上升为"一城一市 艺术先行"，推动两地文化艺术创作交流，开展"高铁枢纽 大美上饶"主题宣传以及城市文创化营销等多领域、全方位交流合作的系列活动！成效虽只是初露端倪，也是可喜可慰！

活动中，沪上朋友们观三清山，赏婺源，入铅山，走德兴，到信州，行弋阳，进玉山，考察上饶高铁经济试验区，参观上饶集中营旧址，瞻仰方志敏纪念馆，开启了一场盛大的艺术之旅。红色文化、造纸文化、炼铜文化、稻作文化、书院文化、戏曲文化、赏石文化、创业文化……上饶大地，形态多样的文化气息扑鼻而来，浓郁厚重；被习近平总书记誉为"三清天下秀"的三清山，粉墙黛瓦的最美乡村婺源，曲径通幽的河口古镇、明清古街……所行之处，如诗如画的田园风光、山水美景目不暇接，美不胜收。艺术大师们尽情、尽兴地挥毫泼墨，画上饶，写上饶，赞上饶，把上饶大美的风景、风情、风采、风貌定格在画纸上，镌刻在思想里，生动精彩地传播到世界各地。

"国民之魂，文以化之；国家之神，文以铸之。"如今，勤劳的上饶人民正努力建设文化小康，用文化提升城市内涵，用文化铸造城市品质，脚踏实地推动城市发展！作为文化盛地、精神高地、人间福地和通衢要地的上饶，我们愿将取之不尽、多元富庶的文化呈献给广大文艺家，成就广大文艺家创作更多的精品力作，勇攀世界艺术高峰！

　　上饶，在我们缔结的友谊里！

　　上饶，在文艺家的诗里画里！

　　上饶，我们以文化的名义欢迎您！

2017年7月1日于江西上饶信州

周根宝、方世聪、叶红艳、何承锡、施平、朱杰军

# 上饶现场艺术采风活动

陈佩秋《上海画上饶》 35cm×140cm

    4月20日，"上海'画'上饶——红山绿水艺术行"艺术采风活动的最后一天，艺术家团队与企业家团队在上饶市信江书院会合。

    上饶市市委常委、宣传部长丁晓胜、副部长叶红艳在信江书院接见艺术行团队，并与艺术家、企业家们进行艺术交流与探讨。著名策展人施平先生向上饶市市委常委、宣传部长丁晓胜、副部长叶红艳一一介绍艺术行团队：海派百强名家车鹏飞、周根宝、方广泓、刘蟾、刘汇茗、王大宙以及企业家张恭春、江康汉、季贞、季益华等。同时感谢丁部长与叶副部长给予此次活动关心与支持，承诺采风结束后，艺术家将创作出艺术精品，将大美上饶通过艺术的形式展现出来。

    实地参观信江书院后，在书院办公楼内展开创作交流。两地艺术家在宣纸上调墨弄笔，鸾翔凤翥，将上饶印象跃然纸上，企业家们也纷纷拿起纸笔将上饶印象化作诗篇，好一派"信江书院群英会，翰墨情长乐万年"的之景。

    四天三夜的上饶艺术行正式结束，"上海'画'上饶——红山绿水艺术行"艺术采风活动圆满落幕。

（《上海画上饶》编委会）

方世聪及其女儿与施平在婺源现场采风

艺术家们在上饶高铁站合影

252

上饶艺术行团队在方志敏纪念馆合影

何承锡、牛犇、何承爵

叶红艳、方世聪、施平

上饶研讨会现场讨论

任友群、施平

施平、任友群、成莫愁

艺术家们在三清山顶探讨艺术

车鹏飞、丁申阳、任友群、施平、乐震文

王大宙、任友群、车鹏飞、施平、丁申阳

牛犇为刘汇茗端墨

胡晓胜与海派艺术名家合影

上饶艺术行团队在三清山合影

外国友人参观展览

海派艺术名家们在上饶合影

"艺术是凝固的风景",同时,"又是无声的语言",施平先生发起的《上海画上饶》的城际文化交流活动,通过海派名家的艺术展示,对于提升城市的形象,加大城市推广是会起到出奇制胜的效果的。

**任友群** 教育部教师工作司司长,华东师范大学原副校长、党委副书记、上饶市副市长

# 《上海画上饶》首发活动暨名家
# 签售会亮相上海书展
## ——拉开"一城一市 艺术先行"城际交流合作序幕

陈佩秋《一城一市艺术先行》　22m×95cm

　　《上海画上饶》一书即将在2017上海书展亮相。在书展期间购买此书的读者可参加8月17日下午5∶30至6∶30在上海展览中心友谊会堂（南京西路1333号）举行的《上海画上饶》首发活动暨名家签售会，本次活动主题为"走进高铁城市　悦读大美上饶"。主办方为回馈广大读者的热情，精心准备了海派名家字、画百余幅，作为抽奖礼品。

　　此书由上海著名策展人施平主编，沪上作家武佩珧及记者成莫愁参与编撰，记录海派百强名家赴饶地采风考察等概况。此书由海派大师陈佩秋题字、中共上饶市委宣传部长丁晓胜、上海市各地在沪企业（商会）联合会会长胡雅龙及海派大师陈佩秋作序，备受读者关注。

　　中共上饶市委常委、宣传部长丁晓胜在序言中提到："大美上饶，美在她的历史厚重，美在她的如诗如画，美在她的'红'山绿水，美在她的沧桑巨变，美在她的高铁枢纽，美在她的发展盛景，画不尽的大美上饶，最美在今朝的大美上饶！"

　　上海市各地在沪企业（商业）联合会会长胡雅龙在寄语中写道："随着交通愈加便利，我们有理由相信，凭借沪饶两座城市的深厚积淀和互补优势，上饶融入长三角的步伐

参观读者抢先阅读　　　　　　　　　　参观读者抢先阅读

海派百强名家刘蟾书展签售

海派百强名家刘汇茗书展签售

一定会加快，沪饶两地的合作一定会取得新的成果。此次上饶艺术行活动，用艺术提升城市形象，用文化带动城市发展，搭建上海与上饶合作的桥梁，从而促进两地的双向合作，是一种极佳的合作模式。希望这样的活动能够在全国各地展开，我将全力关注与支持。”

海派大师陈佩秋在序言中写道：“每一位艺术工作者，都需有社会责任感，需有对艺术的真诚感。书画家除了认真观察生活，将身边的一草一木都可入画外，更重要的是感受与体味生活，用作品来说话，反映自己的艺术观念与价值取向。要不累于俗，不饰于物，不苟于人，不忮于众，保持独立的思考与见解，提高对景写生的驾驭能力，才能创作出好作品，与大家共勉。”

上饶市副市长任友群则为《上海画上饶》题跋：“‘艺术是凝固的风景’。通过艺术的描绘，对于妆点现代城市和点缀秀美乡村将起到举足轻重的作用；通过艺术的挖掘，会让更多的人发现美和认识美。同时‘艺术是无声的语言’，通过艺术的展示，对于提升城市形象和加大城市推广将起到出奇制胜的效果。”

在签售会现场，海派大师陈佩秋、著名演员牛犇、百老讲师团团长戚泉木、著名收藏家杨百兴作为重磅嘉宾受邀来席，为整个书展平添人气，慕名而来的书友自主排队与名家零距离接触并合影留念，场面十分火爆。沪上名家方世聪、车鹏飞、乐震文、徐纯中、王宣明、万福堂、周根宝、龙纯立、方广泓、刘蟾、何承锡、何承爵、徐伟德、刘汇茗、丁申阳、朱杰军等及上饶画家祝安峰、俞小飞、熊敏鹤、马松林参与其中，两地画家的交流从上饶到上海，从书展到艺术，势必为一场宏大的艺术盛宴，翰墨情长，艺术飘香。上饶各地的宣传部长也出席书城签售会，全程全面详细地向读者介绍上饶各地区、各景点近况，并为广大购书读者带来了极具上饶特色、展示上饶文化的礼品。

今年3、4月由中共上饶市委宣传部、上海文化创意产业资源联盟及澳中在线共同组织的“一城一市　艺术先行——‘红’山绿水艺术行”活动在上饶各地展开，沪上20余位书画名家、企业家、影视演员、收藏家、记者参与其中，通过实地考察采风加深对大美上饶的认知，活动在两地都极为瞩目，取得圆满成功。

《上海画上饶》作为两地城际交流合作的产物，亮相上海书展，成为书展的宠儿，媒体的聚焦，城际交流的先例。此书整合沪上20余位置身上饶地区实地考察采风的书画名家、企业家、影视演员、作家、记者，通过其切身体验后以文字，绘画以及摄影的方式来阐述自己对上饶的所观所感，多角度、多方面诠释大美上饶。同时此书也融入上饶书画家、作家及相关宣传部门关于上饶的介绍，客观陈述上饶近年来的改变与发展，将高铁枢

上饶书展签售会场海报

丁晓胜部长莅临签售会场

纽大美上饶的日新月异的变化直观凸显。在影视演员牛犇的作品中，他以学习者的态度自居，在英雄的城市学习革命精神，弘扬红色文化；方世聪的《婺源山顶》《龟峰》均为现场采风作品，不仅让读者看到婺源的山美、水美，也再现了婺源的个性与态度。

据悉，上饶已批复为全国性的交通枢纽，全面进入"高铁时代"，距离上海仅需2个多小时，极大地缩短了两地的"距离"，同时也加速了上饶地区的人流、物流及信息流，上饶迎来全面发展的新机遇，期待通过艺术的交流，文化的先行，带动两地企业的交流与经济的互动，从而拓展至多方面、全方位的合作与交流。

本次活动是由文汇出版社、中共上饶市委宣传部、上海文化创意产业资源联盟及澳中在线联合举办。

更多详情请关注"海上画家艺术网"。

（《上海画上饶》编委会）

海派大师陈佩秋与施平合影

丁晓胜部长、施平

施平与上饶艺术家合影

艺术是人类的灵魂之光。施平组织艺术家到婺源，我感受到山美水美田美，更主要的是人美！

**方世聪** 毕业于上海美专油画系，后任上海戏剧学院美术系油画教研室主任。在法国被誉为继赵无极、朱德群先生之后的中生代杰出画家。

为传承中国传统文化，施平呕心沥血奔波联络，成功举办多次画展，让书画家十分感动！

**乐震文** 曾任上海书画院执行院长。现任上海市文史研究馆馆员、中国美术家协会会员、上海海事大学徐悲鸿艺术学院院长、民建上海市委文化艺术委员会主任、上海觉群书画院院长、上海中国画院兼职画师

施平先生我还是比较熟悉的，他在弘扬和继承海派文化和艺术方面，充满了一个上海人的激情与愿望，无论是在上海虹桥机场、还是在上海图书馆或大世界、长宁当代艺术馆等地方举办的画廊或画展，其付出的几乎都是他的"竭尽全力"或"奋不顾身"，我真诚地希望他能获得成功。

**朱杰军** 华东师范大学艺术学院副教授、国家注册高级室内建筑师、上海美术家协会会员、中国建筑师学会会员

丁酉仲春，随施平组织的上海画家代表团到江西上饶采风。长时间在博物馆任职的我，到了玉山千年古邑，仿佛置身于诗境"杏花村"。

**周根宝** 毕业于上海市美术专科学校预科、上海大学美术学院国画系，师承谢之光、程十发。擅长人物，兼攻山水花鸟

# 大美上饶亮相上海虹桥国际机场

上海电视台报道，"大美上饶亮相上海虹桥国际机场 备受海内外旅客关注"。

近日，上海虹桥国际机场迎来了一场特殊的展览，这里不仅有海派百强名家的书画精品，更有作品中反映的大美上饶——高铁枢纽上饶站、白墙黛瓦古村落、秀美规整新农村……引来海内外旅客的驻足观看。

"一城一市　艺术先行"名家艺术展首次亮相上海虹桥国际机场JC-99艺术空间，展示了"上海画上饶"系列活动成果。不仅有今年两次采风艺术行活动的图片集锦，更有百强名家书画里的大美上饶；不仅有《上海画上饶》一书的付梓出版，更有中共上饶市委宣传部长丁晓胜、上饶市副市长任友群、海派大师陈佩秋等为书籍、活动献词，题跋以示重视。"上海画上饶"系列活动在两地取得广泛、深远的影响，此次搬进国际机场的展览空间，也让五湖四海的旅客们全面认知大美上饶，见证沪上艺术名家创作风格，为"上海画上饶"系列活动画上圆满句号。

此次名家艺术展开幕式中，上饶市委宣传部副部长叶红艳及有关领导、百老德育讲师团长戚泉木、澳中在线董事长、著名策展人施平、赴上饶的海派百强名家车鹏飞、刘汇茗、著名作家武佩珧等参加机场艺术展开幕式，现场接受上海电视台采访。

今天在这里我们能近距离，几乎可以说零距离的仔仔细细地品赏我们画家的精品力作，在这里感受一下上饶文化的魅力，上饶山水风光的特点，还有我们上饶丰硕的建设成就，都能在画家的作品上跃然纸上，体现出来，所以非常开心。今天看了几件作品，我觉得非常感谢这些艺术家们，在整个"上海画上饶"活动中为上饶的宣传、为上饶的山水、为上饶的文化讴歌而付出的心血和劳动，非常感谢他们。

上次在图书馆联谊展时，中共中央宣传部原常务副部长龚心瀚谈道，"第一次是作家进上饶，第二次是画家进上饶，第三次想要百老进上饶"，百老团里面还要许多摄影家，这次百老看上饶作为摄影的形式展现，就为了让上海人民第三次了解上饶，看上饶的山美水美人更美，这也是一种艺术形式，我们现在正在积极地组织，我们要把上饶的革命传统的精神带到上海来，把友情带到上海来。

著名策展人施平与车鹏飞合影

上海画上饶展厅大合影

上海书城书展签售

上海书城牛犇签售

　　上饶近年来旅游设施、条件都加强了很多，这次参观了上饶市德兴市的大茅山，它以泉洞为主，风景有特色，是以水为主的，在山下周游的场景，所以我有意识地画了大茅山，努力表现它的特点。我觉得上饶是祖国非常优美的旅游胜地，印象越来越好，希望上饶与上海的联系越来越紧密，更多的上海游客去上饶游玩。

　　"上海画上饶"系列活动一共产出了6幅作品，平时绘画中画人物较多，所以更加关注上饶的人文景观，比如说《鹅湖书院》是上饶市四大书院之首，年代久远，我就学习典故重现了"鹅湖之辩"的场景。这一次将这些作品在机场展出，很荣幸能与观众、旅客共享。

　　关于创作《上海画上饶》一书，有以下三点可讲：第一点，上海的画家是以画的形式表现上饶，还有城市和城市之间的交流；第二个向上饶的"红"山绿水致敬；第三个是对上饶采访的一个完整的概述，我们想通过这本书更好地将上饶介绍给上海，让上海更加接近上饶，上海和上饶都一个"上"字，我们想一起共同进步，共同向前。

　　本次活动由澳中在线、上海虹桥国际机场与中共上饶市委宣传部联合主办，精选了陈佩秋、方世聪、车鹏飞、袁淡如、乐震文、徐纯中、王宣明、万福堂、周根宝、龙纯立、方广泓、刘蟾、徐伟德、何承锡、何承爵、刘汇茗、王大宙、丁申阳、朱杰军19位海派百强名家的23幅作品。本次艺术展主题"一城一市　艺术先行"及"上海画上饶"均由海派大师陈佩秋题写；油画大家方世聪的《远眺婺源》是在婺源江岭观景台现场创作的，万亩梯田的金黄菜花、白墙黛瓦的古村落，还有那绵延的山脉相互守望，构成了三月婺源的大景象；百岁老人袁淡如创作《秀中藏秀》是三清山奇景的再现，画中的女神峰安静的眺望远方，倍显清新与和谐；百强名家乐震文的《大茅山写生》是在游览德兴市大茅山梧风洞景区时有所触动所画的，他热爱写生，钟情于游走在山山水水间，一山一石、一树一木都有了细节上的刻画。所有展出的画作都源于自然中的上饶、源于画家的内心，才有了这场艺术的盛宴，旅游的胜地。

　　12月8日的开幕式上，一位旅客接受上海电视台现场采访，他说，作为沪上上饶人，在机场看到这样的场景很是亲切，要发朋友圈，让家乡人了解上饶日新月异的变化，与上海完美对接。这与著名策展人在组织策划"一城一市　艺术先行"系列活动的初衷相吻合，希望能激发更多沪上上饶人认同感与自豪感，同时希望更多的沪上来往旅客通过艺术家笔下的书画作品，去看看画中的景色，看看画中的人，感受新时代新上饶的新变化。

　　今年3月—4月份，我们澳中在线组织了上海的艺术家、企业家、收藏家、作家、文学家、记者等30多人到上饶采风考察、用文字、绘画和摄影的方式阐述"高铁枢纽　大美上

饶"，8月编辑成《上海画上饶》一书，多方面多角度展示了上饶形象。今天，我们把书中的经典部分放在上海的窗口——虹桥机场集中展示，主要是想把伟大的上饶人民，把上饶的"红"山绿水，把上饶的建设成就介绍给上海人民，介绍给全国人民，让更多的人了解上饶和知道上饶。最后，向英雄的上饶人民致敬！

　　"上海画上饶"系列活动萌芽于2017年年初，阳春三月、四月带领书画家、企业家、作家、媒体两次赴上饶写生、考察；8月份《上海画上饶》一书在上海书展亮相，标志着上海、上饶"双城时代"的到来；11月中旬，在上海图书馆成功举办"上海画上饶"联谊展，不仅凸显"高铁枢纽　大美上饶"的变化，也呈现沪上艺术家的创作水准；现今，将艺术展搬进上海虹桥国际机场，面向世界。

　　据悉，经过上海虹桥机场单日客流量最高曾超过25万人次，本次展览将持续到2月底，为期三个月，那么，JC-99艺术空间的旅客显而易见，将有两百多万人走近展览，"走进"上饶。

（《上海画上饶》编委会）

大美上饶，"江南山水冠天下，上饶山水冠江南"。在这片古老而文明的土地，展示她熔烁古今之韵、风姿卓绝之美、如诗如歌如画。施平曾带领海派书画家前来采风，将一座古韵悠悠、红色文化的城市声名远播，出版了《上海画上饶》。如今欣闻他即将出版新书《估价真金》，表示由衷祝贺！

**丁晓胜**　中共上饶市委常委、宣传部部长。

几年前，我有幸直接负责上饶市委宣传部和上海澳中在线、上海文化创意产业联盟联合举办的"上海画上饶——红山绿水艺术行"活动。施平两度组织画家文化艺术采风，推动两地文化艺术创作交流，此举可喜可慰！作为估价师，他又用文化推动估价，《估价真金》书名颇具特色，与《上海画上饶》书名具有同等魅力！

**叶红艳**　上饶市委宣传部副部长（正县级）

261

戚泉木、胡雅龙、陈超、任友群、施平

# 真金如做人

得知施平先生又要出书，我从内心点出一个真心的赞，因为我知道，为出这本书——他一定积淀了多年。

施平先生有很多身份，房地产估价师、艺术策展人、艺术网（画报）总编、文创公司老总等等，但在我心里，他是一位真性情的朋友。

还记得，六年前的那个冬天的下午，在一家咖啡厅，我经朋友介绍第一次与施平先生见面。本以为我一个搞影视创作的人，与搞艺术策展的人会很难沟通。没想到，我们一见如故，仅凭这第一次的"眼缘"，我们就谈妥了一个合作至今的项目。当时我就想，这人——真爽快！

此后，我们合作的足迹到过片场，去过上饶，走过张园，进过书展，听得最多的一句话就是——我们要替别人多想一点！施平先生常常是宁可自己吃亏，也不会亏待任何人。我常想，他待人——用真心！

2017年，我有幸应施平先生之邀，参加了"上海画上饶——艺术家上饶之行"活动。我看到"另一个"施平先生，他——甘愿为那些海派艺术家服务，不厌其烦地与沪赣两地各方沟通、交流、协作。我便想，做事就该像施平先生——凭真诚！

几年来，通过和施平先生的相处、合作，我领悟了很多做人、做事的道理。友如师，这便是幸事。于是，我总想，认识施平先生——真幸运！

真如水，诚如金，如交友、如做人！

熊问天——著名影视导演

2021年2月28日于沪上

施平与熊导合影

拍摄现场花絮

周根宝、车鹏飞创作现场

# 第五部分

# 艺术鉴赏——海上画坛的笔墨价值

　　海派文化及艺术，说到底是根植大江南及中华传统文化基础之上的，没有中华文化在江南5000年随时代而动的艺术情怀与精神造就，所谓的海派文化能发展到如今的滴水浩荡、帜树一方，可以说这实在是让人难以想象的。近十年来，我们依靠自己亲手打造的澳中在线——这一家集广告、传媒、杂志、报纸、电视、视频、媒体、展览、文化+、互联网+的研发与实践为一体的文化传媒公司，来积极地弘扬海派文化，搭建海上画家艺术网，致力于画进家庭，让小众艺术走进大众生活，为书画投资与鉴赏提供了非常专业收藏与营销平台，拥有独立策划展览、出版图书以及媒体宣传的精英团队，聚集海派百强名家，创办《名家艺海》画报、"海上画坛"杂志。我们所开创的"情系长宁、徐汇、黄浦"等画展与笔会，现已成为海上画坛盛名远播的文化品牌之一。

# 笔会画展
## ——艺术激发城市潜能

如果房地产估价是我的职业，那么，我多次举办笔会画展，也是一种职业的延伸，是艺术笔墨的估价，让艺术激发城市潜能、策展为城市艺术服务。

房地产估价有一把尺子可来衡量，那就是公平、公正、公开；而笔会画展估价也有一把尺子：追求真善美。"真"是公开、"善"是公正、"美"是公平。举办笔会，让艺术零距离接近老百姓，画家在画展上公开画画，传播美学；所绘题材显示公知和正能量，表达一种吉祥善良的美意；公平交易，凸显出美术艺术也是更好地为大家的品质生活服务。消费者与画家面对面的相互互动，由期望值"心理估价"到最终成交，实现了艺术品的实质性价值，也提高了大家对海派书画艺术的认同感。

通过画家不同风格、不同题材、不同样式的作品，最后"落地"成为百姓房间中的一道美丽风景线。城市更新不光体现在城市环境公共空间的美化，同时也包括百姓家中的环境审美情趣的提高。城市每个大楼里的每个房间，都值得我们去丰富、去传播、去滋养。因为家庭是社会的细胞，每个家庭和谐了、美化了，城市的空间也会被激化、被提高。

正基于此，因而我十分热衷于办笔会和画展，并被人冠以"著名策展人"。"著名"是他人对我的尊称，策展人倒是我做得实实在在。我在上海虹桥机场、上海图书馆、上海大世界、长宁当代艺术馆、红星美凯龙家具城、徐汇区云洲古玩城、吴宫大酒店等地举办几十次笔会和画展。由此我想真心地告诉读者：海上画坛，艺术能激发这座城市潜力；城市更新，文化能提升这一地区价值。

附上笔会和展览的几次报道，以飨读者。

# “海上画坛·情系长宁”
# 虹桥当代艺术馆笔会暨画展

“接天莲叶无穷碧，映日荷花别样红。”上海初夏书画展览频频。六月八日，“澳中在线”、海上画家艺术网和上海虹桥当代艺术馆联合在上海虹桥当代艺术馆举办38位海派名家名作书画展。著名画家陈佩秋题“名家艺海”和著名画家方增先题“美丽上海·海上风情”的珍贵墨宝，更为这场集油画、版画、水彩画、中国画、书法等多种艺术形式的书画展增强了更多的亮色。

书画歌盛世，笔墨传新声。海派书画的特色便是“有容乃大”。此次书画展共征集38位书画名家的精品之作百余幅，展示了当代海上画坛书画各领域顶尖艺术家们的精品力作。不同的风格、不同的流派以及他们用不同的语汇，讲述了他们不同的人生感悟和展示各自的艺术才华。群贤翰墨，各呈异彩。这些作品题材广泛、内容丰富、气势恢宏、寓意深远，融思想性、教育性、时代性、艺术性为一体，这些焕发出独特艺术光彩的作品，具有很强的观赏性和感染力。

为让观者饱览精美艺术，享受一次海派艺术的盛宴，让广大书画收藏家和书画爱好者零距离接触更多的书画艺术，我们特将陈佩秋、林曦明、韩敏、方增先、汪志杰、韩伍、李朝政、陆亨、苏春生、梁洪涛、杭英、卢象太、许艺城、周志高、韩硕、周根宝、马明玉、方广泓、程多多、卢治平、武国强、何承爵、何承锡、刘蟾、金义安、周长江、施大畏、成莫愁、黄阿忠、吴超、刘汇茗、宋建社、谭根雄、丁申阳、吴越、李存馀、陈睿韬、朱杰军等38位海上名家共聚一堂的展览作品，编汇成一册，也可谓是让文化落地，让名家书画进家庭，高雅艺术进社区。为使文化传播正能量，我们愿做伟大时代忠实的见证者和传递者。

现代城市带来了源源不断的时代动力和蓬勃向上的精神活力，为推动整个海上画坛乃至整个海上文化向前发展，我们将竭尽全力，乐此不疲，且行且努力！

努力再努力！

谨此，向陈佩秋先生和方增先先生两位老前辈、向参与画展的各位海上名家、向支持我们活动的朋友们，致以诚挚的谢意！

谢谢！

参展观众签名

参展观众签名

画展开幕式嘉宾

丁申阳接受媒体采访

施平与艺术家方广泓、谭根雄讨论

施平与艺术家何承锡合影

# 徐汇云洲古玩城的大型画展和笔会
# 对于当下海上画坛"真假纷呈"的思考

比如你去北京的潘家园去看看，偶尔看见地上的一个"好玩"或墙上的一幅好画，大半数的卖家就会告诉你说：这个东西或这幅画是在某年某月从清宫的某一殿某一阁中流出来的。而上海的好像不是，如遇一幅名作，大多卖主会告你：这东西来自某弄某号的某人，故有人说藏在宫里的真假难辨，挂在家里的深不可测，而徐汇云洲古玩城真人真品的大型画展和笔会的出现，便解答了人们对于这一方面的疑惑。

徐汇云洲古玩城坐落在上海徐汇区大木桥路上的云洲商厦，我所知道的由澳中在线和海上画家艺术网携手徐汇云洲古玩城共同举办的"海上画坛・情系徐汇"的大型画展和笔会，应该是起于去年的夏秋某一天的，在该古玩城八楼的名品交易大厅里，久违的人头攒动，有一段时间里，甚至是人满为患，三十多位画家作画，三百多位书画爱好者涌入，笔墨焕发，买卖二旺，着实是上海书画市场上的又一大奇观。

用澳中在线董事长、上海虹桥机场艺术长廊总监、JC-99艺术空间总经理、著名策展人施平先生的话说，云洲古玩城与澳中在线携手，在海派名家与大众需求之间搭起了一座桥梁，更是让"大众"与艺术进行了零距离的对话，让传统书画真正地走进大众生活，让艺术品不再遥不可及可以说是"海上画坛"的目的。2013年我们所提出的"画进家庭"的前提是：首先要保证画的"真实"，其次才能带来"家"的快乐，而徐汇云洲古玩城的大型画展和笔会所承载的正是这样的一种社会功能和"快乐"的责任。

根据"海上画坛"的源远流长及她的收藏厚度，这二年来已作为常态化、固定化的"海上画坛・情系徐汇"的大型画展和笔会就不难看出，所谓的"画进家庭"，只要是看看这个市场近二年来的画展和笔会交易的业绩，其实是不需要做出一些什么样的诠释，你或许就会知道其中的端由的。当然，带着深厚历史积淀的古玩市场仿佛是由于当代笔墨的参与，就已同时决定了在这个优雅顶层的消费环境之中，除了小众小圈的这个概念之外，参与其中的俨然已经成为大众的一个选择了。

上海是一个繁华而又具有光荣传统的城市，美丽、多元与包容是上海的特点，也是海派的特色。正是在这种多元与包容中，海派画家从江浙各地汇集于上海，并在独立而融合

云州笔会观众接受采访　　　　　　刘汇茗现场挥毫

269

幸运观众获得大奖

笔会幸运观众与艺术家合影

的环境中践行着其海纳百川、画"容"天下的雄浑气魄。

提到书画，特别是在徐汇云洲古玩城里提起"海派"一词，总让人想起文化的额传承、传统的延伸，当代文化的重要组成和体现。19世纪后期至20世纪初的中国历史的发展，政治的更迭，让文化人以弘扬海派艺术为己任，画家则通过不同的角度，不同的艺术线条，深刻地描绘上海这座城市的变化，叙说着海派文化的坚守与继承。现在的人们通常都说：笔随时代，墨见精神。

2021年是文化大发展的一年，尤其对于海派画家而言，这一年又有一番新的景象。海派书画重创，海派书画的独到和包容，成就海派的独特肆意之书风和画意，在新一年徐汇云洲古玩城里将会更加的处处透露着生命的讯息，所谓的"晓风过去时，大美静中参"。

因此，海上画坛在这样的精神状态下去与古玩城自然地融合、发展和创新，我想一定会为繁荣上海的文化事业去尽到一份弥足珍贵的绵薄之力，也许还会给中国的海上画坛，带来一种别样的生机、想象或实现更多的一种梦想的。

云州笔会活动现场

云州笔会抽奖现场

云州笔会活动现场

云州笔会艺术家现场接受采访

# 云洲古玩城"海上画坛·情系徐汇"
# 笔会暨画展

　　由著名策展人施平主办的《海上画坛·情系徐汇》系列画展，场面火爆，好评如潮，画家与艺术爱好者纷至沓来，趋之若鹜，他们对艺术的拳拳之心令人感动。

　　3月23日，由澳中在线和云洲古玩城联合举办的为期三天的第十届"海上画坛·情系徐汇"画展暨笔会得到了五涟矿泉水的全程赞助和著名书画家成莫愁、马金龙、沈鸿祥、程共飞、夏天、张玉迎的大力支持，他们纷纷献上墨宝，为笔会抽奖助兴。86岁的赵女士喜获"毛体大师"张玉迎的《善思谨行》，成为笔会举办以来最高龄的获奖者。连六七岁的小孩也热情满满前来参展，还幸运抽中了著名书法家程共飞的墨宝《紫气东来》。大奖得主孙鸿元是上海市收藏协会新花园收藏艺术沙龙会员，对《南国风情》评价很高。他说刚到笔会现场时，就被何承爵老师的这幅画所吸引，因为它是非卖品非常遗憾。没想到机缘巧合，他竟以抽奖的方式收获了这份意外的礼物。得知这幅作品是表现云贵高原风情时，曾在贵州当过兵的孙鸿元大呼"缘分呀"！自去年9月揭幕后，两月一次的云洲笔会一直秉持澳中在线集团董事长、上海著名策展人施平先生"画进家庭""让小众艺术走进大众生活"的策展理念，已成功举办十届，深受广大书画爱好者、收藏者们的欢迎，成为徐汇区乃至沪上极具影响力的市民文艺活动和知名品牌。

　　5月9日至11日，第十一届"海上画坛·情系徐汇"画展暨笔会在云洲古玩城交流交易中心如期举行。尽管接连两天阴雨连绵，但盛况依然势不可挡，金义安、周京生、许艺城、刘汇茗等42位书画名家精品悉数亮相，吸睛度很高，让这场文化盛宴颇受投资、收藏者的青睐。书画传意，情满中秋。

　　由上海著名策展人施平策展，金义安、周京生、朱忠明、何承锡、何承爵、刘汇茗、马明玉等沪上数十位名家领衔参展的第十二届"海上画坛·情系徐汇"迎中秋画展暨笔会圆满落幕。不知是接连三天的好天气还是节日气氛的影响，来看展淘画的人非常之多，除了年轻的商家和艺术收藏者，不少老夫妻也前来感受艺术熏陶，十指紧扣十分有爱。

云洲笔会活动现场　　　　　　　　　　　云洲笔会活动现场

第十三届"海上画坛·情系徐汇"画展暨笔会有许多精彩瞬间，推开云洲古玩城8楼交流交易中心的大门，就能看到书画家们亲切的脸庞和嘉宾们买画品字的悠闲身影，前台的妹子总是慵懒而热情，三天的时间很快流逝，其实没有太多渲染，风雅就在不言间。

第十四届"海上画坛·情系徐汇"画展暨笔会在云洲古玩城热热闹闹地举行，平日里难得一见的苏春生、丁申阳等名家也亲临现场，与市民一起欣赏书画家们现场创作。终极大奖、普通奖、特别奖等5幅书画作品齐发，刘汇茗、刘新愚、郑明正、马金龙、张洛平等五位书画家亲手为嘉宾们颁奖，惊喜与欢呼引爆全场。让传统之美的"小众艺术"真正地走进现实生活的"大众之家"，让前沿性、多元性和广阔性的海派艺术在"民间"和"自我"中自由行走，俨然成为此次画展暨笔会的新意与内核。

一幅幅精致的书画艺术作品让人置身于艺术的殿堂，一位位海派名家现场挥毫泼墨洋溢着艺术的气息。5月20日-5月22日第十九届"海上画坛·情系徐汇"画展暨笔会在上海云洲古玩城圆满落幕。此次画展暨笔会由著名策展人施平策划，邀请了沪上40名书画名家，参与作品展及现场笔会交流。以画会友，以笔抒情，共享艺术成为此次画展暨笔会的亮点。韩敏、林曦明、王克文、韩伍、韩硕、苏春生、丁申阳、戴小京、车鹏飞、梁洪涛、吴越、刘小晴、陆亨、程多多、周根宝、金义安、刘汇茗、宗炳春、张玉迎、张洛平、夏天、李朝政、张庆德、许艺城等40位海派书画名家齐聚一堂。他们现场创作，现场讲解，为参观者进行艺术创作指导的同时，也解答参观者关于艺术品收藏、辨别书画真假等相关知识，他们与现场参观者共享艺术盛宴。参观者欣赏名家书画作品，不时拿相机和手机记录下来，并与书画作者交流书画心得，了解作品真实意境。在此次展会上，海派名家的多幅作品被参观者购买收藏，这不仅表明作品的炉火纯青，也表明书画收藏已成为当前的一大潮流，越来越多的人愿意在书画作品上进行投资。本次画展暨笔会为期三天，在免费对广大市民开放的同时，还准备丰厚的书画奖品，每天有两幅书画抽奖活动，每天下午3:30准时抽奖，受到游客慕名前来观赏。第一天的书画作品由夏天和宗炳春提供，第二天的书画作品由郑明正和高剑提供，第三天的书画张玉迎、刘新愚提供。书画奖品免费带回家，将画展暨笔会推向高潮。名家与参观者亲密互动，更将笔会提升至新的高度。名家的面对面交流，不仅为海派书画名家的艺术交流、思维碰撞搭建平台，也为打破艺术神秘感，让小众艺术走向大众生活搭建平台。"艺术品进家庭"是资产配置多元化的一大体现，在人们物质生活极大丰富之时，为受众呈现一场场艺术盛宴，满足人们的精神需求，让艺术更加贴近群众，更加融入生活。据悉，本次画展暨笔会由澳中在线、海上画家艺术网再度携手云洲古玩城共同举办。此次画展暨笔会中，靳雪丹、金义安、朱忠明、张玉迎、何承锡、何成爵、李朝政、马明玉、刘汇茗、张庆德、夏天、郑明正12人的画作成功被收藏者收入囊中。画展暨笔会长期以来备受海派百强名家和书画爱好者的大力支持和热心关注，真切让每个人在享受艺术的同时成为书画艺术品的收藏者！

历时十天的"美丽上海·海上风情"名家艺海书画精品展，虽不足以尽现38位海派名家的风采，更不足以概全海派文化的声音，但它以至真至美、多元而亲切的姿态，赢得了市民的广泛好评和书画拥趸、策划、投资者的口碑，并促成了向好的成交量。不少去虹桥艺术馆三楼换音乐票、听评书的退休老干部，也来二楼的主展厅参观，他们声称这是艺术馆承办书画展以来最高层次、最具凝聚力的画展，老中青三代的书画家作品都在里面，油画、版画、水彩画、中国画、书法都有，不少精品还附有详尽的画家介绍和专业赏评，让不懂画的人士也能看得津津有味。原云洲古玩城工作人员、后自主创业的企业家对本次展览赞不绝口，他说看着"海上画坛·情系徐汇"一届一届地举办，看着策展人施平先生在短短三年内，聚集这么多名家，将他做不到的事做得如此成功，十分钦佩。前来投资的企业家和收藏家们则认为澳中在线"以画说话，以画养画"的策展模式值得推崇，它既弘扬了艺术，又发展了产业，打破了高雅艺术重展览轻展销的传统，让艺术零距离地和老百姓交流，可谓难能可贵。

　　提手举轴，墨香四溢，"海上画坛·情系徐汇"系列画展，给予了画家施展才华的平台，向广大百姓提供了了解艺术、贴近名家的机会，为高雅艺术"接上地气"、走向民间打开了大门，功在当代，利在千秋。

云洲笔会活动抽奖

云洲笔会活动抽奖

# 吴宫大酒店"海上画坛·情系黄浦" 笔会暨画展

　　爆竹声响，瑞雪呈祥，艺术品爱好者们怀着喜乐与问候的心情，来到吴宫大酒店，著名策展人施平于春节前夕在此与鸿生拍卖合作举办了第二十五届"海上画坛·情系黄浦"画展暨笔会活动。精品画作琳琅满目，令人应接不暇，四十多位隶属于不同艺术领域的佼佼者汇集于此，向在场的观众阐述自己作品的构图和内涵。这是一场艺术角度的盛宴，更是一次精神层面的对话：陡峭巍峨的山坡，虽历经风雨沧桑却仍傲然屹立，一如作者厚重不屈的风骨；清澈透明的溪涧自山崖顶部汩汩流淌而下，滋润了草木，肥沃了土地，好似作者遗世独立的人格；亭亭玉立的荷花在碧绿的荷叶上灿烂地盛放，与周遭的一池泉水相映成趣，象征着作者安贫乐道的高尚操守；盛夏三伏，毒辣的太阳底下，一只蝉儿在挺拔的柳树上撒着欢地唱着歌，丝毫没有意识到树底下的黄口小儿正拿着自制的网兜跃跃欲试，寄托的是作者身处复杂的社会环境中，对于童真的向往与追求。不同领域的作者，调动他们的专长技能，用他们的神来之笔，带给了与会观众视觉与精神的双重享受。尽管室外北风呼啸，室内的观众们却被艺术家们的才情所折服，从而备感温暖。此次画展为期三天，不仅向广大艺术爱好者提供了一饱眼福的机会，同时引发了他们对于画作延伸内涵的思考，可谓意义非凡。此外，本次活动还向幸运观众带来意外惊喜：何承爵所作《野趣图》与刘汇茗所作《鼠年好运》，艺术家的佳作落在懂得欣赏它们的观众手中，可谓美玉赠君子，宝剑配英雄啊！

　　事实上，这已经不是澳中在线与鸿生拍卖首次联袂了。早在数月之前的2019年8月，首次"海上画坛·情系黄浦"画展暨笔会就在黄浦区钻石地段的吴宫大酒店首次亮相。由著名策展人施平策划的这场活动，云集了四十余位海派书画名家的作品，真可谓海纳百川，群贤毕至。进入展厅，琳琅满目的书画作品被妥善地保存码放，供人赏悦。时值三伏暑季，骄阳逼人，高温低压的环境压得人喘不过气来，却并没有阻止大批的艺术爱好者慕名

施平与幸运观众合影

施平与幸运观众合影

前来观展，更无法影响上乘的艺术杰作带给观众心灵的那一抹清凉与慰藉。画家们泼墨弄丹青，谈笑叙友谊，用笔墨抒发情思。一张洁白的宣纸铺开，毛笔蘸上黝黑的墨水，画家们不假思索，即兴挥毫，顷刻间，便用寥寥数笔将意象惟妙惟肖地呈现在画作之上。一旁的观众驻足、鼓劲、喝彩、评画、买画，各种声音此起彼伏，将此次活动的气氛推向了高潮。此外，在此次为期三天的画展暨笔会中，每天都有两幅书画精品可以免费抽奖带走。抽奖观众翘首以盼，期待幸运之神能够降临在自己的头上；获奖观众喜不自胜，与名家亲密互动，合影留念。著名策展人施平秉持回报广大书画爱好者的理念，一直延续免费抽奖活动。

有位书画家说出了大家的心声："鸿生就是洪亮的声音。鸿生拍卖和澳中在线携手一定会将艺术带进家家户户，让每个家庭都能感受到艺术的魅力。"这正是著名策展人施平坚持举办此类活动的初衷。

艺术家与收藏家合影

施平、朱忠明

宗炳春、施平

艺术家与获奖观众合影

# 第六部分

## 附录（媒体发表文章）

# 哲人丹青写真色，海派百强承艺泽

## ——忆陈佩秋大师数度为"澳中在线"题字

### 施 平

接到陈佩秋先生去世的噩耗，是当日上午。在书房，案头宣纸上陈先生所书"舍得"二字墨香尚存，是端午节前一天收到的。当夜我们即奔赴陈府祭堂，沐兰老师告诉我："舍得"二字，是老太太留世的绝笔之一。闻之，我泪流满面，哽咽向野，窗外是无尽的黑、无尽的暗，我又何德何能，能获陈先生最后的墨宝！

数月前，我想把从事房地产二十年的估价师工作写成一本书，来一次溢于肺腑的真情告白。陈老问，房地产估价师是什么样的工作？听我说完，她又说，哦，类似书画鉴定估价。陈老既幽默又形象的比喻，令在场的人都笑了。随后，她即应我所愿，援笔题写了"估价真金·城市更新"八个字。房地产估价工作就是要推动城市更新与发展。海上乃至全国如此一位德高望重、德才兼备的画坛巨擘，为一个微不足道的房地产估价师题写书名，令我感谢！感恩！

去年，我接手了位于南京路史称"海上第一名园"张园地区的旧区改造估价工作，为了更进一步地挖掘、激活和宣传好张园具有地标性的文化意义，我同南京西路街道领导周惠珍、王颉鸣等人联系，与他们共同主办活动。我邀请了沪上著名的书画界艺术家，为张园这张上海的名片增添更新更具时代意义的荣光和色彩。这地方以前吴昌硕、刘海粟等都去过，陈老先生得知后连声说：现在书画家去现场写生，好啊！她欣然提笔，为这次"海派名家绘张园"的活动题写"绘张园"三字。

为纪念大世界诞生百年，我们在大世界举办了"百年大世界·百强画传承"书画展等系列活动。这一年大世界开展"双百"活动搞得风生水起，前后记得有年余。我们在大世界的三楼展厅里举办书画大展，并请海上书画名家在大世界里的茶馆里上课。大世界准备举办"艺术名家回娘家"活动，会上有个发奖仪式。在上海艺术名人"回娘家"获奖的证书上，总经理想请陈老先生题几个字，没想到陈老先生没有推托，提笔就写了"百年大世界"几个字。此后，让我每每见到"艺术名家回娘家"获奖证书上陈老先生的题字，心里总会有一种抑制不住的感动，陈老先生对于后辈艺术家的鼓励和支持，何止是题写"百年大世界"这五个字！

2015年，陈老先生为我题写了《名家艺海》四字，先用水笔，后用毛笔，为我们日后出版第一本较为全面近距离介绍海派名家《书画投资与鉴赏》鼓了劲。陈先生还不辞辛劳为许多本书签了名。

始于2013年的虹桥机场T2到达厅的（JC-99"美丽上海·海上风情"艺术空间）艺术长廊，六七年来，三百余幅海派书画作品在这里用生命的色彩、海上的胸怀迎接世界各地的数亿过往来客，它们用江南的水色湿润并凝固了海上书画的品牌，展示了海派艺术的博大精深，传播了海派艺术的水墨光芒。而陈老先生倾情而作的"城市，让艺术更美好"大幅题字，展示出上海的精神和灵魂，是海派画坛的荣光与骄傲，至今一想起来，我的心头总是如沐春风。

敬爱的陈老师，好想您！

（以下为《新民晚报·夜光杯》2020年7月8日 星期三 第19版 报纸版面影印件）

# 为丽娃河平添一抹亮色

## 施 平

　　这是一首交响乐，不同画种、风格各异的画派，共同奏响同一主题：自然之美，人心之善，时代之和。

　　汪志杰先生是新中国早期的油画家，他画布上的人物呈现的是一种祥和、从容、安定的平静状态。龚继先先生师从李苦禅、李可染等大师，他的水墨花鸟空灵、干净、大气、浑然天成。苏春生先生出身名门，自幼受其父影响，故他画里的飞瀑流泉、云山雾水仿佛是得到了佛性的供养。金正惠先生画的花，色彩相宜、神奇瑰丽，淡淡地弥漫着一种"幻"的感觉。王劼音先生的画不见宋元的"飘逸"、明清的"雅致"，而开笔就骨力奋张，在"无中生有"之间，平添了一种浩然之气。卢象太先生的画运用了诗歌的隐喻，创造了自己的绘画语境，提升了当代审美意味。刘小晴先生师从钱瘦铁、应野平，书善楷、行，画工山水。陈逸鸣先生笔下的"依春""金丝鸟""寒雨"等，给人留下了不可磨灭的印痕。车鹏飞先生的山水画笔势纵横，浓淡如云，悠闲散淡，笔底仿佛沉淀了千年的诗意与墨彩。刘汇茗先生是华东师范大学60周年校庆澳中在线海上名家画展主题画作者，长期潜心于中西绘画形式及民族文化形成的探索和研究。任耀义先生山水、花鸟、人物都很擅长，近年来他的牛画颇具影响，他画牛的写生稿就有上千张。朱杰军先生善于打破常规，作品诡异却现实、冷峻又华美，大多不在乎形式，其作品《赤壁断想》曾荣获意大利2011年佛罗伦萨国际当代艺术双年展绘画类大奖。

　　美丽的丽娃河边平添一抹春色，由华东师范大学和上海澳中在线文化发展有限公司联合举办的"首届丽娃之春海上名家艺术展"给观众带来精神上的愉悦，并在华师大国际汉语教研展览中心展出。

（摘自新民晚报2012年6月23日B3版）

国家艺术杂志/纸上展厅　责任编辑：吴 萍　视觉设计：戚黎明　**新民晚报**　E-mail:xmss@wxjt.com.cn　24小时读者热线:962288　2012年6月23日　星期六　**B3**

汪志杰 纸本水彩《红官墙上的历史伤痕》

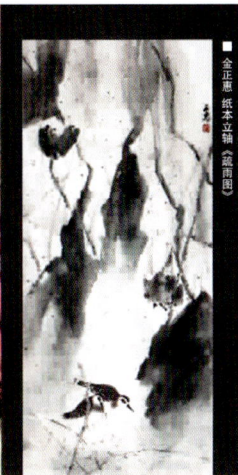

金正惠 纸本立轴《疏雨图》

# 为丽娃河平添一抹亮色

◆ 施平

龚继先 纸本镜心《清风》

卢象太 布面油画《待用之材》

车鹏飞 纸本镜心《江湖小舟》

这是一首交响乐，不同画种、风格各异的画派，共同奏响同一主题：自然之美，人心之善，时代之和。

汪志杰先生是新中国早期的油画家，他画布上的人物呈现的是一种祥和、从容、安定的平静状态。龚继先先生师从李苦禅、李可染等大师，他的水墨花鸟空灵、干净、大气，浑然天成。苏春生先生出身名门，自幼受其父影响，故他画里的飞瀑流泉、云山雾水仿佛是得到了佛性的供养。金正惠先生画的花，色彩相宜，神奇瑰丽，淡淡地弥漫着一种"幻"的感觉。王劼音先生的画不见宋元的"飘逸"，明清的"雅致"，而开笔就笔力奋张，在"无中生有"之间，平添了一种浩然之气。卢象太先生的画运用了诗歌的隐喻，创造了自己的绘画语境，提升了当代审美意味。刘小晴先生画从钱瘦铁、应野平，书善楷、行，画工山水。陈逸鸣先生笔下的"依春"、"金丝鸟"、"寒雨"等，给人留下了不可磨灭的印痕。车鹏飞先生的山水画笔势纵横，浓淡如云，悠闲散淡，笔底仿佛沉淀了千年的诗意与墨

任曜义 纸本镜心《俯首甘为孺子牛》

朱杰军 布面油画《扁！黄山》

刘汇茗 纸本镜心《时空》

苏春生 纸本镜心《云海腾飞》

彩。刘汇茗先生是华东师范大学60周年校庆澳中在线海上名家画展主题画作者，长期潜心于中西绘画形式及民族文化形成的探索和研究。任曜义先生出山水、花鸟、人物都很擅长，近年来他的牛画颇具影响，他画牛的写生稿就有上千张。朱杰军先生善于打破常规，作品诡异却现实，冷峻又华美，大多不在乎形式，其作品《赤壁断想》曾荣获意大利2011年佛罗伦萨国际当代艺术双年展绘画类大奖。

美丽的丽娃河边平添一抹春色，由华东师范大学和上海澳中在线文化发展有限公司联合举办的"首届丽娃之春海上名家艺术展"给观众带来精神上的愉悦，并在华师大国际汉语教研展览中心展出。（作者为"首届丽娃之春海上名家艺术展"策展人）

# 走进高铁城市 悦读大美上饶
## ——《上海画上饶》首发活动暨名家签售会

**海上画家艺术网**

2017年8月17日下午五点半，"走进高铁城市 悦读大美上饶"——《上海画上饶》首发活动暨名家签售会在上海展览中心友谊会堂成功举行。

《上海画上饶》记录海派百强名家赴饶地采风考察等概况。此书由海派大师陈佩秋题字，中共上饶市委宣传部长丁晓胜、上海市各地在沪企业（商会）联合会会长胡雅龙及海派大师陈佩秋作序，备受读者关注。

中共上饶市委常委、宣传部长、《上海画上饶》编委会主任丁晓胜、中共上饶市委宣传部副部长叶红艳、前中共中央宣传部常务副部长龚心瀚、上海市百老德育讲师团团长、著名社会活动家戚泉木、上海文化创意产业资源联盟秘书长、《上海画上饶》编委会副主任陈轩、上海澳中在线董事长、《上海画上饶》编委会副主任施平出席活动并发表重要讲话。

丁晓胜部长在活动现场致辞：希望上海上饶两地通过文化先行，促进两地更广泛深入地交流合作，携手共创更加美好的明天；也希望，更多的艺术家走进上饶，写上饶，画上饶，唱上饶，赞上饶，创作出更多、更好的精品力作；还希望，广度读者踊跃购买，在阅读中感受上饶大美，领略上饶风采，进而关注上饶、推介上饶、走进上饶。

策展人施平在现场则感谢各位领导来参加《上海画上饶》首发仪式暨名家签售会，《上海画上饶》是一本全面介绍上饶的高铁、经济发展、文化、旅游、教育、投资的经典书籍，随着书的出版及两地人文和企业交流，相信会有更多的人认识上饶，知晓上饶，了解上饶，品读上饶、从而走进上饶，或观光旅游，或休闲度假，或投资实体，创造出巨大的影响。

海派百强名家车鹏飞则代表上饶艺术行的艺术家在现场发言：我们作为上海的画家，去到上饶采风考察，再以绘画的形式将大美上饶呈现出来，希望能将大美上饶带给大家。祝愿上海与上饶的合作是"上上签"，希望两地的合作会越来越好。

在签售会现场，著名演员牛犇、著名收藏家杨百兴作为重磅嘉宾受邀来席，为整个书展平添人气，慕名而来的书友自主排队与名家零距离接触并合影留念，场面十分火爆。沪上名家车鹏飞、徐纯中、王宣明、万福堂、周根宝、龙纯立、刘蟾、何承锡、何承爵、徐伟德、刘汇茗、丁申阳等及上饶画家祝安峰、俞小飞、熊敏鹤、马松林参与其中，两地画家的交流从上饶到上海，从书展到艺术，势必为一场宏大的艺术盛宴，翰墨情长，艺术飘香。上饶各地的宣传部长也出席书城签售会，全程全面详细地向读者介绍上饶各地区、各景点近况，并为广大购书读者带来了极具上饶特色、展示上饶文化的礼品。

　　为回馈广大读者的热情，精心准备了海派名家字、画小品百余幅，作为抽奖礼品，抽奖现场热闹非凡，人气高涨，广大读者自行有序排队，尽显书展风采。

　　今年3、4月由中共上饶市委宣传部、上海文化创意产业资源联盟及澳中在线共同组织的"一城一市 艺术先行——'红'山绿水艺术行"活动在上饶各地展开，沪上20余位书画名家、企业家、影视演员、收藏家、记者参与其中，通过实地考察采风加深对大美上饶的认知，活动在两地都极为瞩目，取得圆满成功。

　　《上海画上饶》作为两地城际交流合作的产物，亮相上海书展，成为书展的宠儿，媒体的聚焦，城际交流的先例。此书整合沪上20余位置身上饶地区实地考察采风的书画名家、企业家、影视演员、作家、记者，通过其切身体验后以文字，绘画以及摄影的方式来阐述自己对上饶的所观所感，多角度、多方面诠释大美上饶。同时此书也融入上饶书画家、作家及相关宣传部门关于上饶的介绍，客观陈述上饶近年来的改变与发展，将高铁枢纽大美上饶的日新月异的变化直观凸显。在影视演员牛犇的作品中，他以学习者的态度自居，在英雄的城市学习革命精神，弘扬红色文化；方世聪的《婺源山顶》《龟峰》均为现场采风作品，不仅让读者看到婺源的山美、水美，也再现了婺源的个性与态度。

　　中共上饶市委常委、宣传部长丁晓胜在序言中提到："大美上饶，美在她的历史厚重，美在她的如诗如画，美在她的'红'山绿水，美在她的沧桑巨变，美在她的高铁枢纽，美在她的发展盛景，画不尽的大美上饶，最美在今朝的大美上饶！"

　　上海市各地在沪企业（商业）联合会会长胡雅龙在寄语中写道："随着交通愈加便利，我们有理由相信，凭借沪饶两座城市的深厚积淀和互补优势，上饶融入长三角的步伐一定会加快，沪饶两地的合作一定会取得新的成果。此次上饶艺术行活动，用艺术提升城市形象，用文化带动城市发展，搭建上海与上饶合作的桥梁，从而促进两地的双向合作，是一种极佳的合作模式。希望这样的活动能够在全国各地展开，我将全力关注与支持。"

　　海派大师陈佩秋在序言中写道："每一位艺术工作者，都需有社会责任感，需有对艺术的真诚感。书画家除了认真观察生活，将身边的一草一木都可入画外，

　　更重要的是感受与体味生活，用作品来说话，反映自己的艺术观念与价值取向。要不累于俗，不饰于物，不苟于人，不忮于众，保持独立的思考与见解，提高对景写生的驾驭能力，才能创作出好作品，与大家共勉。"

　　上饶市副市长任友群则为《上海画上饶》题跋："'艺术是凝固的风景'。通过艺术的描绘，对于妆点现代城市和点缀秀美乡村将起到举足轻重的作用；通过艺术的挖掘，会让更多的人发现美和认识美。同时'艺术是无声的语言'，通过艺术的展示，对于提升城市形象和加大城市推广将起到出奇制胜的效果。"

　　据悉，上饶已批复为全国性的交通枢纽，全面进入"高铁时代"，距离上海仅需2个多小时，极大地缩短了两地的"距离"，同时也加速了上饶地区的人流、物流及信息流，上饶迎来全面发展的新机遇，期待通过艺术的交流，文化的先行，带动两地企业的交流与经济的互动，从而拓展至多方面、全方位的合作与交流。

　　本次活动是由文汇出版社、中共上饶市委宣传部、上海文化创意产业资源联盟及澳中在线联合举办。

（摘自 海上画家艺术网）

# 王大宙的追梦之美

## 施 平

　　人和自然是一个永恒的命题。旅美艺术家王大宙，在海派书画百强画家中是一个勇于探索、敢于创新的油画家。当年，刘海粟大师曾推荐他国外求学，出国深造。颜文梁先生说他是"刻苦勤奋、大有作为"，陈燮君先生称："他的作品是将创新的理念落地成型，立体的构建了艺术与科学的联系，他改变了人们看待艺术和生命的方式。"显然，他是一位有热情、有胆识，既继承传统，又敢于打破传统束缚的追梦人。

　　王大宙从小受父亲严格的西方学院派绘画技巧的指导。1978年，他曾任上海市工人文化宫话剧《于无声处》舞美设计，获中国文化部奖和中国总工会奖。他原任教于上海大学美术学院，并任天津科技大学艺术与设计学院院长。1985年，他成为第一个到美国深造的在校教师，赴美攻读美国纽约州立大学、普瑞特艺术学院等研究生课程，获硕士学位。毕业后担任美国新泽西州立大学和美国加利福尼亚州立大学分校教授。油画在表现了人类和自然和谐的关系上，他做出了许多有益的尝试。

　　他描绘异国风光的风景画，深受西方传统艺术熏陶，显示出他对自然和环境的关注。同时，他集教育管理、绘画艺术、工业造型、平面设计于一身。美国加利福尼亚州立大学艺术学院首任院长达里尔·J·摩尔说，王大宙的作品是"人类渴望成为世界的创造者"。他的作品多次在美国获艺术成就奖和杰出艺术贡献奖。王大宙2003年回国受邀筹备创建华东师范大学设计学院，为首任院长和终身名誉院长、研究生导师等。他不断开拓城市的国

284

际视野，不断提升城市审美度，将城市、艺术、设计、生物学和生物工程联系在一起、融合在一起，探索艺术新的形式、新的内容、新的语言和新的方向。即使在美国期间创作的《科罗拉多山水》和《金色溪水》等风景画里，他所描绘的湖光山色、白云飘逸，都表现出不同寻常的迷人宁静，承载着画家的主观心情，显示画家独特的才华。这些作品主要展现了他在美国的一部分生活经历，采用的风格技法虽是传统，然而体现更多的是这一时代的艺术价值和人文情怀。

　　几十年来，王大宙跨界的思考、生动的叙述，以及对于艺术领域的挖掘和追梦，表现出自然与人的天人合一，环境与人的密不可分。生命的力量将折射在大自然每座山、每片湖、每张落叶、每朵花和每一个生命物体上，焕发出自然与人和谐的理想气息。王大宙油画多次在国内外展出。2012年，在上海美术馆举办《王大宙生物艺术馆》、武进博物馆举办第十五届中国上海国际艺术节《旅美画家王大宙艺术作品展》等；前不久，在上海虹桥国际机场展出王大宙油画系列作品。让艺术能够更直接、更直面、更贴近群众地进行交流，融于人们的生活中。

（摘自 联合时报 2016年3月1日 第8版）

# 气息儒雅 化古融今

## ——苏春生、袁淡如、马明玉、朱忠明山水联展

### 施 平

八月丹桂飘香，山月松风韵长。"百强经典·山水国画"再现精彩。苏春生、袁淡如、马明玉、朱忠明联展亮相虹桥机场，画家的近期力作，令不少观众再次领略海派艺术的精湛。四位不同学术背景的海派名家，他们用各自独创的风格与艺术语言，向机场旅客讲述了祖国的秀丽山川，传递出满满的正能量。

出生于山城重庆的苏春生先生，自幼与山结缘，其父为文化名人苏渊雷，家学渊源。他酷爱丹青，耳濡目染，文化底蕴深厚。师从潘天寿、陆俨少、方增先等教授，专攻山水。1973年游历祖国名山大川后潜心黄山七十二峰的绘画创作，每年至少登临一次黄山，切身感悟真山真水后创作出黄山的精神风貌。苏春生此次展出的山水画作品均可见线条遒劲、色彩绮丽，画面挥洒灵动，尽显酣畅淋漓的中国笔墨精神，散发出一股儒雅的书卷气息。

98岁高寿的袁淡如先生，是上海文史馆馆员，曾得画家袁梦白嫡授国画，后师从罗益斋。在国画创作中化古融今，将传统技法与现实写生浑然天成。1993年被评为上海特色老人，1936年获"世界书画艺术名人"称誉，潜心书画创作九十余年。上海市文史研究馆馆长吴孟庆曾说袁先生的画，既有苍郁、沉雄和华兹的面貌，更多的是淡泊文雅，一如其人。袁老先生年岁耄耋，书画杰作硕果累累，尤其是山水和花鸟，动静相宜，妙趣横生，一脱前人窠臼，自成风格。

国画家马明玉和朱忠明，其画都彰显出不凡的功力。马明玉初学"芥子园画传"，后习清末及现代名家之作，博采众长，南北兼容，他的画作中既有南方山水的温润灵秀又有北方山水的恢宏之势，再作唐寅山水，独创"大笔细作"之法，在艺术创作上寻找出自身独树一帜之风格。马明玉创作的山水作品，走笔即来，构图简括，汇聚北宗的大山大水、南方的文人情趣，传达出雅韵天成的意境。朱忠明，仿古山水大师，工笔山水构思严谨，注重线条优美，笔法精良，整体画风一丝不苟

在朱忠明的画作中，我们可以看见山外山、亭外亭以及人物千姿百态之貌，颇有北宋名家张择端《清明上河图》之风范，但又具有其自身特色，诗中读画，画中悟诗，在诗情画意中回味与遐想，总是能给人一种静谧安详之态。在传统笔墨的形式中加入人物山水，完美诠释出人与山水，物我两相忘的精神境界，富有典雅妙趣之美。

为让老百姓欣赏到更多画家的作品，此次画展以进入家庭为契机，让每一个家庭都能拥有绘画作品值得期待。因为艺术品能够促进家庭和谐与幸福度的提升，艺术是人类与世界沟通的重要途径。几千年来，每一件艺术品对文化的承载与表达都具有唯一性和不可复

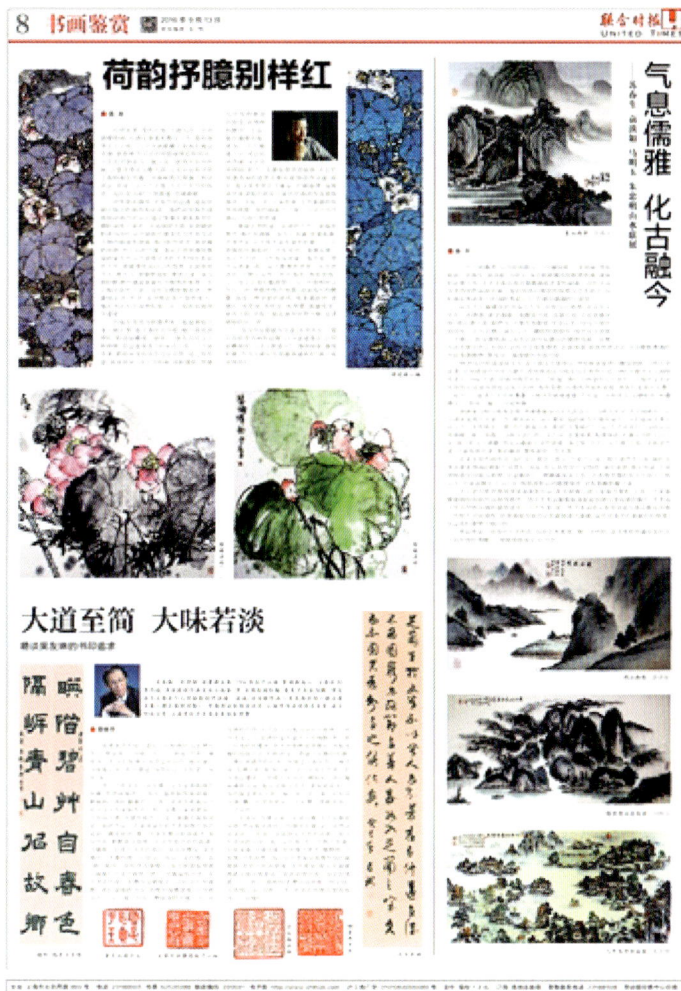

制性，欣赏海派书画并让名家画进入家庭，是生活美学在家庭中的体现，也是我们要努力践行的。

　　凡·高曾说："没有什么不朽的，包括艺术本身。唯一不朽的，是艺术所传递出来的对人和世界的理解。"画展将持续至10月初。

（摘自 联合时报 2016年9月13日 第8版）

# 海上名家中国梦

## 施 平

2013，是中国走向美好梦想的一年。现在的上海、中国或全世界，好像都在谈论着梦想。

美丽中国，美丽梦想。我们的习总书记说："实现中华民族的伟大复兴，就是中华民族近代以来最伟大的梦想。"

企业家的梦想是跨越，科学家的梦想是发现，思想家的梦想是突破，那么，我们海上画家的梦想是什么呢？我问年已八十过三的中央美院第一届画系本科毕业生、当代中国第一位职业画家、华东师大第一届艺术系主任汪志杰的新年梦想是什么，汪老说："如果说梦，我就想在每一幅画中，留下些更加美好的东西……"

按出生年份排名，生于1922年的陈佩秋先生无疑也是第一的。

陈佩秋：新年已临，希望画家们都能福寿康宁，凡百顺遂，祥和吉利，让每一天的生活都开心美好。

林曦明：画画不但要画下去，还要创新，还要一步一步地努力向上，2013，我要争取画出更好的作品。

徐昌酩：金蛇狂舞，喜迎新春。

韩敏：有梦也做得差不多了，但是从我目前画画的这个状态来讲，"还是像个小学生。如果有梦，就是'好好学习，天天向上'"。

陆人骥：过了年我年近八十了，想不到这些年来我的画还很受欢迎，既然我已退休在家，能有时间给大家画些什么，很好。

韩伍：戏，是艺术提炼，画，应该比生活更美。看看老百姓喜欢些什么我就画些什么吧——

苏春生：2013年，我的任务是把山水画方面的优良传统给继承下来、传播出去。继承、守护、创新。

金正惠：如果有机会，身体还可应付的话，就想把自己画过的画，大约有百幅吧，包括得过奖的画，集中起来再仔细地审视一下，其实只有认真，才会结出真正的果实来的。

许艺城： 2013年，我想我能为我们伟大的中华民族文化画出更多的画，做出自己更多贡献的。

卢象太：艺术与国际"接轨"当然要"走出去"。但是，我们是不是也可以吸引别人"走过来"和我们的"传统""现当代"的艺术接接"轨"？"接轨"不应当是单向的，而是双向的，这就是我的"中国梦"！

王兆荣：2013，我想在我这个有生之年，应该努力多画几张好画，自己也就高兴了啊——

汤兆基：真诚是我的生活方式，我希望我的牡丹在羯鼓催春中更加娇美，更加阳光。

张迪平：愿2013年：空气更清，食品更纯，艺术创作更避浮躁而回归纯真。

韩硕：2013年刚到，好像还没做过梦呢，今年事儿多些，一个是上海的历史文脉，就是在中华艺术宫展出的那批画大概还有三分之一没有完成呢，今年我可能还要多带几个人，是够忙的了，努力着就多做一些吧。

张雷平：1998年我曾写过一篇散文"我的梦"。15年来我一直小跑着追求它。我想2013年会给我一个更自由、更开放的空间，我会更自信、更大胆地实现我的艺术理想之梦。

周志高：希望成功精彩举办一次上海国际书法艺术节，把书法艺术打造成上海国际文化大都市的名片之一。

徐纯中：2013没有太大梦想，一个愿望就是我希望在有生之年，还能够对社会做出点贡献，大事小事我都愿意做，出名不出名的事情我也都愿意做。

金义安：2013年我的画要特别贴近大自然。因为大自然是画的灵魂，我们美好的生活就要靠美好的艺术作品来讲话，使它能够在整个社会中有一种共享，把美的概念带进千家万户。

车鹏飞：年增一岁，艺进一步。

成莫愁：诗画合一莫言愁，抓紧梦的风筝：诗敷彩，画言声。

陈逸鸣：上海美专是海派艺术的摇篮和历史的印记，也是几代画家的集体记忆，梦想有一天出现在上海。另外，上海有了"中华艺术宫"，还要有"上海的奥赛博物馆"。

陈燮君：2013年，艺术家们在新的一年里都能够快乐地画画、智慧地画画。

范长江：学会画画很快，要学会画并画得好，需几十年。中国的绘画不仅是技术语言，还有其精神上的内核，展示出个性化的艺术语言。画者，文之极也。2013年我的愿望是：多一些将中国的画向国外展示，让西方多一些了解中国的传统文化。

刘汇茗：把我们画中的梦想一个个来实现，我们的画就是我们的梦想。

任耀义：画老百姓能够接受的、喜欢的，雅俗共赏，因为所有的艺术都是为老百姓服务的。

丁申阳：草书艺术能让更多的人喜欢，不仅在专业人士中，也要在百姓中普及。

朱杰军：无论是设计也好，艺术也好，都要在国际上多展示、多获奖，文化的关键是要多交流，因为文化是要交流的，艺术更是这样。

在天成像，落地为图。我们能够深切地感受到中国在过去的一年中，在过去一年的纷扰和坚守之中——我们的画家，我们的海上画家，他们的情感指向、艺术表达、品质创造乃至人间城市化的钢筋、水泥、雾霾也无法禁锢的画家们对于大自然的仰望和追求、对于人生细微处的感动和天真、对于这个世界的虔诚和敬重。听人说2013年是一个最接近梦想的一年，因此衷心地祝愿我们海上画坛的画家们，在新的一年里，美梦成真，凡百顺遂，身体健康，万事如意！

（摘自《旅游时报》2013年2月19日13版）

# 心 祭

## 施 平

　　岁月易逝，心念不眠。丽娃河虽柳烟透迤，然故人已去，令人唏嘘。再过几天，就是著名油画家、华东师范大学美术系创立者、著名教育家汪志杰先生百日忌辰，恍惚间仿佛又见他在画室里手握烟斗，诙谐趣谈；见他在"海上画家艺术网"和上海虹桥机场联合举办的《美丽上海·海上风情》精品油画首展上接受电视台记者采访时娓娓而谈……这位新中国成立后中央美术学院第一批油画本科生和研究生，与他同学靳尚谊、方增先等齐名在绘画界享有很高评价和声望的名宿，以85个春秋走完他极富传奇色彩的人生，令我想之，念之，心系之。

　　结识汪老先生，缘于华东师大朱杰军和卢象太两位教授热心介绍。汪老在国内外多次举办油画展并得全国美展奖章，但他人有傲骨却无傲气。他的前半世人生就像是部曲折传奇的电影：1956年汪老被文化部、中国美术家协会、中央美术学院推荐为全国试点"职业画家"，后命运多舛。他在20世纪80年代平反90年代旅居法国，此后他的创作源源不断。老同学靳尚谊先生曾评价他："汪志杰同志是位很有个性非常有才能的画家，他的作品以神正著称，技法老到，风格多样。"也如黄永玉先生所赞："他不为苦难融浊，从容步出禁锢。不消沉，不怨尤，无须舒缓元气，捡起笔和画布就是。"画画成为汪老的精神力量和生活支柱。

　　我与汪老认识后，他对我的策展工作给予了很大的帮助与支持，对画坛后起之秀热情提携。以他领衔的华师大教授画家苏春生、卢象太、朱杰军和著名油画家陈逸鸣、国画家龚继先、车鹏飞、王劼音、刘汇茗等十二名海上名家的作品，在华东师大国际汉语教师研修基地展览中心成功举办，获得了良好的社会效应。三年前，汪志杰家乡与中央美术学院在温州博物馆举办的"情系瓯越"汪志杰、王维新、方广泓的作品展，汪老先生《红宫蝶墙上的历史伤痕》《金华山记忆》等几十幅经典画品，集聚他对历史的凝视与虔诚，他对故乡的刻骨铭心和眷恋，无不焕发出艺术天赋和思想的光辉。

施平与汪志杰合影

施平与汪志杰合影

　　汪志杰的画一次又一次展现精彩。最让人感动的是他曾带一批学生赴印度所作的写生作品《阿哥拉的古城堡》《恒河之晨》及《红宫堞墙上的历史伤痕》等，印度的人情风俗画等，透出老先生一生的坚守和愿望，都在讲述他对美的发现与寻找心灵的归宿。这也让我记住了他曾经留给我的一句画语：画的最美之处固可以来于自然，但更可能源自内心。

　　汪老因为"痔疮"困扰无法坐着画画，他经常是站着创作，一站就达八九小时。他的签名总将"杰"写成"傑"。他对我说："我写成有人字旁繁体字'傑'，是因为我这一辈子就像一段木头放在火上烤，木上多舛。现在老了，应该像个人似的靠着一棵大树休息一下了。"这是多么生动的名字解析啊！

（摘自 《新民晚报》2016年6月30日 A26版）

# 魅力上海·海上文脉

## ——"海派名家画上海"虹桥机场巡展

### 施 平

十月金秋，硕果累累。2018年是中国改革开放40周年之庆，也是上海全力打响"上海文化"品牌之际。紧抓机遇，扬帆远航，加快将上海建成国际文化大都市的战略高地，将"红色文化""海派文化""江南文化"融入书画艺术展中，是策划这次展览的初心。

"海派名家画上海"艺术展由海派大师陈佩秋、方增先题字，陈佩秋作序："海派书画，砥砺奋进，走向全国，融入世界。"展览于9月28日在华东师范大学国际汉语研修基地开展了两个多星期，10月12日至11月30日移师上海虹桥机场作巡展。展览邀请了40位海派名家，共展出50余幅书画精品，囊括油画、国画、水彩、书法等不同种类。画展以华东师范大学深厚的人文底蕴为依托，增强画展海派文化的软实力和辐射力。

海上画坛艺术伉俪赵葆康与李辉合作的《思想者–上海纽约大学》，直面当代教育问题，唤醒上海城市活力，以教育为抓手，凸显上海文化教育的国际性。整图着重于表现或体现画中人物思想与所处地点、时间、环境、气氛的烘托同画面场景虚与实、近与远、人与景、静与动的构图渲染，从而构成人物形象与学校意义双重思想的对接与联想。海鸥代表生动、越飞越向上的思想时空；《上海纽约大学》主体图为仰视，其结构凝重、高大，很有神圣感。

上海纽约大学校长俞立中、华东师范大学校长钱旭红分别为展览题字《思想者》《改变思维》，并由王大宙、车鹏飞书写，《勤思》由俞晓夫书写，均从教育的视角诠释改革开放40年的成果，诗人武佩挑赋诗赞扬。

刘汇茗创作的《老牛入党再出发》，以牛犇同志的形象与事迹为题材，从小人物的身上折射出时代的大情怀、大担当与大信仰，向建党97周年致敬。"改革开放40周年"上海十件大事系列作品，彩墨画作均由海派名家名师题词。

陈佩秋、方增先、乐震文、苏春生、周根宝等还分别为上海世博会、浦东发展、上海地铁、洋山港、崇明岛、上海证券交易所题写《城市，让生活更美好》《中国龙》《通向都市新生活》《世纪之港–洋山港》《东方绿岛–崇明岛》《上海证券》等，通过艺术的形式将上海40年来的时代缩影定格在画面中，供观众欣赏，唤醒城市记忆，继续领航新征程。

陈逸鸣、方世聪、魏景山、丁筱芳等创作的均与上海近年发展息息相关的作品，从一景一物中勾勒出上海今昔风貌；书画名家后裔刘蟾、陆亨、陶为浤、王守中、吴超、吴越等的参与，显示了海派的文脉相承。参展的书法名家周志高、丁申阳、戴小京创作的作品均摘选自《习近平用典》经典语句，成为展览中的又一大亮点。

# 我眼中的好画

### 施 平

　　○主持人：今天我们邀约到澳中在线董事长施平先生参与本次老板看画的访谈节目。您好，施总。

　　△施　平：您好！

　　○主持人：施总，请您具体的谈一下什么样的作品是值得欣赏值得投资值得收藏的好作品？

　　△施　平：我认为一幅好的作品，一定是原创的，一定是经得起时间考验的，一定是反映现实生活的。我非常赞同全国政协委员、中国美术家协会副主席、上海美术家协会主席施大畏的观点，他说"没有生活就不可能有好的作品"。艺术创作"有生活就'大'，没生活就'小'"。"但凡成功的艺术家，其作品往往都准确地反映生活。当然，每个人对生活的理解可能各不相同，这便也形成了艺术上的丰富性。""如果生活真的感动了您，您的作品就一定会得到更大的社会效应；而如果没有沉底到生活中去，哪里会有刻骨铭心的感动呢？"

上海市原副市长周禹鹏（中），华东师范大学副校长任友群（左一），澳中在线董事长施平（右二）华东师范大学国际汉语教师研修基地执行副主任张建民（右一），《情结》作者刘汇茗在主题画前合影

○主持人：我们知您由于职业关系接触了不少画家，请您谈一下您接触到的好画家。

△施　平：去年十月我们澳中在线借华东师大庆祝六十校庆之际，和华东师大联合主办了"澳中在线'墨香丽娃'华东师大60周年献庆画展"。上海市原副市长周禹鹏，华东师大校长俞立中，副校长任友群，上海美术家协会海墨中国画工作委员会会长应鹤光，上海吴昌硕纪念馆执行馆长、吴越等出席了开幕式并剪彩，全国人大常委会原副委员长许嘉璐参观了画展并给予高度评价。画展取得了巨大成功。相关讯息已陆续刊登于《新民晚报》《新闻晨报》《理财周刊》《中国与海外》《浦东文学》等媒体，并在上海电视台东方卫视"看东方"栏目中播出。在画展中，我们发现了不少极其优秀的极具潜力的画家，像周根宝、刘汇茗、马明玉、陆金英。

○主持人：为什么您特别看好这上述四位画家？

△施　平：我直观感觉艺术品的价格应该取决于三个条件：1. 作品本身的质量好坏；2. 艺术家个人人格魅力；3. 市场上对其作品的接受程度以及供求关系。他们的不少作品展览一结束即被实力收藏家或展览馆收藏。

○主持人：请您谈谈您眼中看到的好的画作。

△施　平：在"澳中在线'墨香丽娃'华东师大60周年献庆画展"中，由刘汇茗画家创作的画展主题画《情结》，荣获"特别金奖"。有一定的收藏价值。

刘汇茗画家画的《情结》是一幅为欢庆华东师范大学六十年华诞的献礼巨作。画家以独特的视角和细腻的笔法描绘了华师大"一甲子"乃至自1924年大夏大学成立以来近90年的光辉历程。展现了一幅薪火相传、众星云集的辉煌，给人们以砥砺耕耘、续写丽娃河畔故事的启迪。

华东师大是1951年10月共和国百废待兴年代，以大夏大学和光华大学为基础，并在大夏大学原址上创建的一所新型大学。画面上校门左侧的"群贤堂"（今文史楼）始建于1930年，"思群堂"（今大礼堂）是抗战胜利后，大夏大学西迁回来后建的。历经血与火的洗礼，仍保存完好。画家在画面上以显著位置突出这"两堂"是要表达"问渠那得清如许，为有源头活水来"的理念。

画面的右下角有一座拱桥，桥下流淌的正是被誉为"华东师范大学生命之河"的丽娃河。华师大建校60年来，校区沿河两岸扩展，多少动人的故事在两岸演绎，成了一代又一代学子魂牵梦萦的地方，无怪乎文学家宋琳赞叹："如果这世上真有所谓天堂的话，那就是师大丽娃河边的一草一木、一沙一石……"

环列校门两侧的各幢建筑物：红墙碧瓦的办公大楼、宫殿式的生物地理馆、犹如纪念碑样矗立的文科大楼、双峰插天的理科大楼以及图书馆、体育场馆均是20世纪各年代建造的。原来大夏校园面积仅280亩左右，建校后1952年已扩大至800亩，现今不仅中山北路校区大发展，而且在闵行建立新校区，两个校区总面积不下3100亩，形成了"一校两区"联动发展的办学格局。画家别具匠心用各时期建成的代表性建筑画景反映华师大建校以来的发展历程。

华师大历来有"花园学校"的美称。画家不惜笔墨着力描绘那绿草如茵、林木苍翠、蓝天白云画景。在美丽的校园内一群群神态各异的莘莘学子或读书，或打球，或围坐开会，或结伴游玩，或两两闲谈，或捉对争论，人人悠然自得、朝气蓬勃。整个画面表现出一派绚丽多彩、欣欣向荣的景象。如此一幅寓意深切、色彩斑斓的画卷，观者岂有不为之动容。

　　校园在每个人心中，都是一段难忘而不可或缺的记忆，一个让人神往和挥发青春与自我的地方！一个可以充分展示和储蓄理想和斗志的地方！这一切往往都源于这种特定的环境中所营造的一种不一样的生活气息。这些在画家刘汇茗的笔下，显现尤为深刻和透彻！他不仅表现了现在，还浓缩了人们对校园的那段深刻的记忆。而注入人心中的无非就是当初那熟悉的一幢幢带着标志性的教学楼以及那里的一草一木所带给人的一种温馨而祥和的氛围。如此汇聚和点缀着每个人的那段关于校园的难以磨灭和不可取代的人生经历，让人神往而又充满了回忆！

　　整个画面无论是结构的张力还是着色上，都可谓经典之作！笔墨精炼，富有节律。既看到水墨画的写意又显现着西画的那种凝重与写实效果。人物的表现与动态更是疏落有致，惟妙专神，布局的合理和墨与色组合中渗透着一种浓浓的时代气息！而画家将它特有个性、语言和笔触注入这幅重彩画的作品中，人物的布落与它色彩的逻辑性充分地展现在眼前。重而不沉，轻而不俗，繁而不杂。闹中取静的寓意，使整个画面贯穿着一种明快与和谐，宁静与欣欣向荣之象。而眼前这幅画又似乎涵盖了整个校园生活的现状，让人充满想象的空间，同时带给人一种结构上的美感。充分展现了画家的才情与高妙之处。

　　在现实中，少有人会选择校园的生活，作为自己创作的主题，因为这样的题材本身是有一定的高度和局限性，看似简单又非言及，而画家抓住了这个契点，并且表现的如此淋漓尽致，实在是难能可贵。这也正是这幅画最成功和重要的地方！就像《情结》中那校园里令人记忆深刻的，带有标志性的建筑一样，让人感受着生活，就像从这里开始！如果说艺术家是时代精神的劳作者，自然，其作品就代表这个时代的符号。那么，让我们记住《情结》！记住画家刘汇茗（他的作品提供我们如此多的想象）！就让生活从这里开始吧！

　　○主持人：刚才您的一席话让我觉得您身上有着普通商人没有的气质，您对艺术和人文有着十分独到的见解，我感觉您是一位儒商。

　　△施　平：呵呵过奖了，可能我会比一般人多用功一点吧。

　　○主持人：您真谦虚——听说您对慈善也很热衷，还专门出资通过上海红十字会为云南省楚雄彝族自治州博爱小学建设一所教学楼。

　　△施　平：我所做的仅仅是一个民族企业家所应尽的职责和义务。我们创办企业，取之财富于社会，应该再回报社会，为社会造福，这样我们所做的事业才有意义。云南这多民族文化的百花园，更应该有书声琅琅。我们企业家有责任和义务为老少边穷地区的文化教育事业繁荣发展奉献爱心。

　　○主持人：是啊，我很赞同您的观念，如果社会所有的企业家都能够有您的这种精神，我们的社会一定会更加和谐繁荣。

　　听说您过去是从事房地产估价工作，您能否也在这里和我们谈谈艺术品的估价问题。

　　△施　平：这是两个不同的领域，不同的特性，且艺术品领域水很深。我是刚刚进入这一行的新手，对艺术品的估价肯定谈不出很深的道理。但我从房地产估价的角度推论，感觉艺术品估价的基本方法也应该有三种，一是市场比较法，就是寻找可比的艺术品，可比的艺术家或找同一流派的进行比较，找出其相似点和不同点，评估艺术品的价格。二种

是投资收益法，即通过投资回报计算其艺术品的价格。三种是成本法，即通过艺术家总投入成本来计算其艺术品的价格。艺术品估价是一门科学，更是一门艺术。一个优秀的艺术品估价师（或称鉴定师）我的理解应该是一些有天赋的热爱艺术且长期在艺术领域辛勤耕耘的专业人员。

○**主持人**：现在全球经济不确定性很大，您如何理解当今的中国文化艺术品市场？

△**施　平**：我认为应注重三个方面理解和分析：1.国家政策导向；2.产业发展方向；3.市场需求趋向。

○**主持人**：您能否具体谈一下三个方面的理解和分析。

△**施　平**：首先是国家政策导向非常明确。前不久，《国家"十二五"时期文化改革发展规划纲要》正式对外发布，这是继去年10月第十七届六中全会提出"文化强国"之后对文化产业发展的具体细化。其次，文化产业似乎从来没有被如此"拔高"过，在"十二五"规划中，文化产业的发展目标之一是逐步成长为国民经济的支柱性产业。这意味着，文化产业占GDP的比重增加近一倍到5%，这相当于GDP的复合增长速度接近15%，考虑"十二五"期间GDP内生增长的因素，文化产业增速预计至少达到22%~25%。现在的文化产业现状类似于2000年的房地产产业状况。随着国家不断发布政策支持文化产业的发展，使得市场赋予文化产业有更大的发展前景和想象空间。最后，谈市场需求，中国文化市场的需求推动力主要有三个：1. 高速成长的GDP；2. 货币发行所产生的通胀效应；3. 财富分配不均而产生的一定数量的高端收藏群体。鉴于此，中国文化市场的旺盛需求将持续相当长一段时间。

○**主持人**：非常感谢您接受这次采访，您让我们深入认识了一位文化商人的情怀，再次感谢。

△**施　平**：好的，谢谢。

（摘自《海上画坛》上海文化出版社出版）

# 追　梦

## 施　平

　　有人问我，你的梦想是什么？我的梦想是当一名建筑师，在中国大地上建造许多许多犹如童话般的宫殿，令天下寒士尽开颜。殿里摆着许许多多艺术品，那些色彩斑斓、构图精美的原创书画作品。

　　习近平总书记说"实现中华民族的伟大梦想，就是中华民族近代以来最伟大的梦想。"每个人也都有自己的梦想，为了实现童年的梦想，我常常像飞蛾般身不由己执着而不放弃地扑向梦想的光明。因为，每个人都有选择梦想和开始梦想的权利。丈量梦想与现实的距离，需要付出艰辛和真诚、热爱与努力。

　　作为"海派书画，百强大展"全程策展人、"澳中在线"董事长，本着让高雅艺术走进大众的理念和追求，我从一位房地产的估价师，开始关心研究和估价中国的书画艺术品，用心来打造海派书画的艺术平台，用求真、鉴今和专注去办艺术展览、艺术笔会、艺术推荐、艺术鉴赏、艺术评介、艺术传播等。依托华东师大深厚的人文底蕴和艺术文脉，潜入大海深处发掘海派画珍品。2011年在华东师大六十周年校庆举办了"墨香丽娃"笔会和画展，全国人大常委会原副委员长许嘉璐、上海市原副市长周禹鹏、上海纽约大学校长俞立中、华东师大校长陈群、副校长任友群等参观了画展并给予高度评价；2012年"丽娃之春"艺术展汇集名家经典书画，《新民晚报》整版刊登；2014年在"虹桥当代艺术馆"集聚沪上38位书画名家举办了"名家艺海"书画展，沪上各大媒体相继报道；云洲古玩城"海上画坛·情系徐汇"每年举办五六次大型笔会，让普通百姓也能收藏书画艺术作品；创办《海上画坛》杂志留给城市新的记忆和艺术风景，同时创办"名家艺海画报"、海上画家艺术网，展示表述画家的个人档案、专家点评、画家视频、作品信息和媒体相关报道；"纸上展厅"则以《中银尊享》杂志、精美台历、画册、拍卖图录等多形式、多渠道、全方位来展现画家的艺术才华。2013年，《解放日报》刊登我们组织的海上28位书画名家谈中国梦。传播、继承、守护、创新，我的梦与画家的梦不约而合。

　　在上海虹桥机场艺术长廊举办"美丽上海·海上风情"精品画展则打破传统设限，在机场人流量超高的地方展示名家作品，与观众近距离接触。展出海上画坛元老汪志杰和著名画家卢象太、徐纯中、谭根雄、方广泓、方世聪（按时间顺序）等一系列精彩作品，引领中、西方绘画艺术与新潮艺术在融合与交汇中，开辟一条新的文化航线。

　　一次，在德国著名画家杨起画展研讨会上，遇到了《上海艺术家》杂志社总编周兵，聊起海派书画等得到他的共鸣。在欧美艺术品市场上，购买者将艺术品文化内涵和精神收益的收藏价值放在首位，不是为了追逐短期的资金回报而是长久的拥有。海派书画发源于上海，我们商议共同主办6月26日在上海图书馆举办"海派书画·百强大展"，并出版一本

《书画投资与鉴赏——海派书画·百强经典》一书。企业需要有百强，市场需要百强，海派书画也需要百强。

海派书画百强大展的画家，大部分缘于画廊、拍卖行、大专院校、各画院、协会等资深名家的介绍、推荐，在选择上以点及面，又在面上多次遴选。以学术、技法、市场综合定位，我们选择学术上有特殊贡献的，未来有潜力和热点的，教学上有丰富经验有品质的，百姓中有口碑有市场的……综合各种因素，将当今书画家群中有突出成就或特殊才能的强者入围。我们将一些杰出的海派代表书画家请进来，还吸收一些强烈个性艺术特色的画家，同时，也吸纳一些"官衔"不大，不是地方或全国美协会员，但他们有一技之长，有潜在实力的书画家。

我们感谢著名画家陈佩秋先生曾题写的"名家艺海"，它是我们"镇展之宝"。感谢著名画家方增先先生题写了"海派书画·百强大展"，又题写："海派书画·百强经典"。前辈的鼓励和支持使我们信心倍增，百强之梦得以延续。

我们的梦想也得到了百位书画名家的支持，是他们的精湛作品，让观众享受一场视觉"百味宴"。参展的书画家有：陈佩秋、方增先、贺友直、施大畏、周慧珺、袁淡如、高式熊、林曦明、韩敏、徐昌酩、沈天万、汪观清、汪志杰、王克文、张自申、邱陶峰、韩伍、李朝政、王宣明、陆亨、胡振郎、苏春生、金正惠、梁洪涛、杭英、陶为浤、韩天衡、郑炎风、王劼音、徐文华、卢象太、方世聪、丁荣魁、许艺城、赵豫、张迪平、唐逸览、刘小晴、万福堂、金纪发、张玉迎、陈古魁、戴明德、魏景山、赖礼庠、陈世中、应鹤光、夏葆元、杨秋宝、周志高、韩硕、王永强、张雷平、周根宝、马明玉、方广泓、龙纯立、程多多、卢治平、徐纯中、何承锡、何承爵、方传鑫、张淳、董之一、刘蟾、江宏、金义安、朱忠明、俞晓夫、夏予冰、周长江、成莫愁、车鹏飞、陈逸鸣、徐伟德、黄阿忠、吴超、陈燮君、戴小京、赵葆康、竹军、齐铁偕、汪大伟、刘汇茗、王大宙、宋建社、乐震文、谭根雄、丁申阳、吴越、陈琪、朱鹏高、和平、李存馀、彭鸣亮、陈翔、陈睿韬、朱杰军、王曦等，他们的作品圆了我们的梦。

作为追梦人，我将永远以真诚、专业、创新、分享，提供更多更好的平台，让传统文化进入家庭，让高雅艺术进入公共空间，让"小众艺术真正走进大众生活"。为传承海派书画，我们将多方面、多渠道地为书画家和投资人搭起沟通和互惠的桥梁。

我期待和梦想着我们百强中能出现一个或几个毕加索、凡·高、吴昌硕、齐白石等一代举世闻名的大师……

梦，不仅是梦，也是追梦实现的开始。

愿人人都能美梦成真！

（摘自《书画投资与鉴赏·海派书画百强经典》）

# 亲历亲为与创业梦想

朱金晨

认识澳中在线的董事长施平，为他的热心慈善而感动。2010年2月20日，施平先生个人集资20万元善款，通过红十字会捐给云南省楚雄彝族自治州武定县博爱小学建设教学楼，至今教学楼已基本竣工，处于验收期。该小学建设总面积5508平方米，2010年为止共有学生400人，教师28名，施平先生参与捐助建设的教学楼占地482平方米，解决了10余个班级的授课场地问题。施平先生曾在捐赠善款时感言："政府纳税取之于民，用之于民；我们创办企业，取之财富于社会，应该再回报社会，这样我们所做的事业才有意义。云南这多民族文化的百花园，更应该有书声琅琅，文化是滋养万物无声的雨露、和煦的春光。正是本着这样的理念，我在既往的生活和工作过程中，不断地关注教育，并且投资教育、文化产业。捐款云南建教学楼，我所做的仅仅是一个民族企业家所应尽的职责和义务。我们企业家有责任和义务为老少边穷地区的文化教育事业繁荣发展奉献爱心。大美云南，书声琅琅，这是我的心愿。"

2010年3月26日，施平先生听闻鞍山初级中学有部分贫困在校生，生活困难，已经给学习造成严重影响后，与好友朱施峰二人，自发赴鞍山初级中学，给10名在校特困学生捐款总计5000元现金。学校为10名贫困学生召开了简单的接受捐助仪式，仪式上贫困学生代表表示，施平先生的善款补贴了开学前夕个人学业筹款和生活家用。

去年，澳中在线联袂华东师范大学推出华东师范大学60周年校庆画展，施平有了新的创业梦想。联络画家自掏腰包举办大型慈善公益画展，编撰大型画丛，组建画家艺术网，打造自己的文化产业，仅仅只是他的初衷；而他最大的愿望，是想在搭起的文化产业这个平台上，有朝一日能组织画家们送"画"下乡，为贫困山区的孩子们做些文化启蒙，让画

苏春生、朱金晨、施平

王亚岗、施平、朱金晨、武佩珧

家们、成功人士们能共同关注慈善，关心下一代。施平就是这样，这么多年来，无论做什么事业，走到什么岗位，始终努力着为中国的教育事业做出爱的奉献，牵挂着那些山区里缺资少教的孩子们，牵挂着那些都市中生活在贫困家庭的学生们……施平做慈善都是直接用自己的钱财捐助那些贫困地区的学校与学生们。他认为教育关系到民族的未来，对下一代的教育不仅要传授他们的生存技能，更重要的是文化的传承。

（摘自 《新民晚报》2012年3月9日 B11版）

# 两个施平的情缘

### 成莫愁

在茫茫人海中，借助互联网数据库，要找到一个与你同名同姓的人，倒也不难。然而，要找到一个与你同名同姓，又有共同理想，共同情感，共同祝福的人，那就看是否有缘、彼此是否珍重了。

每逢佳节倍思亲。在快过年的前夕，最让年轻的施平惦念的人是与他同名的105岁寿星老施平了。他还好吗?现在过得怎么样?身体健康吗?老施平是一位德高望重的革命老前辈，曾担任华东师范大学党委书记等。五十多岁的小施平也是共产党员。在华东师范大学一所楼里创办"海上画家艺术网"，又任《名家艺海画报》总编，是上海著名艺术策展人。他听说了老施平的故事后非常仰慕，萌生了想见见老施平的愿望。华东师大教授包汉中、李天任、汪祥云等知道了施平的愿望，便积极引见，促成了一段缘分。

还是在去年六月，正值百花怒放牡丹盛开荷花吐艳之时，施平去华东医院病房拜访百岁寿星老施平。老施平和蔼可亲，没有半点官架子。见到施平亲切地称他"小施平"，说自己是"老施平"。在整洁干净的病房里，小施平犹如来到知识丰富的海洋。病房像书房，书籍满屋、诗画盈香。墙上挂着书法作品："老年更发少年狂，吟啸徐行又起航。精品千帧情胜最，领我追梦享夕阳。"此诗道出老人的心境。这是学生读老施平摄影集有感而写的。原来老人家喜爱摄影，出版过多本摄影集。他拿出前不久参加牡丹花展所摄作品，将两幅牡丹照片赠送给小施平。老施平还一笔一划在照片上题写："小施平同志，近摄取牡丹相片，请一观，惠存。105岁老施平摄赠。"字，写得端正遒劲，手力不减当年，拳拳之心可鉴。

受到老施平的热情接待，小施平也告诉老人，即将在上海图书馆举办由方增先先生题名的"海派书画百强大展"大型画展，其中有不少画家是华东师范大学教授：汪志杰、苏春生、卢象太等。听说华东师范大学这群画家还在努力创作，耄耋老人脸上露出骄傲和慈祥的微笑，对他们的艺术成就点头赞许。老施平思路敏捷，言谈中吐露出对文化传承的关心，对艺术的挚爱，令小施平十分感动。

小施平又拿出陈佩秋先生题写"名家艺海"刊头的画报，请老施平指教。老人见后甚是高兴，欣然提笔在报上写下"阅。105岁老人施平于华东医院。"以作鼓励。小施平还关切地询问老人生活，老人一日三餐清淡，生活很有规律。老施平晚年以摄影、旅游、读书、写作自娱，被人称为人老心不老的"文艺青年"。平和怡然开心的生活，是他的长寿之道。

老人关切地询问施平工作。小施平向他汇报自己在艺术传播、艺术收藏、艺术鉴赏、艺术评论、艺术展览等方面的努力和成绩，举办了华东师大60周年献庆笔会画展，"丽娃之春"名家经典书画艺术展，上海虹桥国际机场"美丽上海·海上风情"油画展，上海图书馆"海派书画百强大展"等30多场笔会和大型书画展活动，自己的愿望是要为文化传承多出一点力。并爱心捐赠，个人获第二届上海慈善奖等，老施平听后又是点头赞许。共同的信念、共同的抱负、共同理想使两个施平彼此听到了内心的声音，那就是友情的增长素。

此情别来情绵长。小施平分别后总是忘不了老施平。为了表达对老施平的敬重之意，传递新年祝福，他见过病房里挂的书法作品，考虑再三，特请了《海派书画百强经典》一书中"毛体"书法名家张玉迎，用红宣纸写一个大大的"寿"字，并择句题写："老骥伏枥，志在千里，养怡之福，可得永年"，并将书法装成镜框，它代表《海上画家艺术网》全体同人和一百位书画家心愿，祝老人家健康长寿!老施平看到寿字十分高兴，两人端着镜框合影留念，用老施平的相机拍摄。在"咔嚓"声中，彼此都感受到了志同道台的真正欢愉。老施平还几番手持相机查看，生怕会漏拍了。

又到春暖花开之时，小施平仍挂念着106岁的老施平。他邀请笔者一同前往华东医院拜访老施平，并拿刊登在《新民晚报》文章"志同道合"这份报送给老施平。老施平脸上气血红润，神清气爽，哪像过百岁的耄耋老人!他思路清晰，谈吐文雅。虽然近日没去户外拍照，但在房内翻翻过去的摄影照片，记起当时拍照的情景，心中也自有一番乐趣。当笔者拿出事前准备好的粗笔和扇面，请老人家写"只留清气满乾坤"句子时，老施平欣然应诺，抄写时该顿笔时顿笔，该收笔时收笔，写得十分得力。小施平也请老人家留墨宝，老施平点头称好，他毫无半点倦容，拿起笔劲不颤，手不抖，一口气在白扇面上题写下五个大字"书香添墨香"。这是去年上海书城纪念十八周年时，"海派书画百强经典"一书中方世聪、魏景山、王克文、戴小

304

京、陆亨、苏春生、李朝政等18位百强书画名家在书城现场签名售书，以"书香添墨香"做活动基调。老施平落款时写上年份并盖上名章。小施平欣喜不已，连声请老施平的助理张仁德拍照。在座的还有包汉中教授、汪祥云教授，大家会心畅聊，小小病房里洋溢着欢乐的笑声。

相同的名字，不同的年龄，两个施平都施予对方最美好的精神祝愿，都愿给人们带来艺术上更多的享受，更多的色彩，为人类创造出更多的欢乐和幸福。春风吹来桃花红，名字相同心相通。

（摘自《新民晚报》 2016年4月7日 A26版）

施平、老施平

施平、老施平、任友群

施一公（老施平孙子）、老施平

成莫愁、老施平儿媳妇、老施平、施平

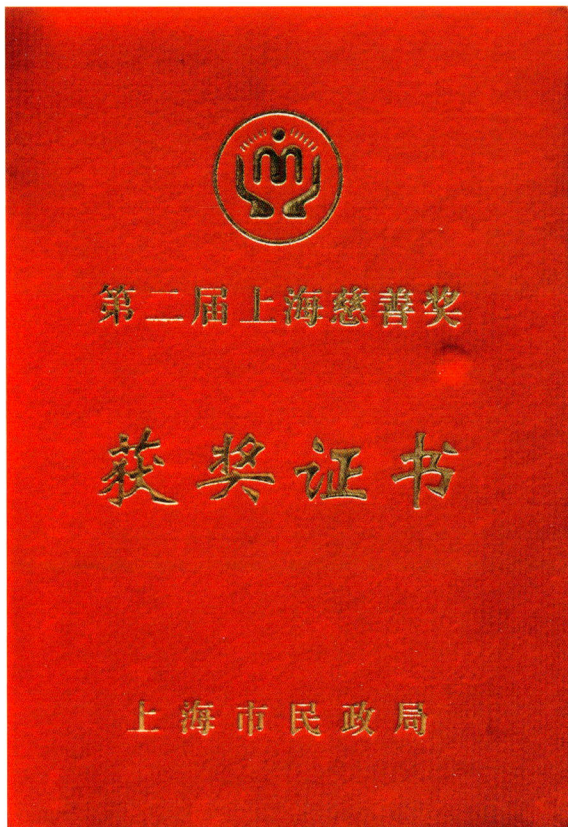

市领导接见上海民政系统全国先进、第四届

**施平**，大学学历，硕士学位，高级经济师，上海市优秀估价师。上海房地产估价师事务所有限公司副总经理，"澳中在线"董事长，"海上画家艺术网"总编、《名家艺海》画报总编、上海著名艺术策展人，国家注册房地产估价师，国家执业造价工程师。早年曾从事房地产开发及经营工作，专业代理澳大利亚房地产买卖，是中国较早一批房地产专业人员之一，在澳大利亚拥有产业和地产。现专注于艺术传播、艺术收藏、艺术鉴赏、艺术评论、艺术展览。

曾成功策办华东师大 60 周年校庆笔会画展、"丽娃之春"名家经典书画艺术展、上海虹桥国际机场"美丽上海·海上风情"书画展、虹桥当代艺术馆"名家艺海"书画展、云洲古玩城"海上画坛·情系徐汇"笔会画展、吴宫大酒店"海上画坛·情系黄浦"笔会画展、"红星美凯龙"笔会画展、上海图书馆"海派书画·百强大展"和"高铁枢纽大美上饶"——"上海画上饶"联谊展、"一城一市·艺术先行"系列活动——"上海画上饶"虹桥国际机场艺术展、"改革开放四十周年·海派名家画上海"艺术展、"张园看世界"系列活动——海派名家绘张园、"百年大世界·百强画传承"艺术展、"谈艺论百年"名家后裔、书画名家、油画名家专题研讨会等 30 多场笔会画展，善于在笔会和画展中推出有潜力的画家进行宣传和推广，相关讯息已陆续刊登于《解放日报》《文汇报》《新民晚报》《新闻晨报》《理财周刊》《中国与海外》《旅游时报》《上海商报》《劳动报》《上海老年报》等媒体，并在上海电视台相关栏目中多次播出。荣获上海市第二届"上海慈善奖"（爱心捐赠个人）。

"上海慈善奖"获奖代表（第三排左起第十八为施平）

图书在版编目（CIP）数据

估价真金 / 施平编著. -- 上海：文汇出版社，
2021.12
ISBN 978-7-5496-3688-4

Ⅰ.①估… Ⅱ.①施… Ⅲ.①散文集－中国－当代
Ⅳ.① I267

中国版本图书馆 CIP 数据核字 (2021) 第 253588 号


# 估价真金

编　著 / 施　平
责任编辑 / 熊　勇
装帧设计 / 程立群

出版发行 / 文匯出版社
　　　　　上海市威海路 755 号（邮政编码：200041）

经　　销 / 全国新华书店
印　　刷 / 上海豪杰印刷有限公司印刷厂
版　　次 / 2021 年 12 月第 1 版
印　　次 / 2021 年 12 月第 1 次印刷
开　　本 / 787×1092　1/16
字　　数 / 468 千
印　　张 / 20.25

ISBN 978-7-5496-3688-4
定　　价 / 188.00 元

告读者　　如发现本书有质量问题请与印刷厂质量科联系
T: 021-56983086